河北省社会科学发展研究项目"强师计划背景下农村中小学教师培训研究"（20220202217）成果。

河北省社会科学发展研究项目"新时代背景下教师专业发展学校研究"（20230205011）成果。

国家一流本科课程《小学数学课程与教学论》（2020130303）成果。

河北省高等教育教学改革研究与实践项目"国家一流本科课程虚拟教研室建设研究——以'小学数学课程与教学论'为例"（2023GJJG311）成果。

河北省教育厅 2023 年度创新创业课程之专创融合课程"小学语文课程与教学论"成果。

地方政府、高等学校、中小学 "三位一体"协同培养教师研究

李海英 秦 文◎著

燕山大学出版社

·秦皇岛·

图书在版编目（CIP）数据

地方政府、高等学校、中小学"三位一体"协同培养教师研究 / 李海英，秦文著.
—秦皇岛：燕山大学出版社，2024.5

ISBN 978-7-5761-0572-8

Ⅰ.①地… Ⅱ.①李… ②秦… Ⅲ.①师资培养－研究 Ⅳ.①G451.2

中国国家版本馆 CIP 数据核字（2023）第 200419 号

地方政府、高等学校、中小学"三位一体"协同培养教师研究
DIFANG ZHENGFU, GAODENG XUEXIAO, ZHONGXIAOXUE
"SANWEIYITI" XIETONG PEIYANG JIAOSHI YANJIU

李海英 秦 文 著

出 版 人：陈 玉			
责任编辑：孙志强		策划编辑：孙志强	
责任印制：吴 波		封面设计：刘馨泽	
出版发行：燕山大学出版社 YANSHAN UNIVERSITY PRESS		电 话：0335-8387555	
地 址：河北省秦皇岛市河北大街西段 438 号		邮政编码：066004	
印 刷：涿州市殷润文化传播有限公司		经 销：全国新华书店	

开 本：710 mm×1000 mm 1/16	印 张：16.5	
版 次：2024 年 5 月第 1 版	印 次：2024 年 5 月第 1 次印刷	
书 号：ISBN 978-7-5761-0572-8	字 数：253 千字	
定 价：66.00 元		

前　　言

　　教师专业发展是教师人生价值实现的过程，是教师在充分认识教育意义的基础上，不断提升精神追求、增强职业道德、掌握教育规律、拓展学科知识、强化专业技能和提高教育教学水平的过程。中小学教师的专业发展首先强调中小学教师作为专业人员要经历一个由不成熟到相对成熟的发展历程。对个体而言，教师的专业发展空间是无限的，成熟只是相对的。其次强调教师作为发展中的专业人员，其发展的内涵是多层面、多领域的，既包括知识的积累、技能的娴熟、能力的提高，也涵盖态度的转变、情意的发展。

　　教师专业发展学校可以多方位、多层次延伸职前教育的覆盖范围，给师范生提供更多的教育实践机会，有利于未来教师教育教学素养的建构。同时，它可以促使中小学教师与大学教师形成长期稳定的教学与科研关系，在交流与合作中不断反思和进步，从而获得持续的专业发展。

　　在开放合作的教师教育体制中，政府、高校、中小学是合作的三方，三方都有责任和义务为教师教育协同育人创造条件。政府为教师教育协同育人创造条件。政府作为教师教育发展的主导者和推动者，要为协同育人提供政策支持和经费保障。一方面，要为协同育人提供经费支持，建立教师教育协同发展的专项基金，鼓励高校和中小学以购买服务方式支持教师教育机构开展工作。另一方面，要制定相关政策措施，推动高校和中小学合作，如制定高校教师到中小学挂职锻炼的政策等。同时，要加强教师教育课程与教学改革力度，提高师范生培养质量。

　　高校要加强对师范生培养质量的监控和对基础教育发展的研究，支持和鼓励师范生参加校外学科教学竞赛、实习支教等活动，在高校内部，应建立高校和中小学联合培养师范生的体制机制，高校可以派教师到中小学挂职锻炼，使高校教师能够与中小学教师合作开展课题研究。在师范生培养过程中，应使学生在教学实践中养成良好的教学习惯和教学能力。师范生也要提高自身教学实践能力，积极主动地参与到中小学校的教育实践中去。

中小学可依托自身资源优势和人才优势，提供课程开发、实习实训、教研活动等服务；同时也要鼓励和支持高校、教育科研机构与中小学校开展合作，共同培养教师，实现高素质教师的培养目标。

高校专业课教学中渗透思想政治教育是对大学生思想政治教育主渠道的有效补充，是大学生思想政治教育系统工程的重要组成部分。作为培养未来教师的师范院校，肩负着重要的历史使命。不管现代教育怎样变革，现代教学手段如何先进，教师作为"人类灵魂的工程师"的含义将始终是教育过程的主导。针对师范生而言，专业课教学不单单要注重知识的传授，更应该注重隐形课程的建设，专业课教师应以知识为载体承载专业思想、专业情意，从而更好地渗透思想教育，以人为本，以专业课为途径培养有理想信念、有道德情操、有扎实学识、有仁爱之心的四有师范生。

本书旨在从地方政府、高等学校、中小学协同培养教师的角度探索教师培养路径，促进中小学教师专业发展。写作中结合30年的教学经历，提出在师范生专业课当中渗透思想政治教育，走实践取向的教师教育人才培养路径，对中小学骨干教师进行远程培训，实现中小学教师职前职后一体化培养，建设教师专业发展学校。希望为今后中小学教师培养提供一些有价值的参考和启发。

本书第一章、第二章、第三章、第四章、第五章、第七章由李海英撰写，第六章由秦文撰写。由于作者水平有限，本书肯定还存在诸多不足之处，希望广大读者不吝批评指正。

目　　录

第一章　中小学教师专业发展

第一节　中小学教师专业发展简述

　　教师专业发展是教师人生价值实现的过程，是教师在充分认识教育意义的基础上，不断提升精神追求、增强职业道德、掌握教育规律、拓展学科知识、强化专业技能和提高教育教学水平的过程。中小学教师的专业发展首先强调中小学教师作为专业人员要经历一个由不成熟到相对成熟的发展历程。对个体而言，教师的专业发展空间是无限的，成熟只是相对的。其次强调教师作为发展中的专业人员，其发展的内涵是多层面、多领域的，既包括知识的积累、技能的娴熟、能力的提高，也涵盖态度的转变、情意的发展。一个相对成熟的教育专业人员能够信守教育理想，献身教育工作；强调专业知识与技能、参与专业决定、承担专业责任；行为表现有弹性，能够容忍压力，具有较强的适应性；具有从多个角度观察、分析问题和应用多种教学模式进行教学的能力。

　　教师专业发展是指在教学生涯中，教师掌握良好专业实践所必备的知识与技能的过程。教师专业发展意味着教师个人在专业生活中的成长，包括信心的增强、技能的提高、对所任教学科知识的不断更新拓宽和深化，以及对自己在课堂上为何这样做的原因意识的强化。就其最积极的意义来说，教师专业发展包含着更多的内容，它意味着教师已经成长为一个超出技能范围而有艺术化表现的专业工作者，成为一个把工作提升为专业的人，把专业智能转化为权威的人。

　　总体上看，中小学教师专业发展是中小学教师个体由新手逐渐成长为专家型教师的过程。教师专业发展强调教师个体的专业知识、专业技能、专业情意、专业自主、专业价值观、专业发展意识等方面由低到高,逐渐符合教师专业人员标准的过程。教师专业发展包含以下五层含义:协助教师改进教学技巧的训练;学校改革整体活动,目的在于促进个人成长,营造良好的气氛,提高学习效果;它是一种成人教育,增进教师对其工作和活动的了解,而不只是停留在提高教学成果上;它是利用最新教学成效的研究,以改进学校教育的一种手段;专业发展本身就是一种目的,它协助教师在受尊敬的、受支持的、积极的气氛中促进个人的专业成长。

一、主动参与是发展的前提

任何个体的发展都离不开主体的积极参与。教师的专业发展则离不开教师的主动参与,教师若被动参与,取得的成效是有限的。教育是活动,教师要主动参与,否则就会隔离于教育之外,教师只有主动参与才能激发学生、启迪学生。教师参与专业发展,并一切落实在行动上,就会体现出一种精神的活力,体验生活的价值和意义。

二、内在需求是发展的关键

新时代教师应该是对自身发展有着强烈需求的教师,教师是具有自我意识的人,自我意识是人成为自我发展主体的必要条件。较强的教师专业发展意识能将教师的专业发展提高到自觉的水平,此类教师,知道自己现有的专业发展水平和目标,知道自己现在需要什么,应该做什么,能够自觉地制订自己的专业发展计划,并在专业发展过程中不断调整自己的发展计划,不断完善。

三、全面持续是发展的要求

过去的教师发展定位于传授知识、发展能力,教师专业发展内容比较单

一、狭窄，只强调教师专业结构中的专业知识和专业技能方面，往往忽略了教师的专业情感、专业期望、专业价值观、专业发展意识等。教师本位的教师专业发展关注教师的需要、情绪，尊重教师的自主意志，重视教师专业发展意识，强调教师专业发展对教师自我价值的实现，使教师的专业发展获得动力源泉，以持续促进教师专业发展。

四、实现价值是发展的结果

中小学教师可能做不出惊天动地的伟业，但自身心中流淌着对学生的关爱、对生命的尊重、对人类正面价值的承担，是教师人生价值的体现。教师的人生价值是指教师对他人、社会的价值，强调的是教师如何使自己的人生有益于社会和他人；教师的人格价值是指教师行为维持其需要的尊严，自我价值的实现等方面的价值。从人生价值和人格价值统一的角度来理解教师的专业发展，其应该具有双重性，教师专业发展实现其人生价值，是教师专业发展的工具价值，即指教师努力学习新的知识、提高教育技能，把自己培养成一名合格的专业型教师；教师专业发展实现教师的人格价值，是指教师把教育活动作为一种境界加以追求，关注生命、关注社会现实，目的是使教师的专业发展超越功利，成为个体生命完善的主要通道。可以说，教师的价值不是单向的付出，而是收获，不是牺牲，而是享受自身价值得以体现的精神需求。

第二节　中小学教师专业发展的策略

一、影响教师专业发展的因素

正确认识影响教师专业成长的诸多因素，积极探究促进教师专业发展的基本策略，对于推动教师专业成长和学校发展，具有十分重要的意义。教师专业成长是一个复杂的系统工程，是内外因共同作用的结果。影响教师专业成长的因素中既有社会、学校、家庭的客观环境因素，又有教师自身的主观因素，其中后者是关键性因素。只有处理好内外部因素中各要素的关系，才能促进教师既健康又快速地成长。

（一）自身因素

教师本人是自身专业成长的主人。因此，教师个体是影响教师自身专业成长的内因，是影响教师专业发展最直接、最主要、最根本的因素。从某种意义上说，教师自身是其专业成长中的决定性因素，也是影响教师专业发展的关键因素。教师的自身因素有：教育信念、知识结构、能力素养、人格因素、从业动机与态度、专业发展需要与意识等。

教育信念是指教师在对教育工作本质理解基础上形成的关于教育的观念和理性信念，它是指导教育行为的思想观念和精神追求。教育信念在教师的专业结构中处于最高地位，教育信念的本质是社会对教育的要求在教师知识结构中的体现，也是教师对自己教学能力和教学效果的感性或理性知觉。它也可以说是教师个体的教育教学理论素养与人性观相互作用的结果，主要体现在教学效能感和教师观与学生观上。

教学效能感是指教师对于自己影响学生的学习活动和学习效果的能力的一种主观判断，包括一般教育效能感和个人教学效能感。教学效能感具有鲜明的社会时代性，能够直接影响到教师对教学工作意义的认识，进而影响教师工作中的情绪和情感，甚至影响个性心理特征和行为倾向。教师观主要指对教师地位作用以及职业特点总的看法的根本观点。学生观是教师对自己的教育对象的基本看法。无论教师观还是学生观都体现着教师对人性的看法。而积极的人性观是现代教师观和学生观的重要预测变量。当前我国中小学教师积极的人性观是他们把新时期的教师角色定位在学生学习的促进者、合作者和引导者上，并形成积极的学生观，对学生在品德、智能、个性及特长等方面的发展都充满了期望。

专业知识是教师职业区别于其他职业的理论体系与经验系统。教师专业发展过程首先在知识结构从广度、深度及创造性等方面不断拓展。知识的拓展水平和程度影响标志着教师专业发展的水平与状态。在教师个体的知识结构中，不仅存在着具有实证基础的、明确规范的显性知识，还存在个人的、在特殊背景中产生和使用的、但又没有通过符号或行为明确表达出来的隐性知识。隐性知识能否转化为显性知识，不仅依赖于个人通过体验、直觉和洞察来发现，而且取决于个人是否愿意并能够把知识表达并传播给别人。在教师的在职培训中，人们常忽视隐性知识显性化的问题。教师个人生活史分析、教育个案集体探讨、教师行动研究、校本课程开发等均是解决这一问题的有效策略和方法。

教师的能力包括智力和教师专业特殊能力两方面。教师专业特殊能力又可以分为两个层次：第一层次是与教师教学实践直接相联系的特殊能力，包括语言表达能力、教学组织能力、对教学情境的敏感与适应能力、教学技能操作的自由度、课堂注意力分配能力，以及解决问题能力等；第二个层次是教师对教学实践认识的教育科研能力。中小学教师能主动地、独立地把对自己日常教学活动的观察、思考，与在对自己的现实条件与需要进行全面、准确估计的基础上，做出的探索与尝试有机地结合是其教育能力发展水平的重要标志。因为该状态的出现说明教师个体已能适应并胜任教学工作。专业发展需要抱负水平提高，表现出健康的职业情感，如满足感和价值感等。

从业动机则决定了个人是否愿意发挥潜力并从事该类活动。动机是满足需要并追求特定目标实现的意识。引起动机的内在条件主要是需要、兴趣、价值观念和抱负水准。教师工作兴趣是从事教育活动的积极态度与倾向，教育活动本身和教育活动的结果都在诱发教师的兴趣，这种兴趣稳定下来，便形成对教师职业的热爱，教师的价值观念有更广泛、更长久的作用。价值观念的高度概括是理想，教育理想会影响教师的动机体系沿着努力追求较大价值目标的方向变化；兴趣与价值观念主要影响行动的方向，而抱负水准影响行为达成目标的程度。抱负水准是一种将自己的工作做到某种质量标准的心理需求。当工作结果超出预期的目标，便会产生成功感，反之就会出现失败感、挫折感。抱负水准受三种固定因素的制约：个人的成就意识；过去的失败经验；有影响力的人物和社会的期待。在三种因素中教师个人成就意识的作用最为重要。

专业发展需要与意识是指教师个体认同自己从事职业所具有的专门职业

的性质，了解专业标准及其对从业者的要求，能够清醒意识并规划自己的专业发展目标与方向，更具主动更新自己专业结构的主观愿望。教师的专业发展需要与意识包括：对自己过去专业发展过程的意识、对自己现在专业发展状态水平的意识和对自己未来专业发展规划的意识三个方面。从本质上讲，专业发展需要与意识的存在意味着教师个体不仅能把握自己与外部世界的关系，而且具有把自身发展当作自己认识的对象和自觉实践的对象来构建自己的内部世界的能力。标志着独立的自我意识和自我控制能力的形成，说明个体已经成为完全意义上的自我发展的主宰。

以上教师专业发展结构要素在整个专业结构中也扮演着不同的角色：教师的教育信念是精神领袖；专业发展需要与意识是专业自我定位器；从业动机与态度充当着个人组织者和职业劳动管理器的角色；专业知识是教师专业发展的基础与保障；能力素养则是教师专业发展的核心内涵。各大要素并不是彼此孤立的，而是相互依赖、相互制约、相互影响的，而且在教师专业发展的过程中又都是动态的、变化的，使教师专业结构呈现出复杂性和可变性的特征。

（二）外部因素

内因是事物发展的根据，外因是事物发展的条件。也就是说教师专业成长主要是由其自身因素所决定的，然而其外部环境的影响作用也是不能忽略的。因为教师的专业发展毕竟是在一定的社会环境中才能进行的。因此，对外部环境中影响因素的分析就具有了极其重要的意义。外部环境因素主要包括社会因素、学校因素和家庭因素。

社会经济文化的发展水平、全社会对于教育与教师的地位与价值的认识和看法、教育改革与发展对学校教育和教师的要求、教育行政部门对教师培养和发展政策导向及奖惩机制、教育经济制度及政策法规等，都作为社会环境因素影响着教师的专业成长。可以肯定地说，良好的经济发展水平、政府对教育的宏观重视、全社会尊师重教的良好氛围、新课程改革对教师提出的挑战和要求、教育行政部门重视和鼓励教师成长发展的良好政策导向，将为教师专业发展创造良好的环境空间。

学校是教师进行教育教学工作的主要场所，更是教师专业成长的主阵地。学校的自然环境、人际环境、文化环境、管理风格、制度建设、工作氛围等，对教师的专业发展起着重大的影响作用。学校营造一个敬业乐业、进取有为的成长氛围，制定目标规划、明确教师的培养要求，使教师明确自己的基本职责，唤醒、激发教师的自我发展需求，搭建舞台促进教师的成长等，都将直接影响着教师的专业成长水平。

家庭对教师的支持。教师成长的家庭文化背景、家庭的经济状况等因素也影响着教师的专业成长能力。

科师国培　蜕变新始

唐山市滦南县长凝镇中心小学　赵颖

"美丽蜕变"，我的网名。这个昵称启用是在2012年，"80后"的我那时三十出头，听着杨千嬅的《女人三十》，想着，三十多了就这样吧，少点天真，别再莽撞，多一点稳重，就这样随遇而安吧。直到来到这里我才开始觉得这样的想法仍旧是幼稚的，什么蜕变，不过是小虫子成了个蛹而已。外面的世界这么大，外面的人这么优秀，而且还都这么努力，这么拼搏，我凭什么懈怠又如何能安？

2017年4月10日，我38岁的第一天，培训开始。冥冥中这是我人生又一变化的开始，因为在这里的每一天都感受着不同的震撼。原来枯燥的讲座可以这么鲜活，原来数学课堂是这样引导学生数学思维发展的，原来优秀的人之所以优秀是用背后的百倍努力支撑的。我觉得我也必须要努力做点什么了，就像秦文老师说，向书本学习、向专家学习、向同伴学习，莫负这春日相聚也莫负自己。

从开班典礼，破冰活动，到每天的讲座和晚上的网上学习，时间安排得满满当当。心底隐藏着对家人的牵挂，追逐着培训课程安排，步履匆匆地从宾馆到报告厅到校区，我们每个人都已经从在家的工作生活轨道向学习轨道转轨了。

听崔教授讲教师的专业发展，生动地阐述了教师专业发展的必然性。

五十多岁的教授，一天授课全程脱稿，这一点就让人由衷地敬佩。内容的讲授远不止一个PPT的容量，努力用笔记下那些对教学实践指导性非常强的讲解，感觉好久没这么奋笔疾书了。

听秦文老师的课更像是在听散文，在诗意的课堂上听老师由自己的小学数学教学经历谈人生感受。教师应做宁静的学者、深沉的思考者、快乐的享受者。教师，无论从事哪一个学科的教学，都应博学广闻，在课堂教学中才能与学生相遇成无须预约的风景。

课例、说课、讲课比赛等活动更是让我看到了学员们的才思敏捷和学识渊博，顿觉"山外青山楼外楼"，自己也充满了孜孜以求的激情，时刻充溢着强烈的学习欲望。向专家名师学习、向同伴学习使我获益匪浅，提高了自身的专业水平与知识素养，完善了教学理念。

思想有多大舞台就有多大，站位越高眼光越远，我们经常如是说着。但面对我们的一节数学课，我们站在哪里？一课一章还是一册书？"以人为本"是一个统领社会全局的大方向，体现在教学上就是生本思想，教学也要以人为本，我们再不是当初的教书匠了，我们要做新时代的人师，站在学生数学素养的高度组织开展教学活动，为学生的长远发展谋划教学。

此次培训感受颇深、获益良多，国培活动成为我教学成长中的一次蜕变，科师教育为我的人生之路插上隐形的翅膀。今后，我将努力学习，让自己的专业成长更快；用心感悟教育，获得自己的教育幸福！

二、促进教师专业发展的策略

（一）确立教师自主发展的理念

就国际方面来看，从20世纪中叶逐步兴起的教师专业化运动实质上就是一种以提升教师生活质量为主旨的运动。从1966年联合国教科文组织关于教师地位的建议中提出要将教师职业看作一种专业以来，到今天世界各国对教师专业化的深入探讨，大大拓展了教师发展的时间和范围。在这些活动中，教师的发展已经实现了一种内在的转变。过去只将教师看作是教育计划或者实现教育目标的被动执行者，所以对他们的发展一直采用外在的培训教育方式，将在执行教育计划或完成预定教育目标中所需要的理论、知识、技能等灌输给教师，希望他们能够不折不扣地去认真执行。但是，事实证明，这种外在于教师生活的培训，其效果并没有实现培训者的预期目标。大量的研究表明，如果教师没有发自内心的参与热情和积极态度，一切教育改革和培训努力都将成为形式，并以失败而告终。所以从 20 世纪末开始，世界各国都开始将教师发展的注意力集中在教师自我体验与自我发展方面，开始从教师的内部需求进行研究。这种转变可以说是一种革命性的转变，它意味着教师的发展不再是一种社会的要求，而是一种自我实现，意味着教师的工作不再仅仅是谋生的手段，而且是一种生活方式。

审视现代社会的发展趋势，知识资讯的暴增、经济结构的改变、国际市场的开放、民主政治的盛行、富裕社会的产生、地球村的形成以及全球竞争的白热化等，已然宣示终身学习社会的来临。尤其社会变迁时距的急剧缩短，培养适应社会能力的殷切需求，更加凸显终身学习理念的重要性，而教师是提供有效教学的服务者，肩负着培育英才的重大责任，理应成为终身学习的实践者。在价值观念与行为模式上作为学生的表率，适时提供学习咨询辅导的机会，方能满足未来多元化的教育市场。由此，教师自我发展是一种持续不断的历程，属于终身的活动，然而每个人除了天生的本能之外，其他行为都有赖学习以获取资源维持生活。因此，教师必须力求学习的持续进行，借以汲取各项生存的技能，而终身学习则是保障教师自我发展的必然途径。换言之，终身学习是达成教师自我发展的先决条件，只有通过终身学习的实施，才能培养终身学习的素养（包括知识能力及技巧等），从而协助教师的自我发展。

我们现在的教育体制中，教师是等级制的，因而我们往往会以一种倾向掩盖另一种倾向，以同事之间的超越掩盖或者忽视了教师的自我超越。其实教师的自我超越是最难的，那么他的能力提高自然就是专业发展之中。当然，教师的自我超越要建立在教师自我参与以及自律、自动的立场之上。教师的专业发展不只是一种外力的推动，一种强制的推动，而且要教师自主地发展。无论是从国际上教师发展的研究，还是国内教师发展的现状来看，研究者们的眼光已经注意到教师个体身上，教师自主发展的观念在研究界已经得到认可，但最主要的还是能将这种观念渗透到实践中去，尤其是要让中小学管理层认识到教师自主发展的重要性，让教师有自主发展的意识。在具体的操作中，教师可以通过在职教育学习教师发展的理论，了解教师自主发展的具体内容，在思想上有一个基本的认识，从而可以更科学有效地对照自己的行为，规划自己的发展。只有观念上树立了自主发展的观念，在行动中才有可能实行。

（二）构建教师专业学习共同体

无论是大学的教师教育，还是在职的教师教育，都无法靠单一的力量来实现培养自主发展型教师的目标，必须建立合作的教师学习共同体。自主发展不是自己发展，如果具有良好的学习、研究的环境和条件，教师的自主发展会更好。教师专业学习共同体，产生于20世纪80年代美国的教师教育改革运动，是一种以教师自愿为前提，以分享、互助为核心精神，以共同愿景为纽带把教师联结在一起，互相交流共同学习的学习型组织。

教师要获得专业发展，首要问题是学习。学习对于教师的自主发展具有重要意义。学习与学问是紧密相连的，学习是个体获得知识的途径。学习者主动参与的学习，才是自觉的、积极的、心情愉悦的，也才是高效的。同时，教师要力图通过不断地"内省"，确立"学习即生活、学习即工作、学习即责任、学习即生命的重要组成部分"的价值判断，养成时时、事事、处处学习的习惯。学习可以提升教师的素养，增强教师的能力，学习也可以使教师不断地更新思想，保持创新的状态。

教师学习共同体的建立是教师自主发展的平台。在现有的学校团体中，其实已经有各种教研组、年级组，只要稍加改进就可以成为教师学习共同体。教师学习共同体主要是指在以校为本的学习团体中，以教师个体的自身成长为关注的焦点，围绕着教师在教学过程中遇到的问题，通过理论引领的交流和新型教研活动的互动，使教师借助个体和集体的智慧将公共知识转化为个人教学风格，并以教师个体教学个性的丰富性来促进学习共同体，从而达到教师个体与学习共同体一起成长。教师学习共同体不同于以往的教研组、年级组，这个学习共同体成员之间更具有平等性、自主性，活动的内容更丰富、开放。大家具有共同的学习目标，可以为了一节公开课的教学设计而集思广益，可以为了一个课题的研究而深入讨论。这些学习内容与教师的教学密切相关，通过合作学习提高工作效率，同时自身的想法经过集体的讨论得到肯定或否定，都是一种进步与积累。

（三）打造教师自主发展的平台

教师发展，内因是主要的，但如果没有外在环境提供的刺激，大多数教师不会主动发生改变。创设良好环境，关怀教师学习，可以引导教师更快成长。自主成长型教师具有内在积极要求发展动机，不断反思，不断探究，不断进取，具有可持续发展素质，主动适应社会发展的需要和条件。

自主发展需要一个和谐的人际氛围。因此，在教师专业发展中，我们新型教师还要致力于在学校当中打造一支优秀的教师专业团队，营造一种比较轻松、和谐的合作氛围，并在团队性的合作中分享经验，互相促进，实现教师自己的专业理想。中国并不是没有这样的条件，因为目前中国的学校内部教学组织体制是学习苏联而建立起来的，有着很好的合作基础，它在纵向上是学科组，横向上是年级组。现在的关键是在功能上需要重新定位，让原有的学校内部组织方式充分发挥新的功能。因此，我国的教师专业发展既是个体的，也是群体的、合作的，这也正是我们的特色所在。正因为有这样的基础，所以我们才提出教师学习共同体的创立，这是在为教师创设良好的发展环境。

行政支持是教师自主发展的有力保障。教师能在处理班级事务、教学过程、激励学生学习、对学生辅导与评价等方面，充分拥有合理的专业权威，其背后的支持是学校的行政。无论是处于哪个时期的教师，学校管理风格和行政领导都会产生深远的影响。尤其是新教师，需要一个信任的氛围，如果学校的行政管理者或校长，在不信任的基础上进行管理，教师的发展就会受阻，工作的积极性会受到影响。

2015 年"国培计划"——河北省乡村小学数学骨干教师培训总结

唐山市汉沽管理区皂甸小学 武国芬

2015 年初冬，带着希望和憧憬，我走进河北科技师范学院，参加"国培计划"——河北省乡村小学数学骨干教师培训项目的培训，走进了我人生中重要的一段学习历程。在这里，首先感谢学院的各位领导和老师们对这次培训的精心安排，给我们提供了交流和学习的平台，提供了再学习、再提高的机会。培训的这些的日子，既短暂又充实，既忙碌又平静。我就像一片叶子回归了山林，每一天我都在感叹于奇绝风景的魅力；又像一滴水珠回归了大海，每一天都在感叹于学海的深邃。每一天都在丰富着自己的思想，感受专家的教学理念、感受专家的教学智慧。马云鹏教授的博学严谨、秦文老师的智慧与幽默，徐长青、牛献礼等老师的大气与厚重，班主任薛枝梅老师的热情与亲切……徜徉其中，感慨系于心。

一、专家引领　理念提升

培训中的专家讲座，我听得都很认真，用笔、用心、翔实而真切地记录课堂情境，用手机拍摄典型的幻灯片和板书，以供日后复习。在专家的讲座里收获的不仅仅是理论，是更高层次的思考，更是专家们多年来智慧和实践的结晶。专家老师不仅和学员们交流了理论成果、实用技术、教学经验，还不断地鼓励我们、指引我们做一个研究型的教师，要在平凡的岗位上做出不平凡的事业。

河北大学教育学院田宝军教授为我们做《课堂教学改革的反思与建构》的讲座，指出"课程改革过于注重知识传授的倾向，强调形成积极主动的学习态度，使获得基础知识与基本技能的过程同时成为学会学习和形成正确价值观的过程"，给了我们以思想和行动向上的引领。田教授渊博的学识、严谨的教学风格、独特的人格魅力让我肃然起敬。我想，在培训中，我们收获的不一定是习得了多少知识，而是通过专家引领，能否由思想的转变，进而达到自身教育行为的转变，改进自己的教育教学工作方式，健全自身的人格。正如诗人汪国真所说的："我们不能延伸生命的长度，但我们可以决定生命的宽度。"相信专家教授博学多识、治学严谨的教学风格将引领我们在教学之路上越走越宽，越走越长。在教育这条路上，求真务实会再次成为我的座右铭。

在培训中，我还有幸聆听了马云鹏教授的《数学核心素养的理解与案例分析》，马云鹏教授对数学的核心素养"数感、符号意识、空间观念、几何直观、数据分析观念、运算能力、推理能力、模型思想"做了独到而详尽的说明，对于理解数学学科本质、设计数学教学，以及开展数学评价等有着重要的意义和价值。

秦文教授的讲座，让我收获着思想的精髓、理论的精华。其中，教师的语言艺术尤其重要，语言艺术中的趣味性不容忽视，因为学生天生活泼好动，需要有趣的东西来吸引他们，带有趣味性的语言更能吸引他们的注意力，学生的注意力集中了，才能更好地进行教育教学。课堂教学过程中的课堂提问艺术也至关重要。教学中教师不仅要善于提问，还要善于启发学生自己提出问题。只有认真地学习和掌握教育科学文化知识，不断提高自身的业务水平和教育教学质量，深入到教育的改革和研究中去，这样才会始终沉浸在幸福的海洋里。

专家教授所讲内容深刻独到、通俗易懂、生动有趣、发人深省，以鲜活的实例和丰富的知识内涵以及精湛的理论阐述，使老师们的教育教学观念发生了很大的变化，获得了理念的提升的同时，更对今后的教育教学工作无不起着引领和导向作用。

二、特级教师讲堂　催人奋起

这次培训，有幸感受到特级教师徐长青、牛献礼老师课堂的独特魅力。徐老师的《烙饼问题》，风趣幽默，学生在笑声中、在游戏中感悟数学思想方法与内涵，让我们领略到了简约而不简单的深刻内涵。牛老师的《植树问题》，教学设计独具一格，深入把握数学教学本质，实现了由"精彩地教"到"有效地学"，"为什么学、学什么、怎样学、促进学"给人以启迪。培训期间，特级教师唐爱华老师的《有效教学策略例谈》的讲座，山海关区教育教学研究中心于艳老师的《教学设计的自我诊断》，有效的选材、有效的交流、理想加人性化的教育，视学习为一种生命状态，视学习为人生的必然选择，视学习为生活的良好习惯，让学习伴随自己终身，让自己的生命因学习变得美丽而精彩。

特级教师们对教育教学理论、教育教学方法等领域都有独到见解。我佩服他们的勤奋、敬业、执着、孜孜不倦的科学研究态度，以及兼具多种教学理念、教学思想的远见卓识。讲座中那种闪烁着智慧光芒的个性化创新意识更显示出名师的风范，老师的执着、敬业，是对我们所有学员的激励和感染。其中所体现的对教学的执着和不懈追求的精神，对我们教师更是一种引领，是我们成长的动力，站在巨人的肩膀上前行，更增添我们努力使自己成为科研型教师的信心。

三、亲身实践　促进成长

培训中，河北科技师范学院的领导和老师们精心组织了学员亲身实践教学活动，举办了讲课、说课与微报告的展示交流，这次活动给学员们搭建了展示、交流与成长的平台。其间我主动参加了说课活动，我进行了《平行四边形的面积》一课的说课，与同行相比，感受到自己的不足。同时我也进行了《教育写作，离我们并不远》微报告，获得了学员与老师们的认可，我真心希望我的一点写作经历与小小的经验，能够与老师们分享的同时，让更多的老师获益，能够把平时积累下来的宝贵经验作为成果保存下来并能够传承，使我们的教学更上一层楼，使于我们的下一代受益。

四、感悟反思　总结提高

回到了校园这一方净土，我仿佛又回到了学生时代。每天的两点一线，紧张忙碌而又充实。白天在教室上课，晚上与灯为伴，整理白天的笔记，写研修日志与心得体会。不觉中，感悟名师的风格与智慧，才痛惜曾经错过那么多美妙的风景，痛失那么多宝贵的教学资源，明白了"我思故我在"的真谛，明白怎样去积淀，丰富自己的数学素养。

行进中，一次次的观摩中与同行交流切磋，于思辨与倾听中完善着自己对数学教学的理解，与专家零距离的沟通，颠覆并构建着崭新的教学观念，与陈旧的思想告别，艰难地迈向崭新的起点。而今，经历了这许多天的培训，踏着专家们铺设的阶梯拾级而上，才发现原来很多东西是那么清晰开阔，我仿佛已经走出了那个狭小的井口，并且获得一种全新的视觉。

恋恋不舍中，为期20天的培训学习就要结束了，来时的希望与憧憬就要画上了一个圆满的句号，静下心来审视自己的过去，规划自己的未来，我的成长方向逐渐清晰。轻轻敲下了自己的学习心得与感受，观念的调整，理念的提升，增强了新课改探索的信心。在以后的教学实践中，我将利用所学的新的教育教学理念，应用于新的课程改革之中，奉献于一方教育，造福于我的学生。

第三节　基于中小学教师专业成长的课例研究

中小学教师的教学研究能力决定了教师专业成长的发展程度，而针对课堂教学的研究是教师的实践场域。"课例研究"是一种教师联合起来计划、观察、分析和提炼真实课堂教学的过程。"课例研究"的目的是提高课堂教学的效率，把它作为一种教师校本培训的基本途径，从而致力于教师专业发展。

一、课例研修的功能

（一）体现教师的个性化发展

一千个读者有一千个哈姆雷特，对于中小学教师而言，同年级的教材相同，教学内容甚至教学目标也一致，但教学本身就是充满个性色彩的活动，它最反对程式化、工艺化。课例研究凝聚着教师对教学的理解和感悟，体现出教师的创造力。世上没有完全相同的学生，世上也没有完全相同的教师，不同的教师在教学中，每节课的具体情况和经历的过程都是不相同的，每一次都是不可重复的、丰富而具体的。于是在课例中，有自己精心设计的个人简介；有本学期的教学计划、教材分析、教学进度；有本班的学生情况分析和"捣蛋鬼"档案；有自己收集的教学名言、格言警句、课堂里鼓励性的语言范例；有教学经验荟萃、下载的名人授课实录，还有和教学相关的资料；有根据自己的喜好在教案中点缀一些花草鱼虫等等；还有和教学内容相符的教师的构图作品、学生的作文等等，一切都是教师个人自己所特别拥有的东西。于是，便有了读书笔记，有了教学反思，有了教学日记，有了教学资料，所有这一切就组成了课例。在备课、研课的过程中,教师结合自己的教学经验,结合本班学生特有的心理生理特点,按照基础教育课程改革的要求,思考出具有本地本校本班特点的课堂教学设计,充分体现了教师的个性化发展。

(二)在协作中实现共同发展

传统的教案刚性太强,柔性不足,尤其是面对课堂教学中的生成时,往往忽略不见,过于注重基础性和普及型,忽视因材施教。有些教师备课只认教参,成为教参的"虔诚的崇拜者""忠实的执行者"。他们依据教参制订教学目标,定位教学的重点、难点,构思教学方法,设计教学流程。教案往往是线形的,教程细繁,掩盖矛盾,没有相机诱导、弹性的处理机制。教案所描述的只是从师到生的单一流向,没有师生、生生的多向沟通,所记录的流程仅仅是教师的意愿与设想,没有学生的选择、理解、质疑,只有被动地接受,不可能有主动发展的记录,是一种教师的单边作用。课例,不仅体现教师与教参之间的单向沟通,预设学生与教师之间可能的交流,而且记录下了教学活动过程,或是精彩的片段,或是疑惑的地方,抑或是失败之处;同时还全程记录教师自我的反思,教师与教师的合作反思以及教师与专家的交流反思,等等。在彼此的沟通中,实现教师与教材、教师与文本、教师与教师,甚至教师与专家的多相沟通,在沟通中开拓思维、取长补短,实现共同发展。

(三)实现从教学型向教研型教师的转变

中小学教师长年累月教授同一门课程,有着丰富的教学经验,但这种经验是个体的,从另一个角度也会制约教师教育教学水平的发展。在一般情况下,教师的工作具有"个体户"的性质。在日常教学活动中,他们要靠自己一个人的能力去处理课堂教学中的所有问题,没有他人的援助,而且教师的课堂教学活动往往是自给自足的,单兵作战是大多数的日常工作状态。教师们已经习惯了这样的生活模式,长期的单科教学让教师们之间相互隔离,使教师们缺乏合作的愿望,也不愿意将自己的实践智慧与他人分享。在课例研究中,教师们通过与其他教师研讨交流来反思自己的教学行为,可以使自己清楚地意识到隐藏在教学行为背后的教学理念,进而提高自己的教学监控能力。反思是一种依赖群体支持的集体性活动，在教师与教师合作的共同体中，可以更好地发挥集体的力量，教师个体一方面向集体贡献自己的资源，另一方面也可以获得更多的他山之石。教师在与教学专家的交流中，也将会受益匪浅。教学专家拥有深厚的理论知识，他们通常站在理论的高度，为教师指点迷津；教师又将教学专家的理论付诸实践，从实践中不断地对课程专家的理论进行检验。

新时代的教师不是传统意义上的教学型的教师，而是熊熊燃烧不断加油的火炬，是具有成长能力的教研型教师，从"教学和研究分离"向"在教学中研究"转变。在教育研究发展史上，很长时间以来，教育研究者和教育实践者是分离的，前者的任务是"发展理论，追求科学理想"；后者的任务是"发展实践，追求职业的理想"，是研究者的研究对象，从而出现了教育实践需要理论的指导，但教育理论却指导不了教育实践的可悲现实。而"课例研究"实现了教师"在教学中研究""对教学进行研究""为了教学的研究"，也实现了教师从"授受型"向"研究型"的转变。

在课例研究中，教学和研究是共生互补的。课例研究的环境就是教师工作之中的实际环境，教师的研究是对自身教育行动的有效性、合理性地探究并不断加以改进。课例研究促使教师积极反思，参与研究，将行动与研究融为一体，从事研究的人员就是要应用研究结果的人，研究结果的应用者也是研究结果的产出者。因为教师是从事具体教育、教学工作的，他们最了解需要解决的教育、教学问题，对实际工作中面临的困境或疑惑有最深切的感受，进行合理、科学和有效的教育、教学以提高教育质量的愿望最为强烈。他们的工作性质和特点最适合他们在从事实际工作的过程中，将教育教学工作与探讨解决问题的方法结合起来，探讨、解决日常教育教学实践中出现的问题，使实践工作接近合理科学、有效的目标。

二、课例研究案例

课例研究不单单是讲一次课，而是授课、反思、研讨、再授课的过程，课例的全过程记录是一种研究经验、失败教训与自我反思的集结。它涵盖的内容相当丰富，可以是自己的成长经历、研究经历、教学经历，也可以是对研究过程的所见所闻、对教育问题所思所想、对研究某个领域有所感有所悟，还可以通过记录的文本，"讲述"教师自己在教育教学研究中遇到的教育问题，是怎样解决这些问题的，为什么这样解决教育问题，以及教师呈现出来的教育理念、教学观念、教学行为，等等。下面是一份课例研修的全程记录。

（一）原始的教学设计

《线的认识》教学设计

教学内容：冀教版《数学》四年级上册第四单元第一课时

教学目标：

知识与技能：能区分直线、线段和射线，能按要求画指定长度的线段。

过程与方法：结合生活中的实例，经历认识线段、直线和射线的过程。

情感态度与价值观：对周围事物有好奇心，体验数学与生活的联系，培养初步的空间观念。

教学重、难点：

1.认识直线、射线和线段。

2.体会直线、线段与射线的区别与联系。

3.理解三种线的特征，掌握三种线的读法。

教学过程：

一、情境导入

师：孩子们，我们先来欣赏一幅图画。（课件出示图）

师：你看到了些什么，想说些什么呢？

师：是呀，这些美丽的图案都是由一些神奇的线组成的。这节课就让我们一起走进线的世界。（板书课题：线的认识）

二、学习交流

1.认识线段（直的，端点，画法，能度量）

师：刚才我们在图画中找到了线段（直线和射线），关于线段你都知道哪些知识？

师：线段是直直的，这是线段很重要的一个特征。我们今天研究的都是这样直直的线。

师：还有吗？什么叫端点？

师：一条线段开始的点和结束的点就叫作这条线段的端点。谁能一句话来说说线段的特点？看来大家对线段已经很熟悉了，一起来看看，图中谁是线段？（课件出示）（没有端点，曲线）

师：找一找，在生活中还有哪些可以近似地看作线段？

师：同学们，假如把王老师看作一个端点，你看作一个端点，我和你之间有线段吗？有几条？我到你的线段和到他的一样吗？看来线段有长有短，你能画出一条线段吗？请你认真观察，看老师是怎样画的。讲解画法。你能画出一条4厘米的线段吗？

展示学生的作品，学生进行评价。

2.认识射线

师：线段在我们生活中无处不在，让我们一起来看看城市的夜景。

课件出示。

师：同学们，在这幅图中，除了有线段还有什么线？

师：你观察得真仔细！这是一条什么样的线？

想象下如果没有东西挡着，光也不变弱，这道光，可以一直往前走，往前走，最终会无限下去。（这里要强调是假设）这样我们可以将这个灯看成是一个点，从这个灯射出来的光线可以看成是一条无限延伸的线，这样就形成一条了射线。

师：你知道射线的特点吗？

生：只有一个端点，直直的线，无限长。

师：给你一把尺子能测量出它的长度吗？（强调无限延伸）在生活中还有哪些可以近似的看作射线呢？

师：同学们，给你一条线段，你能得到一条射线吗？

展示作品。

师：你是怎样得到这条射线的？

师：原来线段上的这个点能去掉吗？线是由点组成的，这个点就可以看

作是射线上的一个点。（是射线的一部分）

师：给你一个点，你能画出几条射线？

师：从一个点可以画出无数条射线。

师：用两条射线能够组成我们以前学过的一个什么图形？

3. 认识直线

师：刚才我们将线段的一端无限延长得到了一条射线，如果两端都无限延长呢？

生：直线。（课件演示）

师：直线又有什么特点呢？

生：直的，没有端点，无限长。（板书）

师：这两个点用擦去吗？这两点之间是一条线段，这条线段是直线的一部分。

师：在我们的生活中，你见过直线吗？

严格地说，我们生活中直线是不存在的，它是我们数学上研究的一个对象。我们可以把地平线近似地看作是一条直线。

4. 体会直线、线段和射线的区别

师：通过刚才的学习，我们又认识了射线和直线。线段、射线和直线有什么相同的地方和不同的地方？下面我们开始四人小组合作学习。

课件出示活动要求：（1）请每个小组把讨论好的结果填在表格里。（2）选好代表在全班汇报。

师：哪个小组先来？

学生上台汇报。

教师根据学生汇报再小结一下三线的区别。课件显示：

线段：两个端点，可度量，有限长，直的

射线：一个端点，不可度量，无限长，直的

直线：没有端点，不可度量，无限长，直的

师：通过我们大家的努力，发现了这三种直直的线的相同点和不同点。那我们来观察一下，它们之间有着什么联系呢？

课件显示。（显示线段和射线从直线中截出来）学生观察。

师：你发现了什么？（学生自由发言）

师（小结）：我们说线段和射线可以看成是直线的一部分。

三、小结

师：这节课你都有哪些收获？

四、练习

1. 练习，下面哪些图形是线段、哪些是射线、哪些是直线？（P37）

做之前，先让学生思考几个特点，想一想用什么特点来判断是最好的。引导出用——端点。

2. 第二关：猜谜语，打一线的名称

有始有终（线段）

师：这里的始、终指的是什么？

有始无终（射线）

师：谜底是直线，谜面应该怎样说？

无始无终（直线）

3. 他们谁说对了？

小明说：我画的线段长 4 厘米。（对）

小红说：我画的射线长 1 米。（错）

小丽说：我画的直线长 2 分米。（错）

4. P37 第三题

师：只有线段才能度量长度，现在就让我们一起来动手量出线段的长度。

5. 连一连（P37）

师：线的条数与点个数之间有什么关系？

师：几条线段分别围成了三角形、四边形、五边形，它们组合在一起还能创造出更多的图形，装点我们美丽的生活。

欣赏课件。

五、总结

师：线装点了我们的生活，也能给我们很多的启示，我们的学习就像是一条射线，学无止境。

而历史的长河不知从什么时候开始，也不知什么时候结束，无始无终，就像是一条直线。

而我们每个人的一生就像是这条直线上的一条线段，让我们勤奋地学习，快乐地生活，使属于我们的这条线段无比精彩。

（二）修改后的教学设计

《线的认识》教学设计

教学内容：冀教版《数学》四年级上册第四单元第一课时

教学目标：

知识与技能：能区分直线、线段和射线，能按要求画指定长度的线段。

过程与方法：结合生活中的实例，经历认识线段、直线和射线的过程。

情感态度与价值观：对周围事物有好奇心，体验数学与生活的联系，培养初步的空间观念。

教学重、难点：

1.认识直线、射线和线段。

2.体会直线、线段与射线的区别与联系。

3.理解三种线的特征，掌握三种线的读法。

教具准备：课件

教学方法：小组合作探究

教学过程：

一、直接引入

师：今天我们来认识一种新的平面图形——线。（板书：线）同学们，看到线这个字眼，你想到了生活中的哪些线？

学生说生活中的线。

师：老师也搜集了一些，一起来看看。（教师出示生活中的线）

师：看来生活中线随处可见，同学们，观察这些线的形状，你能把它们分分类吗？

师：线有直的，有弯曲的，这节课，我们就共同走进线的世界，来研究直直的线。（板书：线的认识）

二、学习交流

1. 交流预习收获

师：线的世界里都有哪些直直的线，它们又有什么特点呢？在我们的书上作了详细的介绍，下面就让我们自己到书中寻找答案吧！

请看老师给大家的学习提示：

（1）学习书上P36～39。把你认为重要的地方用红笔画出来，把你不明白的地方用铅笔画出来。

（2）自学过后，在小组里交流一下，把你知道的说一说，把你不懂的也说一说，小组长做好记录。好，开始吧。

2. 学生交流预习收获，教师巡视。

3. 组织交流

师：谁来说说，通过预习知道了什么，还有什么不明白的地方？

生：线段是一条直直的线，有两个端点。射线是一条直直的线，有一个端点。直线是一条直直的线，没有端点。

教师板书。

师：在交流中，还有什么问题吗？

生：直线有多长？

师：这个问题提得有价值，我把它写在黑板上。

生：射线可以测量吗？

生：直线长还是射线长？

师：同学们，你们发现了不懂的问题，说明你们都有探究的精神。王老师昨天也预习了，我也有一个问题，（拿起鼠标线）这可以看作是一条线段吗？这是我的一个困惑，我也把它写在黑板上。（板书问题）

师：我们把这几个问题放到小组中去解决。你们可以进行讨论，也可以看书寻找答案，老师相信，你们一定有能力把这几个问题圆满地解决。有信心吗？

4. 学生交流，教师巡视。

5. 师：哪个小组先来解决问题。你要说的是哪个问题？

师：同学们，一起读读这个词"无限延伸"。看这个词：无限，同学们，闭上眼睛，想象一下，无限，有尽头吗？空间有多大，它就延伸到哪里，永远没有尽头，能测量出它的长度吗？所以说，直线是无限长的。

在讨论中，让学生明确无限长的线是无法比较长短的；判断一条线段要抓住两个特征：直直的线，有2个端点。

师：同学们，你们太了不起了，这么难的问题都能解决，老师太佩服你们了，将来的数学家就是你们了！

6.师：假如你是一条直线、射线、线段，你怎样介绍自己？

学生介绍，教师进行评价。

7.线的画法

师：看来同学们已经对这三种线很了解了，在教室里找一找，有线段吗？生活中，哪些可以近似地看作射线？

师：我们找到了这么多线，你能画出一条线段吗？

学生自主画线段，指名说是怎样画的。

师强调画法：先点出2个点，就是这条线的2个端点，再用线将这2个点连接起来，就画成了一条线段。

要求学生画出5厘米和3厘米的线段。

师：你的0刻度线跟谁对齐了？3对着谁？

师：把5厘米的线段向两端无限延伸。变成什么了？

师：你们会画射线吗？先画什么？

师：从这一点还能画射线吗？

共同总结出：从一点可以画出无数条射线？

三、小结

师：通过我们刚才的学习，你还有什么问题吗？这节课你都有哪些收获？

四、练习

师：同学们的收获还真不少，接下来我们就解决几个问题。

1.说一说：线段、射线和直线有什么相同点和不同点。

2.量一量线段的长度。

3.在相邻的3个点、4个点、6个点之间画线段。感受线与形的联系。

五、总结，出示下一节课的预习问题

1. 从 a 点到 b 点有几条路可以走？哪条路最近？

2. 预习下一节课的内容，解决问题。

（三）实际上课的教学设计

《线的认识》教学设计

教学内容：冀教版《数学》四年级上册第四单元第一课时

教学目标：

知识与技能：能区分直线、线段和射线，能按要求画指定长度的线段。

过程与方法：结合生活中的实例，经历认识线段、直线和射线的过程。

情感态度与价值观：对周围事物有好奇心，体验数学与生活的联系，培养初步的空间观念。

教学重、难点：

1. 认识直线、射线和线段。

2. 体会直线、线段与射线的区别与联系。

3. 理解三种线的特征，掌握三种线的读法。

教具准备：课件

教学方法：小组合作探究

教学过程：

一、直接引入

师：同学们，知道我们今天要学什么吗？（板书：线）这节课我们就一起走进线的世界，研究有关线的知识。（板书：线的认识）

二、学习交流

1. 交流预习收获

师：同学们，昨天大家都预习过了，相信通过预习你们一定都有很多收获。

（出示预习提示：预习书上 P36～39。 第一，把你认为重要的地方画出来。第二，把你不明白的地方也画出来。）我们先在小组里交流一下，把你知道的说一说，把你不懂的也说一说，小组长做好记录。好，开始吧。

（设计意图：引导学生在小组中交流自己的收获，说出自己不明白的地方，形成问题提出来，培养学生善于总结、善于提炼问题的能力。让学生带着问题来学习，激发学生的学习兴趣，使得学生学习的目的性增强。）

2.学生交流预习收获，教师巡视。

3.组织交流

师：谁来说说，通过预习知道了什么，还有什么不明白的地方？

生：线段是一条直直的线，有两个端点。射线是一条直直的线，有一个端点。直线是一条直直的线，没有端点。

教师板书。

师：在交流中，还有什么问题吗？

生：直线有多长？

师：这个问题提得有价值，我把它写在黑板上。

生：射线可以测量吗？

生：直线长还是射线长？

师：同学们，你们发现了不懂的问题，说明你们都有探究的精神。王老师昨天也预习了，我也有一个问题，（拿起鼠标线）这可以看作是一条线段吗？这是我的一个困惑，我也把它写在黑板上。（板书问题）

（设计意图：老师将学生没有提到的线段的重要特征作为问题提出，也让学生感受生活中的线和几何图形中的线的区别。）

师：我们把这几个问题放到小组中去解决。你们可以进行讨论，也可以看书寻找答案，老师相信，你们一定有能力把这几个问题圆满地解决。有信心吗？

4.学生交流，教师巡视。

5.师：哪个小组先来解决问题。你要说的是哪个问题？

师：同学们，一起读读这个词"无限延伸"。看这个词：无限，同学们，闭上眼睛，想象一下，无限，有尽头吗？空间有多大，它就延伸到哪里，永远没有尽头，能测量出它的长度吗？所以说，直线是无限长的。

（设计意图：对于学生难以理解的无限延伸，让学生闭上眼睛在老师的引导下感受、理解无限长，突破本节课的难点。）

在讨论中，让学生明确无限长的线是无法比较长短的；判断一条线段要抓住两个特征：直直的线，有2个端点。

师：同学们，你们太了不起了，这么难的问题都能解决，太佩服你们了，将来的数学家就是你们了！

6.师：假如你是一条直线、射线、线段，你怎样介绍自己？

学生介绍，教师进行评价。

（设计意图：问题设计激发学生的表达欲望，发展了学生的空间想象能力，培养学生的口头表达能力，巩固了本节课的知识，理性地理解了知识。）

7.线的画法

师：看来同学们已经对这三种线很了解了，在教室里找一找，有线段吗？生活中，哪些可以近似地看作射线？

师：我们找到了这么多线，你能画出一条线段吗？

学生自主画线段，指名说是怎样画的。

师强调画法：先点出2个点，就是这条线的2个端点，再用线将这2个点连接起来，就画成了一条线段。

要求学生画出5厘米和3厘米的线段。

师：你的0刻度线跟谁对齐了？3对着谁？

师：把5厘米的线段向两端无限延伸。变成什么了？

师：你们会画射线吗？先画什么？

师：从这一点还能画射线吗？

共同总结出：从一点可以画出无数条射线。

（设计意图：让学生自主画线，在学生的交流中，教师及时引导，让学生探究出线的画法。培养学生自主探究学习的精神，学生能够通过自己努力就能得到的知识，教师不再进行讲解。）

三、小结

师：通过我们刚才的学习，你还有什么问题吗？这节课你都有哪些收获？

四、练习

师：同学们的收获还真不少，接下来我们就解决几个问题。

1. 说一说：线段、射线和直线有什么相同点和不同点。

2. 量一量线段的长度。

3. 在相邻的 3 个点、4 个点、6 个点之间画线段。感受线与形的联系。

五、总结，出示下一节课的预习问题

1. 从 a 点到 b 点有几条路可以走？哪条路最近？

2. 预习下一节课的内容，解决问题。

（设计意图：结合下节课所学的知识，联系学生的生活实际，提出一道生活中的问题，激发学生探究新知识的兴趣。）

总评：本节课充分运用直观的教具进行展示，动手操作感知，以帮助学生建立表象，发展空间观念，利用计算机演示直线、线段、射线三者之间的关系，体现事物间相互的联系，相互变化的观点，比教师空讲、抽象的语言更有说服力。教学环节精心设计，注重教学过程中体现学生参与的主体地位与教师的主导作用，使学生根据预习交流收获，再将不明白的问题交回给学生，通过小组活动有重点地获取知识，促进学生对直线、射线、线段认识、区分，并通过观察、动脑、动口、动手等多种感官的活动来体现学生的认知特点，充分调动学生的积极性、主动性，使学生轻松地掌握知识。

（四）教者的心路历程

在磨课中成长 ——磨课小结

磨课是痛苦的，但更是快乐的。

磨课的过程中，免不了要反复上，反复改，有时甚至要对原先的教学思路全盘推翻，常常把原先清晰的教学思路越"磨"越模糊。随着磨课的进程，大家的思考逐渐深入，观点也随之分化，有时大家的思维会发生碰撞，甚至完全背道而驰。舍谁取谁，那种彷徨和无助没有"磨"过课的人是难以理解的。回首研修经历，通过磨课我感到获得了很多很多的东西，现总结以下几点。

第一，通过磨课，我清晰地认识到，对教师来说，磨课的过程既是一个学习、探究、实践的过程，也是一个合作交流、反思和创新的过程，更是一个专业素养提升的过程。专家带领的团队对磨课内容进行反复研讨，探讨遇到的问题，出现问题并及时解决。整个磨课过程，参与的教师们群策群力，正是有了这样规范的磨课过程，才会有良好的研修效果。

第二，在磨课的过程中，我感到团队的力量是我进步和提高的源泉。在研讨中，老师们对知识经验、思想方法进行交流和相互碰撞，在这种交流和碰撞中激发了灵感，使我在教育教学中的思想认识有了巨大的提高。经过研修，我真正地认识和体会到学生是我教学的主体，在教学中我要充分地引导和调动学生的学习能动性，在学习活动中使学生感受到自己能够学，而且使学生在活动中学会主动去探究，学会主动学习。我想这是教育的最终目的，而不是教授课本上简单的知识。

第三，教学永远是一门艺术。单就课堂展示而言，教师从学生的学习需要出发，精心设计教学过程，让学生始终带着问题探索知识，结构清晰，层层深入，使教学过程紧凑而且环环相扣，有效地达到了教学目标。磨课的目的最终是体现和展示备课团体对"理想教学"的一种追求，它也许暂时无法或自己没能在课堂中得到完全的实施，但它展示的是理想，是追求，是目标。通过磨课，可以使每一位参与者对这种理想、追求、目标理解得更立体、更透彻。

磨课就像"琢玉"——琢课堂设计自然之美，琢课堂教学细节之美，琢师生活动灵巧之美。磨课的过程，就是一种交流和对话过程，是一种逐渐逼近教学本真的过程。在这一过程中，不但有教学技艺层面和教学技术上的调整与定型，更为重要的是自己会得到教学智慧上的锤炼，是走向成熟的必由之路，更是在教学上不断精益求精、完善自我的镜子。

磨课——挑战自我，超越自我，乐在其中！

（五）集体课例研修建议

王老师所执教的这节课是冀教版《数学》四年级上册第四单元《线与角》

的第一课时。《线与角》是"空间与图形"领域中"图形的认识"部分的内容，是在第一学段初步认识了立体图形长方体、正方体、圆柱和球，并能辨认平面图形如长方形、正方形、三角形和圆，能对简单几何图形进行分类及二年级上册认识角，会辨认直角、锐角和钝角的前提下安排的。

原来设计这节课的时候，教师把教学重难点定位为三种线的区别与联系，教学环节是按照教材的编写顺序，逐个出示知识点，然后分析它们的区别与联系。但第一次试教下来，我们发现这部分知识离学生的实际生活较远，学生很难建立没有长短、没有宽窄、没有薄厚这样的几何意义上的"线"的概念，因此帮助学生发展空间观念、建立线的概念就定位为本课的教学重点。根据重难点我们按照"以学定教"的思路重新进行了设计，根据本节课的特点及学生的认知规律做了修改，通过磨课及后来的课堂实践表明，我们的尝试是比较成功的。

第一，根据预习来动态地开展教学。在本节课的学习之前，学生参照教师的预习提示和提供的提纲进行预习，通过预习可以了解在哪些方面还弄不懂，这样带着问题走入课堂，学习效果明显会增加。在本节课上，教师直接进入课题，让学生进行汇报："都知道了哪些知识"，检测学生课前预习的效果，及时调整教案设计，根据学生预习的程度进行改变，使课堂教学成为"只讲学生不会的"，从而提高课堂教学的效率。

第二，力求帮助学生建立空间观念及极限思想。在此之前学生接触的都是现实世界三维空间里摸得着、看得见的具体直观、真实存在的形、体，而在本单元第一次出现了一维空间中能够无限延长的直线、射线。由于小学生思维的形象直观性，从没有接触过极限的思想，加之一维空间比二维、三维空间更抽象，学生很难建立没有长短、没有宽窄、没有薄厚这样的几何意义上的"线"的概念，因此帮助学生发展空间观念、建立线的概念就是本课的教学重点。所以根据这一教学目标，在课中根据学生的课堂表现，对习题的掌握情况，对教学设计进行调整，如在探究"经过一点能画无数条射线"和"经过两点只能画一条直线"中，让学生通过亲自画直线体验点的个数与线的条数之间的关系。在学了三线的特征后看图辨析线段、射线和直线，巩固了三线的特征。

第三，检测学习情况，让学习成为一个循环往复的过程。在课的小结阶段，教师问学生：还有什么问题吗？这是对教学目标的完成情况进行检测，是学生实现认知、方法、体验、情感全方位的盘点。结合学生的反馈，教师确定练习的重点，如练习中通过渗透与延伸，使学生理解了"点动成线、线动成面"的点、线和面的关系以及线段条数与几何形体图中顶点个数的关系等，丰富了教学资源，有效地培养了学生的空间观念。

在反复磨课中，我们进行了积极的探讨和实践，力求真正让学生成为学习的主人，把课堂还给学生，把原本属于学生的时间还给学生，通过教师的引导，让学生主动学习，在自主学习的过程中培养能力，从而培养创新型人才。

三、课例研修的组织与实施

（一）更新观念，激发教师主动参与的兴趣

教师不单单是授课，更重要的是对自己教学行为进行反思，在反思中获得成长。"课例研究"为教师的自我批判反思提供了空间平台。传统教育思想中以"学而不厌、诲人不倦"为内核的教师人格与专业精神的长期延续和积淀是教师专业发展的历史基础。"学而不厌、诲人不倦"教师思想很早就阐明了为人师应具备的人格和专业精神。"学而不厌"阐明了教师要不断地自我学习，自我更新，这是"诲人不倦"的前提和能力基础，这一思想可以视为现代继续教育思想的雏形。这种观点的阐发可最早追溯到我国的第一篇教育文献《学记》，文中指出："学然后知不足，教然后知困。知不足，然后能自反也；知困，然后能自强也。故曰：教学相长也。"明确阐述了教者须先学后教，知困而学，教人而学，教中又学，以提高自己的思想。因此，对教师实施继续教育与传统规范不相冲突，符合历史形成的对教师的价值准则，获得教师个人及社会公众的心理认同与支持，成为教师专业发展的传统渊源。因此各级教育行政管理部门应更新观念，以教师的专业成长作为教师教育的重要任务。在研究过程中，教师收获的不单单是授课的技能，还可以在经验的

交流和思维的碰撞中收获见解。从这个意义上说,"研究课"远没有结束,它不局限于某一次"课",它给教师向其他教师继续咨询请教的机会。教师相互提供经验和建议,通过这种方式教师紧密地联系在一起,实现自我超越。更深入地说,人有肯定自我、追求成长的动机。"自我超越"是指个体不断理清并加深个人的真正愿望,集中精力,培养精力,培养耐心,客观地观察现实,以实现个人心中最想达成的愿望。在教学实践研究中,教师应该全身心地投入,不断创造和超越自己的教学实践。教师要实现自我超越就要改变以往的传统观念和传统做法,积极吸收先进的教学理念,结合科学的研究方法,运用到自身的教育教学实践中。譬如说,在"教案时代",教师非常重视"教"的构思,成为教参"虔诚的崇拜者""忠实的执行者",依据教参确定教学目标,定位教学重点难点,构思教学方法,设计教学流程。所描述的只是从师到生的单一流向,没有师生、生生的多向沟通;所记录的流程仅仅是教师的意愿与设想,没有学生的选择、理解、质疑,只有被动接受,不可能有主动发展的记录。教案所反映的教师的单向传递和经验传授是一种教师的单边作用。从这一角度说,教师要实现从"单向度"向"多向沟通"的转变。在这种转变中,教师的主动性得到充分的发挥,从而有了专业成长的动力。

(二)重视研究,营造良好的环境氛围

教师的发展离不开具体的环境,环境氛围从某种角度来说影响着教师的发展。基于"课例"的教师专业发展的实现,首先有赖于良好研究环境的培育。教师的发展除了自己的努力之外还需要有一个适宜的学校环境,或者说是一种文化,这个环境并不是天然存在的,需要学校予以创造,需要一系列的学校政策来完善它。首先,要建立起以校长为第一责任人的校本科研制度,校长要把科研当作分内事,学校的全体教师也都会参与到研究的行列中来,牢固树立科研兴校的理念,这将有力地促进校本科研风气的形成。其次,学校要建立积极的参与机制和激励机制,珍重和保护教师从事科研的积极性、创造性,增强教师的科研自信心。同时,开拓教师参与学习、培训、学术交流的校内外畅通的渠道,使教师能从多种渠道获得教育资源、信息,促进教师专业化能力的提高。

从教育行政部门来说，应致力于培育教师个人的良好研究环境：全面认知教师专业发展，强化教师心理认同感。课例的记录、反思由教师操作完成，而人的行为受思想的极大影响。因此，要使课例研究顺利有效实施，就必须使教师全面认知课例研究与教师专业发展的密切关系，强化其心理认同感；培养主体意识。主体意识涵盖主体职业道德意识、情感、思想开放性与主体反思意识等。一般来说，主体意识越强，越容易进入状态；主体职业道德水平越高，越有执着性与责任心，越会自觉反思；缺乏情感，就缺乏反思内驱力；缺乏开放意识，就缺乏深刻全面的反思；缺乏反思意识，一切热情都是空话。培养主体意识，重要的是加强教师职业道德修养，增强其平等、合作、开放与反思意识；增强研究的效能感。社会学习理论告诉我们，自我效能感越强，越容易坚持某项活动，自觉克服困难，越容易成功。增强教师进行课例研究的效能感，可通过增加教师反思成功体验、培养教师对反思成败的正确归因、观察他人替代经验等途径实现；培养个人反思能力。课例研究最重要的是教师群体或个人的反思活动，这是"授人以渔"的活动，可从知识、技能、方法三个角度入手：知识是基础，方法是突破口，即通过教师（具备了一定的反思知识实际）参与反思方法的探索来培养反思技能，丰富反思知识。通过营造主动参与、互动分享、共同成长的研究氛围促使教师在课例研修中提升自身的专业水平。

（三）创设条件，构建研究共同体

课例研究打破了传统意义上的备课，传统教育的形式化、刻板化、精细化和条文化，使教师的教育生活囿于某种既定的模式或格局之中，使教师生活陷于个人单调重复和简单循环之中，从而丧失了生命的升级、活力和创造性，失去了人自觉对自由的向往。而课例研究促进了教师之间的经验交流和知识分享，打破了传统的信息隔离状态。通过"课例研究"，富有经验的教师的隐性知识能够被保存和传播，"课例研究"起到了知识的纵向传承的作用。教师是一个"学习共同体"，强调教师需要在合作中成长。"教师共同体"实质上分为两种："合作的共同体"和"自由的共同体"。在教师的"合作共同体"中，教师深信他们需要铸造共同的教学观；在教师的"自由的共同体"

中，教师期望通过自己的意志构建个性化的教学，课例研究能以课堂教学为依托，构建"研究共同体"。

课例研究是通过行动参与对教育教学的行为研究。"教育行动是在特定时间、地点、条件下，由特定的教师对其学生采取的行动，又要使作为行为者的教师在行动过程中获得理性的自觉，故这种研究不能不以参与研究的教师为主。"因此，教师集体应当是一个教学研究的共同体。在这研究共同体中，必须建立科研平等对话、合作切磋、经验交流的平台，能够让教师经常进行研讨，交流信息，分享经验，共同提高。教师个体一方面向集体贡献自己的资源，另一方面在贡献自己经验的同时收获他人的优秀教学主张，达到个性发展与群体发展的和谐统一。同时对构建和谐的校园文化、营造良好的育人环境也有着重要的作用。

（四）构架体系，以评价促教师专业发展

发展性教师评价制度是在课例研究过程中促进教师专业发展的保障和动力。建立全新的评价机制，改变传统的仅仅关注学生成绩的教师评价，要本着有利于教师发展的要求，要依据不同教师的特点制定科学的评价标准，并把教师从事校本科研的工作业绩与教育教学工作一起列入教师的评价内容。

倘若教师人人能备好课，学校自然不会去检查教师教案，学校检查评比教案的动机无疑是为了督促教师备好课，从而提高教学质量。当然，教案是作为教师备课成果的部分体现的，而不是全部，无疑不能作为学校检查教师备课状况的唯一凭据，即使某些教师不能备好课，单靠检查他们教案的做法仍是值得质疑的。写教案是一个提高教学水平的过程，尤其对促进年轻教师尽快适应教学提高教学质量很有好处。教案检查也很有必要，好的教案可以启发年轻教师，同时也可促进教学。课堂教学对提高人才培养质量至关重要，而学生在校学习又主要在课堂上。但规范不是教条，不宜千篇一律，更不能抑制教师个性化的发展，教案也应写出特色，真正有利于推动教学改革，提高教学质量。

教师评价制度正在由过去的奖惩性教师评价制度逐步转向发展性教师评价制度。传统的奖惩性教师评价制度，通过对教师表现的评价结果，作出续

聘、解聘、晋级、降级、加薪等决定，它是一种面向过去的教师评价制度，它所注重的是教师是否履行了应有的工作职责、他们的工作表现是否符合校方的期待，从而判断他们是否具备奖励或处罚的条件。而发展性教师评价制度是一种新型的、面向未来的教师评价制度。它不仅注重教师个人的工作表现，而且更加注重教师自我价值的实现，强调教师在继续教育中获得良好的个人发展，使自己逐渐步入骨干教师、明星教师、教育专家的行列。让学生受益、学校获益，从而将继续教育变成学校、学生、教师个人的共同需要。因此，在这种评价制度中，教师是否接受继续教育就成为一个重要的评价指标，使评价对继续教育的驱动和保障作用得到充分发挥。

课例研究是教师专业发展的一种形式，课例研究直接与教师的教学工作产生联系；课例研究不是抽象的活动，而是针对具体的教学任务；课例研究的选择与组织是围绕问题的解决；课例研究不是针对一个教师的活动，而是一个教师始终参与的活动；课例研究不是一个教师完成的活动，而是教师合作完成的活动。课例研究不是校外专家引领的活动，而是同伴互助的活动。课例研究是教师教学专业日常生活的舞台，教师既是设计者，又是表演者，更是评价者。

第四节　中小学教师专业发展与培训

一、中小学教师专业化培训

（一）新手期的培训

更新知识，新手教师虽然具有相当数量的知识，但不代表他们不存在教学上的知识缺漏，学校学到的知识体系不等同于所要讲授的知识体系，所以他们仍存在获取相关知识的问题，尤其是将所学知识和知识体系转化为所讲的知识及知识体系的问题。

转变角色，青年教师的成长规律告诉我们，刚从师范院校毕业的年轻教师们视域宽广，思想活跃，易接受新思想、新事物；有强烈建功立业的愿望，渴望把自己的知识应用于实践、奉献给学生，渴望很快成为教育人才。通过培训可以促使他们尽快了解教师职业的各种职能和职业道德规范，尽快体验到教师与学生在身份、职位、职责上的区别，尽快完成从学生到教师角色的转变。

提升能力，就知识内涵来看，新手教师基本适应当前社会对教师的要求；就知识总量来看，他们基本可以满足本学科的教学需要。但缺乏从实践需要认识教育教学的实践，缺乏把已有知识转化为实际的教学能力，所以教师培训应帮助他们初步熟悉和把握所教学科的教材内容、教材特点、教学要求及一些基本的教学方法、教学程序等。帮助他们把自己所学到的文化专业知识和基本教学理论转化为实际的教育教学能力。

这个阶段的教师，在培训中应注重安排优秀教师的针对性指导，注重参加活动和观摩，强化班级管理和教学技能的熟练，注重师德修养的培训，重点采用案例、课例研究的方式完成适应期的任务。

（二）胜任期的培训

明确发展目标。这一时期的教师培训要进一步明确教师职业的特点，强化教师的职业道德、智能结构和其他准则，帮助他们充分体验自己认识周围世界的能力，并能综合这些认识，根据选定的价值标准找到适合自己的发展方向。

融入教学研究。这一时期的教师培训要侧重解决他们的疑难问题，指点迷津。帮助他们对教材教法进行分析，教给了解学生、研究学生的具体方法；教会选择、运用教学方法的技能技巧；指导他们将教育理论应用于实践，并将理论与实践有机结合起来，发挥理论指导教育改革的作用；进一步提高、强化教育教学能力，同时还要弥补知识的缺漏。培训除了继续开设有关教师职业规范和教育教学技能训练课之外，还应通过参加教学竞赛、基本功大赛的方式进行锤炼。

（三）熟练期的培训

形成自己的教学主张。这一阶段的培训要在他们已有水平的基础上提出新任务、新要求，使之在种种新事物、新知识、新对象、新路径、新要求前重新产生出一种成就感，推动他们创造性地应用他人经验，走出认识和行为的误区。

完善自己的知识储备。教师培训要进一步拓宽他们的知识面，拓宽教学视野，扩充信息储藏量，更新知识和教育观念，教给并促成他们学习探索新知识、新理论、新观点和新方法等。

深入研究教育教学。这时的培训要引导他们深挖教材内涵，使之成为自己的知识体系；帮助建立自我评价体系，不断改组已有的不合理的教学程序；加强教育教学实践中亟待解决的问题的研究，使他们能更好地胜任教育教学工作。

形成新时代的育人观。此时他们对学生的认识也由抽象到具体，不再视学生为一群抽象的集合体，学生不仅是施教的对象，更是主动、灵活、能够影响教师、左右教学成败的主体。研究表明，这时教师更多地关注学生在学习、社会和情感方面的要求，关注自己对学生个体产生影响的能力。对教师专业发展的研究或政策的制定，多从促进学生发展和社会进步所需要的教师的角度出发。如今教师专业发展的要求主要是自上而下，是从外部努力的，而不是从教师的心理内部来考虑。

在国培中成长

唐山市乐亭县第二实验小学 肖伟

2015年11月5日，我怀着无比激动的心情和对家的不舍却又带着美好的憧憬来到了美丽的秦皇岛参加这次的小学数学骨干教师培训班。作为一名一线小学数学教师，我非常渴望能得到名师的引领，渴望能有更多的学习机会，以不断丰富自己的知识内涵，提高自身的专业水平，从而更好地服务于教学，享受教育的幸福。在为期20天的培训中，我聆听到了各位教授、专家、特级教师的讲座和报告，每天都面对不同风格的名师，每天都能听到不同类型的讲座，每天都能感受到思想火花的冲击。在这里，我更进一步掌握了新课改的发展方向和目标，提高了自己的认识水平，思想上受到震撼，思维上受到触发，反思了自己以往工作中的不足。专家教授所讲授的教育教学工作中的鲜活案例，给了我具体的操作指导，真是受益匪浅。

一、我学到的

此次骨干教师培训，我聆听了教授、专家的课改理论，目睹了课改案例，参与了同人们的教改经验交流，令我豁然开朗。如：田宝军教授为我们作了《生命教育理念下有效课堂教学研究》的讲座，为我们解答了新课改实践的困惑以及生命教育理念下的师生关系。赵福江教授结合众多的案例为我们解读了《学生伤害事故处理办法》，为我们填补了这方面的空白。特级教师唐爱华的《有效教学例谈》通过大量的教学片段深入讲解了什么是有效教学，如何吃透教材，合理选材实现有效教学，如何关注情感态度价值观目标。马云鹏教授的《数学核心素养的理解与案例》更是让我们领略了大家风范。

秦文教授的《教学艺术专题》让我们知道了教学艺术的形成需要实践磨炼，与时偕行，与时俱进，真正的教育是：一朵云推动另一朵云，一棵树摇动另一棵树，一个灵魂唤醒另一个灵魂。特级教师徐长青诙谐幽默的课堂令我们感觉不虚此行……从一场场精彩的讲座中，我更进一步了解和掌握了新课改的发展方向和目标，反思了以往工作中的不足。一些对教育教学工作很有见解的专家们以鲜活的实例和丰富的知识内涵及精湛的理论阐述，使我的教育教学观念进一步得到更新。通过培训，我重新认识了"教师"这个角色，我深感自己要改变，给自己找准定位，改变已有的教学行为。本次培训我听得感动，看得激动，在以后工作中一定要有实际行动，以火热的心情和高度的责任感、使命感投入课改行列，让新课程在我心中生根、开花、结果。

学生为什么不好学？为什么对任何事情都无所谓？专家们的独到见解，简单问题深度地挖掘，理论见解和实际行动一致，注重数学教育从学生生活经验出发，到理解学会知识，从而学会解决生活中的实际问题，注重学生数学学习过程中数学推理与思考的习惯。专家们通过递进式归纳整理，形成系统，调动学生思维，始终牵引着学生思考的欲望，长此以往学生形成了思考习惯。做老师难，做一位好老师更难，那是需要老师爱心、专心、细心、耐心、恒心、信心去认真对待我们事业。

二、我听到的

来自唐山、沧州、秦皇岛各地的90多位青年数学教师集聚在一起，各种思想和理念交织在一起，碰撞出了耐人寻味的火花，年轻心灵、年轻想法、年轻行为、年轻梦想，让我听到外面年轻教师激烈的心跳声，他们的信心形成了他们的从容，他们的精神让我看到他们的底气，他们的交流让我听到了他们的专注，这时让我再次想起一句古诗"不识庐山真面目，只缘身在此山中"。6位老师的不同讲课风格，6位老师的微报告，6位老师的精彩说课令我大开眼界。在交流中他们的言词与雄辩、专业和激情、道德修养、学科素质、工作技能、科研能力、实践与创新能力令我为之敬佩。他们长期坚持从细微入手，日积月累，以良好的心态对待教学过程中的困难和挫折，不断求知，善于实践，积极反思，我深信他们的成功不是速成的，"宝剑锋从磨砺出，梅花香自苦寒来"。教育贵在坚持，难在扎实，只要我们用心去做，就会真正成为"最是书香能致远，腹有诗书气自华"的名副其实的专业教师。

三、我看到的

6位年轻教师展示了6节成熟的课，他们教学设计独特新颖，都把每一节课当作一个创造性的活动，目标确定符合实际内容范围和难度要求，结构合理紧凑，每个环节都考虑得详细周到，为学生创设宽松和谐的学习环境，使学生在探索和学习过程中产生丰富的情感体验。他们关注学生的学习过程，让学生学有体验的数学，他们展示的一个重要理念就是为学生提供"做"数学的机会。灵活的教学方法，适应学生的实际和内容的要求。给学生留下充分思考的时间，给学生更多的思考的余地。他们始终把握学习归根结底是学生自己体验的活动。

四、我想到的

通过本次骨干教师的培训，自己收获颇多，感受颇深，但我觉得最重要的是在今后的教学工作中如何把本次培训所学到的理论始终如一地贯彻下去，使自己的教学工作不断完善、不断提高……充满爱心的人，心里坦荡；敬业奉献的人，心里扎实；托起明天太阳的人，心里一片光明。这次的培训，是我许多年不曾拥有的、快乐的、充实的经历。虽然说工作中有很多困难，也有很多烦恼，但我会乐观地对待它，我会一如既往地凭着对生活的热爱、对人生的感悟、对学生们的期望、对事业的追求，与时俱进，一路前行。

二、中小学教师专业发展与远程培训

教师的知识专业化历程大概经历了 50 多年的发展。联合国教科文组织在 1996 年的《关于教师地位的建议》中就曾指出，"应把教育工作视为专门的职业，这种职业要求教师经过严格的、持续的学习，获得并保持专门的知识和特别的技术"，"教师专业化"首次以官方文件的形式作出明确说明。20 世纪 70 年代中期，一些发达国家以推动教师成为真正的专业人员为教学目标，并提出了教师专业化的口号。我国在 1994 年实施的《中华人民共和国教师法》中规定"教师是履行教育教学职责的专业人员"。因此，教师专业化的发展已经成为一种共识。要想实现教师的专业发展，职后培训是十分重要的途径之一。在培训的过程中，教师要有参与培训的积极性，对于所培训的知识进行深入思考，作为学习的参与者以一名学习者的身份来体验未来他们所要实施的学习过程，进而不断提升自身的专业知识、专业能力和道德素养。其中，远程培训手段对于提升教师的专业素质有显著的优势。

（一）远程培训促进中小学教师专业发展

教师远程培训，特别是在线学习形式，具有改变教师专业发展模式和学习共同体协作学习模式的潜力。此举能够辅助教师发展教学专业知识，将不同地域的教师联结起来共同学习，使不同学科教师能够有知识交流的共同点，从而分享自身的教学经验，并积极面对各种挑战，共同建立知识网络平台，使教师能够在任何时间与任何地点都能够发出请求。因此远程在线学习技术可以提供专业化支持，能够跨越地理、文化和社会障碍，帮助参与其中的教师获得高质量的学习效果。

教师远程培训能够创建并支撑专业化的学习共同体，在传统教师培训中某些难以达成的目标也能够在网络环境中实现。传统的教师培训通常是一站式的，即在几个小时或几天之内，由某领域的专家给参训教师传授知识，当培训结束后教师很难继续交流和学习。但是教师远程培训可以支撑专业学习共同体的长时间运作，系统、长期地提升教师的专业知识水平和能力。

教师远程培训的交流能够以同步或异步方式进行，可以提供交互体验并整合文本、音频和视频资源。这样的环境可以帮助教师逐渐熟悉、体验并掌握如何使用新技术，而且还可以将学到的技术传授给学生。教师远程培训的学习环境不仅仅是一个灵活便利的课程内容传送的虚拟中介物，更多的是一个支持专业对话、专业探索、自主学习和合作学习的媒介。当实施顺利时，这种方式的培训能够改变教师的学习行为和培训后的教学实践，并有可能因此而提高其所在班级学生的成绩及综合素质。教师专业技能的发展是教师远程培训的基础与背景，教师远程培训成了支持教师专业发展的一种具体且广泛使用的形式。

（二）远程培训提升教师创新教学能力

创新是以知识为基础并通过知识重组所得来的，但以知识为基础不一定会有创造力，而有些教师知识面狭窄，知识结构又不合理，因此降低了创造力的发展。所以，创新型教师应该有丰富的知识内涵与合理的知识结构。

创新型教师知识结构的建立，一直处于基础层面。首先，创新型教师必须充分满足学生对知识内容的求知欲，通过开拓多种途径，提高学生的创造力。其次，教育技术方法逐步走向现代化，要求教师在掌握现代教育技术的同时，激发学生的学习兴趣，培养学生想象力等。最后，科学方法论的素养，已经成为教师开展独创性教育活动与教育研究活动的基础。

教师需具备一到两门学科的专业与技能，这是创新型教师掌握创新型教学方法的基础。因为只有准确理解并熟练掌握创新型教学方法，教师才能把更多的时间投入设计教学内容上。所以，在学科教学中必须进行创新思维训练与创造性想象力的培养。此外，教师还需要了解推动该学科发展的因素，深入研究该学科对于生产与社会发展的价值所在。而创新型教师的出现既激发了学生探索知识的欲望，又培养了学生科学知识方面的创新思维习惯。

学习现代化教育理论与心理科学方面的知识。现代化教育使教师了解了学生的教育规律，而心理科学让教师充分了解了学生身心发展方向，要定期开展创造性教学活动与教育研究活动。此外，有效地将创新教育的原理和方法投入教学活动中，使这种知识的应用能力体现创新型教师与普通教师的区别。综上所述，教师知识结构中所存在的最薄弱的部分，是影响创新教育的实施的重要因素。

创新型教师的知识结构体现了多层复合性的特点，三个层面的知识结构相互支撑并相互渗透，通过有机的结合，使教师的教育行为达到科学性和艺术性，从而形成自身的独特性。随着社会的快速发展，知识也在快速地更新换代，而教师要不断地学习知识技能，不断研究，对于自身的知识要不断更新，跟上时代的步伐，追求全新的教学理念。教师的专业发展意味着教师不再是教书匠，而是具有研究意识、创新意识的终身发展的新时代的教师。

第二章　高校、政府、中小学
"三位一体"协同培养模式

第一节　师范生培养的一体化

近年来，中小学教师队伍的发展呈现出许多新的趋势，如教师来源趋向多元化，教师培养趋向多样化等。这些新趋势对师范院校的人才培养提出了新的要求。尤其是在师范生培养方面，要从过去的单一师范院校向综合性大学转变，向高校与中小学合作转变，从而实现师范生培养的一体化。

一、培养目标一体化

教师教育的目标是培养具有先进的教育理念、具备现代教育技术、能够进行有效教学设计与实施的高素质教师。要实现这一目标，就需要发挥高校与中小学合作的优势，在人才培养中实现一体化。

首先，高校可以从思想上为中小学培养符合新课程改革理念的教师，而不仅仅是中小学自己培养的教师。中小学要培养与自己发展理念相适应、综合素质高、能够适应未来教育发展要求的教师。在这一过程中，高校作为知识传播者和创新人才的培育者，要起到引领作用。高校要积极主动发挥自身优势，与中小学开展合作。

其次，高校和中小学要共同制订培养目标，从而在人才培养目标上达成共识。由于中小学教师培养模式不同，因此各高校应制订各自的人才培养目标。对于综合大学来说，要以学科为基础，根据师范专业特点和社会需求来确定培养目标。在学科基础上进行专业建设和课程建设。对于师范专业来说，要根据中小学教师需求和发展趋势来确定人才培养目标。在教师培养过程中要注重教学实践能力、教育科研能力、创新能力的培养。

最后，高校和中小学共同制定评价标准。对师范专业来说，主要是对人才培养质量进行评价。通过对人才培养质量的评价来推动人才培养工作，同时也促进高校内部教学质量监控体系建设和持续改进。对师范院校来说，要以教师教育质量评估结果为依据，不断总结经验和教训，完善人才培养标准体系和评价机制，以评价促进人才培养质量的提升。

二、课程设置一体化

目前，中小学教师职前培养的课程设置主要是以教育学、心理学、学科教学论、课程与教学论等为主，这些课程都是针对师范生培养的。要实现师范生培养一体化，必须将师范生培养与中小学教师培训有机结合起来，实现课程设置一体化。要以中小学教师培养为基础，将学科教育、专业教育和师德养成有机地结合起来，根据中小学教师不同的培养目标、培养规格和发展要求，制订不同层次、不同类型的课程计划。在课程设置方面实行"双导师制"。

1. 大学教师与中小学教师"双导师"制

一是实施"双导师制"。"双导师制"是一种师范生培养的新模式，它将大学教师与中小学教师有机地结合起来，以提高师范生培养质量。师范生从入学开始，就会与中小学教师建立密切的联系，接受中小学教师的指导和帮助，小学教师可以在入学阶段就参与到师范生的培养过程中来。"双导师"制的实施对师范生培养一体化具有积极作用。

二是在大学与中小学之间建立教学实践基地，由大学教师带领大学生到中小学进行为期一个月的实习，由大学老师作为指导者。具体操作时可以根据中小学的需求将大学不同专业的学生分配到中小学进行教育实习。一是学校和中小学之间存在着直接接触，这不仅有利于师范生对中小学教学实践过程和方法的理解和把握，还有利于师范生在中小学实践中提高教育教学能力；二是高校与中小学之间存在着密切联系，这有利于高校从中小学教学实践中获取宝贵的第一手材料；三是通过这种形式，不仅能够使大学生加深对中小学课堂教学实践的理解和把握，还能够增强他们与中学之间的相互了解和沟通。

2. 完善教师教育类课程

"教师教育类课程"是指教师教育中与学科有关的知识和技能，包括课程标准解读、教材分析、教学设计、课堂教学、教育见习、教育实习等课程。这类课程主要以小学和初中教师为对象，要求师范生掌握中小学学科知识，熟悉学科教育教学的基本方法。

课程可以从以下几方面着手：一是依托地方师范院校和教师教育基地，重点培养学生的学科教学知识与能力；二是通过高校与中小学合作，共同开发教材、设计教案和开展实践活动等方式，为师范生提供学科知识的学习机会；三是在基础教育改革和教师专业发展中，开设一些理论联系实际的课程，培养师范生的理论素养和实践能力；四是通过聘请中小学优秀教师开设专题讲座等形式，为师范生提供教学经验交流和学习的平台；五是通过安排师范生到中小学见习、实习，与中小学教师进行教学实践的方式，培养师范生的专业技能；六是通过学校与学校、城市与城市之间的交流互动，鼓励师范生了解中小学教育教学情况。

3. 加强师范生培养过程中的教育见习、研习、实习和教育实践

从师范生的培养角度看，教育见习、研习、实习和教育实践是三个不可或缺的环节。在师范院校教师培养中，应根据教育见习、实习和教育实践的内容和特点，进一步明确这些环节在师范生培养中的地位与作用。

（1）加强职前教师培养过程中的教育见习、研习、实习和教育实践。在师范院校教师培养过程中，应充分利用学校与中小学的现有条件，安排学生到中小学进行一段时间的见习或实习，以便提前了解、熟悉基础教育教学工作。同时，要充分利用中小学现有的资源，有计划地组织师范生参加各种类型的教师专业实践活动，如在中小学做一天教师、与中小学教师交流一天等。

（2）建立师范生与中小学教师相互联系的长效机制。一方面，要建立师范生与中小学教师之间稳定而又定期的联系机制，及时了解中小学教学工作情况和学生学习生活情况。另一方面，要加强与中小学之间的沟通交流，互相借鉴和学习对方先进教学理念、教学方法、教学经验和教育科研成果。

（3）建立职前教师培养过程中与高校、中小学校双方共同参与、分工合作的机制。在此基础上，形成一套完整而又合理的教育见习、实习和教育实践工作制度。

三、培养培训一体化

教师培训是指通过一定的途径，使教师在教育教学中得到发展。师范院校与中小学合作培养师范生，为中小学教育提供高水平的教师，而中小学又通过教育教学实践提升教师的专业化水平。因此，师范院校与中小学应建立长期合作的伙伴关系。

合作双方应根据教师发展需求，共同确定师范生培养目标，共同制订师范生培养方案。合作双方还应明确各自的职责和任务，形成合理的管理体制。师范院校在师范生培养中起主导作用，负责师范专业课程体系的规划和设计；中小学负责基础教育学科课程体系建设和教学方法改革研究，承担教育实践任务；教育行政部门负责师范生教育实习和在职教师培训。

此外，合作双方应加强教师培训机构建设，建立由校地双方共同参与、以提高实践教学能力为核心的培训基地，通过这些合作方式，学校与中小学建立长期、稳定的合作关系，并促进教师教育一体化的实现。

1. 课程设置一体化

课程设置是培养目标的具体体现，也是师范生培养方案的核心内容。师范院校与中小学共同制定教师教育课程体系，可以在保证师范生专业知识和能力结构的同时，为其未来成为高素质专业化教师打下坚实的基础。在师范专业课程体系中，学校应增加教育学、心理学、学科教学法等理论课程的比重，增加教育心理学、教育研究方法等实践课程的比重。同时，还应加大实践性课程的比重，注重培养学生的实践能力。为使学生在专业学习和教育实践中相互衔接、相互促进，师范院校应根据学生在校期间所学知识结构，结合基础教育发展需求和学校实际情况,将开设的教育类、心理类、社会类等专业课程,纳入中小学教师培训体系中。同时,师范院校也应加强与中小学合作办学,通过开设选修课、集中研修等方式帮助学生掌握先进的教育理论和实践技能。

2. 师资队伍一体化

师资队伍是培养高质量师范生的关键因素,而高校与中小学合作培养师范生,为高质量师资队伍建设提供了现实可能性。教师教育一体化的实现离不开教师的专业发展,这就需要教师具备一定的专业知识和实践能力,以及专业发展的自主性和能动性。为了促进师资队伍一体化,高校与中小学要合作开展教师教育。学校可以聘请优秀中小学一线教师或教育专家来学校担任兼职教师,学校还可以聘请校外优秀教育工作者、知名教育专家、学科带头人来学校担任兼职教师。

通过建立师范院校与中小学师资培训基地,为师范生提供实习场所和条件,提高师范生的实践能力,培养新时代"四有"好老师。同时也为中小学教师提供学习的机会和平台,帮助他们提高业务能力和专业素养。这样,双方可以优势互补、资源共享,达到人才培养一体化、师资队伍一体化的目标。

3. 教学模式一体化

教学模式一体化是指通过优化课程体系和教学模式,实现教育实践与理论教学的统一,提高学生的学习能力、实践能力和创新能力。师范院校和中小学应建立"三位一体"的教师教育一体化的教学模式。师范院校可以充分利用自身优势,根据基础教育课程改革的要求,从基础教育实际出发,探索基于问题情境下的研究性学习、基于实践的学习、基于网络技术的学习等新的教学模式,不断丰富师范教育理论,改革师范教育内容和方法,不断提高师范生实践能力和创新能力。中小学可积极参与师范院校教学模式改革试点工作,主动与师范院校合作进行课程设置、教学方式、评价体系等方面的改革探索。中小学还可以将实践课程纳入教师教育课程体系中,为师范生提供丰富的教育实践机会,同时为师范院校教师教育提供充足的实践资源。

四、培养模式一体化

教育教学能力是教师的核心专业能力，也是教师在教学活动中所必须具备的能力。因此，教师的教育教学能力是教师最重要的专业素质之一。为培养师范生的教育教学能力，师范院校和中小学之间建立长期、稳定、有效的合作关系，建立长效的教师培养模式，也是实现师范生培养一体化的重要途径。

目前，我国师范院校与中小学之间虽然建立了较好的合作关系，但这种合作关系往往是松散型、浅层次的，即高校与中小学各自制订自己的培养方案和培养计划，各自实施自己的教学过程，拥有各自的管理体系和运行机制。这就造成了二者在人才培养目标、课程设置、教学过程和教学评价等方面存在着明显差异。

从某种程度上说，这种"松散合作"关系对于促进师范院校与中小学之间密切合作具有积极意义。然而，由于双方合作不够深入、不够全面、不够成熟，因此就出现了培养模式单一、培养理念落后、培养过程松散等问题。在此背景下，高校与中小学之间构建一种长期稳定有效的合作关系就显得尤为重要。其基本特征是：双方在一定时期内建立长期稳定有效的合作关系；双方具有共同的办学理念和目标；双方在培养目标上具有高度一致性；双方在培养过程中保持相对独立性和自主性；双方在合作内容上具有较强的互补性和选择性；双方在招生计划安排和培养计划制订上具有一致性。只有建立了这种长期稳定有效的合作关系，才能使师范生培养一体化得以实现。

1.优化课程设置

为了更好地实现师范生的培养目标，师范院校与中小学之间必须要优化课程设置。

一方面，高校要不断更新教育理念，进一步完善人才培养方案，改革教育教学模式，实现师范生人才培养目标的不断提升；另一方面，中小学要积极参与到高校人才培养方案的制订当中去。只有通过双方之间的密切合作，才能使双方对未来教师的需求和课程设置有一个基本的认知，才能使高校与中小学在人才培养方案上达成一致。

此外，师范院校与中小学之间还应不断完善课程设置。一方面要加强师范院校课程建设的投入，积极引进优秀师资力量，强化师范生专业知识教育；另一方面要加强中小学课程建设的投入，不断推进中小学课程改革。只有高校与中小学共同努力，不断优化课程设置，才能培养出适应未来教育发展需要的高素质教师人才，才能实现师范生培养一体化。

（1）强化师范生专业知识教育

专业知识是教师专业素养的重要组成部分，是教师教育的核心要素。高校在师范生培养过程中要不断强化师范生专业知识教育，通过开设专题讲座、教师技能大赛等方式，提升师范生的专业素质和教学能力。此外，高校还可以与中小学共同合作，共同制订人才培养方案。在课程设置方面，高校可以聘请中小学资深教师、学科骨干等担任教育实习指导教师。同时，高校还可以定期组织师范生到中小学开展实践活动。在教学过程中，高校教师要根据中小学的具体情况对师范生进行指导，帮助他们更好地理解教学内容和方法。通过一系列课程设置，不仅能够帮助师范生强化专业知识教育，还能够使其在教学实践中得到锻炼，为未来成为优秀教师打下坚实的基础。

（2）加强中小学课程建设投入

随着新课程改革的不断深入，教师的教育教学理念、教学方式、课程设置等方面都发生了较大变化。为了适应这种变化，师范生培养模式也必须要进行相应调整。首先，师范生培养过程中要加强课程建设的投入，不断完善相关课程体系，从而更好地满足未来教育发展的需求。其次，要积极引进优秀师资力量，强化师范生专业知识教育。中小学要加强与师范院校的交流与合作，积极引进优秀教师力量，为师范生提供更多学习、实践的机会。最后，中小学要根据自身特点与实际情况对课程进行合理的安排和设置，为师范生提供更多实践机会。

2. 加强教学指导

教学指导是指高校与中小学之间开展的对师范生教育教学能力的培养活动，具体包括高校教师为中小学教师提供教学技能培训、教学指导和教学咨询服务。在以往的中小学教师教育过程中，由于学校领导与管理人员缺乏对教师教育活动的全程管理和控制，使得师范院校教师很难得到中小学教师的有效支持，这也导致了一些师范院校教师不愿意到中小学去指导中小学教育教学工作。为此，我们必须要改变以往这种"松散合作"关系，将高校与中小学之间的合作关系纳入一种长期稳定的合作关系中。为此，可以从以下几个方面入手：

（1）建立合作机制。师范院校要与中小学之间建立长期稳定、有效的合作关系，就必须要有一套完善、系统的合作机制作保障。可以通过设立专门机构或聘请兼职人员等方式来实现。通过成立"师范生教学技能发展中心"，以培养师范生教育教学能力为己任的专门从事师范生教育技能培训、指导和咨询服务的机构。通过聘请一线教学经验丰富的优秀教师为中心的兼职教师，为师范生教育教学能力培养提供丰富经验和宝贵意见。

（2）加强校际交流。校际交流是指高校与中小学之间开展多种形式、多种渠道的交流活动，以促进双方之间教育教学理念和教学实践经验的相互吸收、相互借鉴与共同提高。目前，我国高校与中小学之间存在着明显差距，这也是阻碍师范生培养一体化实现的一个重要因素。因此，要加强高校与中小学之间的校际交流，可以通过组织教师进行校际交流、骨干教师互访、教学观摩、专题讲座等形式来促进高校与中小学之间合作交流活动的开展。

（3）加强校本研究。校本研究是指高校与中小学按照共同或相似的教育目的和教育任务，针对某一教育问题或某一具体问题而进行的合作研究活动。在教育改革不断深入、教师专业化不断提升、教师专业发展意识不断增强和教师专业成长速度不断加快等背景下，中小学需要大量具有一定专业素养和能力水平的教师来承担教学任务，这些教师往往是从师范院校中选派出去或从其他院校聘请过来的。因此，加强校本研究有利于高校与中小学之间实现资源共享和优势互补。高校与中小学在进行合作时应注重开展校本研究工作，通过研究来提高各自在教育教学方面所具备的能力和素质。

（4）高校与中小学之间要共同建设一支高素质、高水平的教师队伍。具体来说，就是高校应着力建设一支思想素质好、教育观念新、教学能力强、具有强烈敬业精神和创新精神的教师队伍；中小学则应着力建设一支思想素质好、师德修养高、专业素质强、具有扎实理论基础和较强实践能力的教师队伍。只有双方都拥有了一支高素质、高水平的教师队伍，才能为师范生提供更多更好的学习机会和平台。

3. 改进教学方法

为促进师范生的专业发展，高校与中小学之间要加强合作，共同改进教学方法，促进师范生培养一体化。双方共同确定师范院校师范生的培养目标，共同制定课程标准；共同制订师范生教学实习的计划与内容，共同组织实施教育实习；共同组织师范生教育教学能力的培训与考核。

中小学可以根据学校实际情况，为高校师范生提供必要的学习条件，并帮助高校师范生更好地了解中小学教育教学实际情况和教育教学过程。中小学还可以为师范院校的毕业生提供更多的学习机会和平台，并为其提供必要的培训和考核机会。

在开展上述合作过程中，高校与中小学之间要建立良好的沟通机制。一方面，通过沟通机制确保双方都清楚了解彼此在教育教学方面的需求；另一方面，通过沟通机制确保双方都清楚了解对方在人才培养方面的需求。在此基础上，双方才能基于共同目标而共同推进合作工作。

4. 开展教育实习

教育实习是师范生从学校走向社会、从理论走向实践的桥梁和纽带，是教育教学技能形成的重要途径，也是高校与中小学实现合作培养、共同提高的重要载体。师范生进行教育实习，有助于师范生理论联系实际，强化实践技能和创新能力的培养，增强对基础教育教学实践活动的理性认识和实际操作能力。目前我国高校与中小学之间在教育实习方面还存在着一些问题。具体表现在：一是教育实习时间安排不合理，中小学给高校留有一定的准备时间，而高校在时间安排上又存在着明显的随意性；二是实习内容不合理，往往将学生参加校内教育教学活动作为主要内容，忽视了校外教育实践活动；三是高校和中小学在教育实习过程中缺乏有效的沟通和交流；四是对教育实习结果缺乏科学的评价方法。

教育实习是师范生理论联系实际、提高实践能力的重要途径，也是师范生进行社会调查、了解基础教育改革与发展情况、理解基础教育课程改革基本理念、参与基础教育课程改革实践活动的重要方式。因此，高校和中小学之间应该开展长期、稳定、有效的合作关系，建立稳定、长期的教育实习合作平台。同时，高校应该主动与中小学进行交流和沟通，共同研究制订教育实习方案和计划，不断提高教育实习质量。

5. 建立评价机制

从某种程度上说，师范生的培养质量直接关系到基础教育的质量，而师范生培养质量的好坏又直接影响着基础教育质量。因此，建立科学、有效、合理的评价机制对于师范院校和中小学都具有十分重要的意义。而评价机制的建立，必须以科学发展观为指导，从促进基础教育质量提升和教师教育发展的高度来认识，才能有效地指导评价机制的建立。在评价机制的建立过程中，师范院校和中小学应该建立合理、科学、公平、公正的合作关系。首先，在合作目标上要保持高度一致。其次，在合作内容上要具有互补性和选择性。再次，在合作方式上要保持相对独立性和自主性。最后，在合作机制上要保持长效性，避免短期行为。

五、教学实习一体化

师范生实习是大学教育的重要组成部分，是培养合格教师的重要环节，是实现师范生职前教育与职后教育有效衔接的重要手段。高校与中小学合作，建立师范生实习基地，把师范生的教育实习纳入教学计划中，使之成为培养教师的一个重要环节。合作双方要按照"三段式"教学实习模式，即由高校与中小学共同制订教学计划，共同实施教学实习，共同考核评价实习质量。师范生在高校和中小学之间进行轮岗，是实现师范生教学实习一体化的重要途径。

要加强高校与中小学合作，建立相应的师范院校与中小学合作机制。在合作机制中要明确教师培养目标，确定师范院校和中小学的责任范围和分工。同时要建立完善的师范生教学实习管理制度。高校与中小学应共同建立实习生管理制度，共同对实习生进行管理；完善实习指导制度，包括实习前培训制度、实习过程指导制度、实习质量监控制度等；完善实习考核制度，包括学生考核制度、教师考核制度和学校考核制度等。要制定有利于促进师范生培养一体化的政策和措施，加大对师范生教学实习基地建设的投入力度。

第二节　教师教育实践基地建设

为切实加强师范生教育实践，加强师范生教育教学能力培养，教育部印发《关于加强师范生教育实践的意见》（以下简称《意见》）。《意见》要求，教育行政部门会同有关部门采取有效措施，确保师范生教育实习和教育实践有序有效开展。

一是切实加强组织领导。各地教育行政部门要加强统筹协调，做好师范生教育实习和教育实践基地建设和管理工作；各相关高校要充分发挥师范类专业优势，积极承担师范生教育实习和教育实践基地建设与管理工作。二是切实加强协同配合。各省级教育行政部门要会同有关部门建立健全协同推进机制，指导各师范院校与中小学合作，形成工作合力。三是切实保障经费投入。各地要将师范生教育实习和教育实践基地建设及管理经费纳入本级财政预算，加大对师范类专业人才培养的投入力度；完善师范生实习经费管理机制，规范经费使用；积极推进师范类专业人才培养模式改革和教师资格考试改革。

一、实践基地建设的内容

1. 教育部

针对实践基地建设，教育部要求各地要统筹协调，为高校师范生教育实习和教育实践提供必要的场地、设备和指导教师等条件保障，支持高校为中小学提供教育实践基地。要求师范大学应将师范类专业人才培养方案中的教育实习内容细化落实到各个环节，确保师范生在校期间有足够时间开展教育实践，师范类专业要将实习作为师范生毕业前的必经环节。师范大学应与地方政府、中小学校协同，共同建设好师范生的实习实训基地。各地要为师范大学师范类专业学生提供更多的教育实践机会，鼓励地方政府、中小学校与师范大学共同建设更多的师范生教育实践基地，支持地方高校为教师教育工作服务。

　　各省教育厅也下发文件，要求通过多种形式和途径，加大对中小学幼儿园教师培训工作的支持力度。各地教育行政部门要切实加强领导，把中小学幼儿园教师培训工作作为本地区教育事业发展规划和年度教育工作计划的重要内容。加大资金投入，制定优惠政策，鼓励高校、科研院所、职业院校、中小学及幼儿园等单位和个人参与中小学及幼儿园教师培训工作。加大经费投入，落实中小学及幼儿园教师培训经费，保证中小学及幼儿园教师培训工作的需要。要建立中小学及幼儿园教师培训基地，为高校师范生教育实习和教育实践提供保障。

　　2. 中小学校

　　（1）学校要切实加强组织领导，建立健全管理制度，明确分管领导和责任部门，落实管理责任和保障措施，切实保障师范生教育实习和教育实践的时间、内容、质量。

　　（2）学校要合理安排教师到实习学校进行教育教学实践活动，明确分工，责任到人，加强对教育教学实践活动的指导、监督和管理。学校要保障师范生参加教育教学实践活动的时间、内容和质量。中小学校要为师范生参加教育实践活动提供必要的工作条件。

　　（3）学校要根据本校实际情况，为师范生提供至少一个学期的教育实习岗位。承担师范生实习任务的学校要根据本校实际情况制定切实可行的管理制度，包括工作职责、工作时间、工作内容、工作要求、工作考核等。要定期组织师范生开展实习汇报活动，交流实习情况及存在的问题和改进措施。

　　（4）学校要重视教育实习和教育实践环节在师范生培养中的作用，加强与师范院校的联系与沟通，做好教育实习前的指导、协调工作；注重培养师范生的问题意识和解决问题能力；指导师范生参加学科教学能力测试；组织指导师范院校与中小学开展实践教学研究活动。在实习结束时对师范生进行综合素质评价，并根据评价结果合理安排毕业论文写作和答辩时间。

　　3. 师范院校

　　高校要承担师范生教育实习和教育实践的主体责任，做好相关工作。

　　（1）完善制度。高校要建立健全师范生教育实习和教育实践的相关制度，规范实践环节，明确实践指导教师、实践基地和管理部门等各方职责，形成完善的工作机制，切实保障师范生在实践中得到全面发展。高校要根据实际情况，提供必要的经费支持，保障相关工作顺利开展。

（2）加强管理。高校要在实习前对实习学校提出明确的工作要求，明确具体的实习内容、标准、方式和时间安排，并向学生作出详细说明。教育行政部门要加强对学校实习工作的指导与监督，及时发现和纠正存在的问题，保证实习质量和效果。

（3）鼓励合作。高校与教育行政部门要积极开展合作，共同组织师范生的教育实习和教育实践活动，共同建立师范生培养与教师队伍建设协同发展的机制和平台。鼓励高校与地方政府、中小学校及其他社会力量共同构建开放共享的教师培养体系，推进教师培养供给侧结构性改革。

二、实践基地的总体要求

（一）指导思想

以习近平新时代中国特色社会主义思想为指导，认真落实习近平总书记关于教师队伍建设的重要论述，以建设高素质专业化创新型教师队伍为目标，以深化教师资格制度改革为主线，健全师范生教育教学能力培养体系，创新师范生实习和实践培养机制，提升师范生教育教学能力和职业发展能力。

（二）基本原则

坚持需求导向。发挥教师资格制度在教师队伍建设中的指挥棒作用，从源头上提升教师培养质量，优化师范生教育实习和教育实践的内容与形式。

坚持协同推进。加强与有关部门、地方政府、高校及中小学等多方合作，在师范生教育实习和教育实践中建立健全协同推进机制，形成工作合力。

聚焦师范生教育实践中的重点、难点问题，在实践中发现问题、研究问题、解决问题。充分考虑各地经济社会发展水平和实际情况，因地制宜统筹考虑师范院校建设与师范专业布局，合理配置教师教育资源。既要充分考虑人才培养质量要求和标准的差异性，又要因地制宜满足区域内中小学人才需求的均衡性。

1. 加强统筹规划

高校要坚持师范生教育实践与师范院校办学定位和特色紧密结合，将师范生实习和实践纳入学校的整体工作规划，统筹规划，协同推进。学校要高度重视师范生实习和实践培养工作，将其作为学校建设的重要内容。高校应在制定、实施教师教育专业发展规划、师范生教育实践方案时，将师范生实习和实践纳入其中。地方政府、相关部门要加大政策支持力度，鼓励地方师范院校加强与中小学合作，建立健全协同推进机制，及时了解中小学校教育教学需求，有针对性地为中小学培养人才。建立健全高校、中小学、地方政府三方联动机制，形成育人合力。地方教育行政部门应督促高校落实师范生实习和实践工作任务要求，保障高校开展好师范生实习和实践工作。

2. 强化组织实施

（1）落实责任主体。地方政府要将教师教育工作纳入本地区教育事业发展规划和经济社会发展规划，统筹协调推进，加大投入力度，为师范院校培养师范生提供政策支持和经费保障。各级教育行政部门要加强组织领导，统筹规划、整体设计，制定工作方案和配套政策措施。高校要明确责任主体，加强领导，配齐配强专业教师和管理人员，建立健全教育实习和实践培养制度。

（2）完善评价体系。建立高校与地方政府、中小学协同培养师范生机制，促进高校与地方政府机制的建立与完善。各地要创新评价方式方法，对师范生教育实习和实践培养质量进行动态监测和绩效评估，不断完善师范生教育实习和实践培养质量保障体系。

（3）强化宣传引导。加强政策宣传解读，宣传师范院校的典型经验和做法，营造良好的社会氛围。

3. 建立协同推进机制

师范院校要充分发挥在师范生教育实习和实践培养中的主体作用，成立师范生教育实习和实践培养工作领导小组，明确专门部门和专职人员负责组织协调师范生教育实习和实践培养工作，加强与教育行政部门的沟通联系，实现各部门间的资源共享、协同联动。地方政府要加强统筹领导，明确职责分工，落实经费保障。中小学要切实承担起师范生教育实习和实践培养的主体责任，加强对师范生的管理和指导，保障师范生教育实习和实践培养工作有序开展。

创新协同机制。高校、中小学、教育行政部门等要建立协同推进机制，强化工作责任，实现资源共享、优势互补。高校要明确专人负责落实师范生教育实习和实践培养工作。地方政府要搭建平台，整合资源，统筹规划师范院校与中小学合作，促进高校与中小学融合发展。地方教育行政部门要会同有关部门做好管理监督和考核评价等工作。

三、主要任务

（一）主要任务

1. 强化师范专业教学实践环节

建立师范生教育实习和教育实践基地动态管理机制，严格师范生实习资格准入制度，探索建立师范生实习培训质量评价制度，全面提高师范专业学生的教育教学能力。强化师范生的教育实践和技能训练，严格落实《中小学教师职业道德规范》，培养师范生的专业精神、专业责任和专业能力。强化师范专业学生在教育教学能力方面的培养，组织开展"一师一优课、一课一名师"活动和师范生技能大赛，促进师范生教育教学能力全面发展。

2. 严格教师资格考试标准与要求

严格执行教师资格考试相关法律法规和政策规定，建立健全教师资格考试标准与要求，切实提高考试命题质量，坚持以教师专业标准为引领。完善教师资格考试面试办法和标准，规范面试流程，优化面试内容。建立健全中小学和幼儿园教师资格考试实践技能考核制度，强化师范生职业技能训练。

3. 完善中小学、幼儿园教师定期注册制度

各地教育行政部门要根据本地区实际情况及时调整中小学、幼儿园、中等职业学校和特殊教育学校的教师资格定期注册办法或实施细则，并报教育部备案。落实《中华人民共和国教师法》关于"国家实行中小学、幼儿园、

中等职业学校教师资格定期注册制度"的规定。根据相关政策文件精神，结合本地区实际情况研究制定本地实施细则，报教育部备案后执行。

4.规范师范生实习管理工作

要充分认识加强师范生实习工作的重要性和紧迫性，切实加强组织领导，严格管理制度和标准要求，健全相关配套制度和措施。及时总结经验做法，加强督促检查，确保师范生实习工作顺利开展。

（二）加强管理

1.加强实习管理

各地要高度重视师范生实习工作，将其作为师范专业学生教育实践能力培养的重要环节，纳入高校和地方政府、教育行政部门统筹规划，加强组织领导，建立协调机制，制定具体政策，强化监督检查。各地要从实际出发，根据学校办学特色和师范生实习工作的特点，科学合理地确定实习基地的类型、数量和质量，按照"学校自愿申请、地方政府统筹规划、教育行政部门确定"的原则建立健全师范生实习基地动态管理机制。对新建立的教育实践基地要优先安排高校参与教育实践活动。鼓励有条件的地区采取"共建、共用、共管"的方式，充分利用优质中小学教育实践基地开展师范生实习工作。各地要建立健全中小学和师范院校共同参与的师范生实习工作机制，推动优质中小学教育实践基地建设和师范生实习与"三支一扶""志愿服务乡村振兴"等计划有机结合，为师范生实习提供指导和服务。高校要制定师范专业师范生实习工作管理办法，明确实习内容、形式和标准要求等，明确师范生实习的考核、指导、评价及奖惩制度。高校要充分发挥教师教育学院在教育实践基地建设中的作用，提高师范专业学生参加教育实践活动的积极性和主动性。中小学和师范院校要建立定期沟通机制，及时了解实习生思想动态和实际情况，加强沟通指导和服务。对于不能正常完成实习任务的教师，学院要加强帮扶指导。

地方政府要积极创造条件，推动优质中小学发挥示范引领作用。加强对中小学校管理人员、教育行政部门有关人员及师范生实习指导教师的培训工作。建立定期督查制度，确保师范生教育实践基地有效运行。

2.规范教育实习基地管理

（1）各地要加强对现有教育实习基地的管理，健全教育实习基地遴选与退出机制，建立定期评估和动态调整机制。鼓励支持高校与中小学共建教育实习基地，探索建立"双导师制"（高校指导教师与中小学教师共同指导师范生教育实习），推动各地建立区域内中小学教师教育实践基地。

（2）各地要加强对实习基地的规范管理，建立健全实习生权益保障机制，维护实习生合法权益。对在师范生实习中出现问题的实习基地，要根据情节轻重进行约谈、通报批评、暂停合作、取消共建资格等处理，并追究相关负责人责任。建立实习基地考核评价机制，将考核结果作为教育实习基地准入的重要依据。

（3）各地要充分发挥现有各类教育教学研究机构和教研指导机构作用，鼓励支持高校和地方教育行政部门在中小学建立相对稳定的教师教育实践基地。建立师范专业学生到教育行政部门、中小学见习（实习）制度，安排一定数量的见习（实习）任务给师范专业学生到基层中小学进行见习（实习）。

3.做好学生顶岗实习和就业服务工作

各地要加强实习基地建设，完善运行机制，建立动态调整机制，充分发挥实习基地在提高师范生培养质量方面的重要作用。指导和督促学校认真落实学生顶岗实习和就业工作。加强顶岗实习期间的动态管理，落实责任主体，建立健全管理制度和监督机制，切实保障师范生顶岗实习期间的安全和权益。切实做好顶岗实习学生的就业服务工作，指导学校为毕业生提供优质就业服务，促进毕业生就业。

（1）加大政策宣传力度

各地教育行政部门要积极向地方党委政府汇报，争取政策支持，努力营造有利于吸引优秀毕业生到中小学幼儿园任教的良好环境。要指导地方教育行政部门积极探索加强教师队伍建设的新举措，加强教师培养培训工作的整体设计，整合优质教育资源，探索建立高校与地方政府、中小学幼儿园合作培养人才的新机制，促进高校师范生的教育教学能力提升和高素质专业化创新型教师队伍建设。要及时将国家出台的一系列支持师范生就业创业政策向学校和学生宣传解读，将各地各高校落实教师队伍建设新举措、新政策纳入对学校年度考核内容，定期组织开展相关政策培训和宣传解读。要针对不同类型学校和毕业生特点，通过多种渠道加大就业创业政策宣传力度，引导广大毕业生转变观念、更新观念、树立正确的就业观和择业观，积极投身教育事业。

（2）加强就业指导服务

各地要指导学校深入挖掘实习基地的人才资源优势，将其作为毕业生就业工作的重要内容，促进实习基地与毕业生就业工作融合发展。要采取多种方式加强对学生的就业指导，针对学生特点，有针对性地开展职业发展教育、心理健康教育和就业技能训练，提高学生的职业意识、就业能力和职业素养。要积极向实习基地推荐优秀毕业生到当地中小学任教，不断提升当地中小学教师队伍质量。要依托"国培计划""省培计划"等培训项目，组织开展本地区中小学幼儿园教师专项培训，提高学校领导、一线教师和班主任队伍的职业素养和专业能力。鼓励地方高校毕业生面向基层就业。

四、保障措施

（1）各地要充分认识中小学教师资格考试和定期注册工作的重要意义，切实加强组织领导，统筹安排，协同推进。各地教育行政部门要会同相关部门加强统筹协调和督促指导，确保各项工作落到实处。各地教育行政部门要加强与相关部门的沟通协调，健全工作机制，整合资源，形成合力。教育行政部门要会同相关部门切实做好对师范院校的指导工作，引导师范院校合理确定招生规模、课程设置、实习安排、教师资格考试和定期注册要求等。

（2）各地教育行政部门要积极推进中小学教师资格考试改革工作，积极引导师范院校参与教师资格考试改革试点工作，按照教育部关于教师资格考试与定期注册制度改革的总体部署，推动教师资格考试与定期注册制度改革向纵深发展。要健全中小学和高校协同机制，研究制订高校师范生实习指导方案和中小学在职教师参加培训计划。各高校要认真落实师范生实习指导意见要求，强化师范生教育实践能力培养。各地教育行政部门要结合实际加强政策宣传解读和业务培训指导，保障中小学在职教师参加培训的权利和机会。

（3）各地要将师范生教育实习和教育实践基地建设及管理经费纳入本级财政预算，加大对师范院校的支持力度，加大对师范院校承担师范生教育实习和教育实践基地建设与管理工作的投入力度。各地要积极引导社会力量支持师范院校参与师范生教育实习和教育实践基地建设与管理工作，建立健全支持和保障体系。各地要严格按照国家有关规定将师范院校承担的师范生教育实习和教育实践基地建设及管理经费纳入同级财政预算统筹安排，并及时拨付到相关项目学校。

（4）各地要建立健全教师资格考试与定期注册制度的监督检查机制，通过听取汇报、查阅资料、实地考察、抽查资料等方式，对教师资格考试和定期注册工作进行全过程监督检查。对发现的违规违纪问题依法依规严肃处理。对违规违纪问题严重的师范院校或师范专业取消其师范生实习指导教师资格。

（5）切实加强信息公开。各地要畅通社会监督渠道，设立并公开监督举报电话和电子邮箱，主动接受社会监督。鼓励地方采取多种形式向社会公布教师资格考试和定期注册实施方案、政策文件、报考条件、考试内容、试卷结构、合格标准、考试时间与地点及工作程序等信息，及时回应社会关切问题；及时向考生公布中小学教师资格考试成绩和认定结果等信息；及时在中小学教师资格网公布定期注册合格人员名单及相关信息。定期注册合格人员名单可在中小学教师资格网或其他指定网站查询；其他考生可根据各自报考类别到中小学教师资格网或指定网站查询相关信息。

（6）各地要结合实际积极宣传师范生教育实习和定期注册工作的重要意义，引导广大青年学生自觉主动报名参加教师资格考试和定期注册工作；积极营造全社会支持师范生教育实习和定期注册工作的良好氛围，努力提升社会各界对师范生教育实习和定期注册工作的认知度和认可度。

（7）各地要高度重视师范生教育实习和定期注册工作，完善协同推进机制，明确分工，密切配合，确保师范生教育实习和定期注册工作扎实有效开展。要积极发挥高校在师范类专业人才培养中的主渠道作用，建立健全教师教育协同推进机制，充分发挥中小学在师范生教育实习和定期注册工作中的重要作用；积极探索建立教师教育院校与中小学合作的新模式；探索建立教师教育院校与地方政府、中小学合作的新机制。

五、组织实施

（1）明确职责分工。各地教育行政部门、人力资源社会保障部门、机构编制部门按照职责分工，积极会同财政部门统筹教师资格考试和定期注册工作，指导师范院校与中小学合作，开展师范生教育教学能力考核评价工作。各地财政部门要保障中小学教师资格考试和定期注册工作所需经费。

各省级教育行政部门要加强对本地区师范生教育实习和教育实践基地建设与管理工作的统筹协调，将师范生教育实习和教育实践基地建设及管理经费纳入本级财政预算，加大对师范院校的投入力度。各级人力资源社会保障部门、机构编制部门要加强对中小学教师资格考试和定期注册工作的指导，按规定落实配套政策，及时解决工作中出现的新情况、新问题。

（2）强化监督问责。各地要将中小学教师资格考试和定期注册工作作为高校教师队伍建设的重要内容，加强督促检查，对工作不落实、效果不明显的高校进行约谈并责令整改，对不落实要求、违规违纪的相关责任人依法依规予以处理。教育部将会同有关部门加强对各地中小学教师资格考试和定期注册工作的监督检查。

第三节　高校与中小学的深度合作

高校要落实立德树人根本任务，则要将信息技术与教育教学深度融合，创新人才培养模式和机制，打造信息化时代未来教师队伍。要把教师队伍建设作为教育现代化的基础性工作、战略性工程来抓，推动教师队伍整体素质全面提升。

一、师范类院校转型，成为我国教师教育改革的主要力量

近年来，我国师范类院校在办学理念、学科建设、课程改革和人才培养等方面取得了重大进展，转型升级成为新时期我国教师教育改革的主要力量。

首先是办学理念的转变。师范院校作为培养教师的主渠道,其办学理念必须适应我国教师教育改革的需要。面对新形势,师范类院校要紧紧围绕立德树人、全面发展这一核心,把学生的发展放在第一位,把教育情怀、教育智慧和教育能力作为教师素质培养的主要内容;要坚持学科专业与教育专业两个方向并重,加强学科专业建设,优化学科专业结构;要以培养学生的信息素养为重点,构建教学技能培养体系;要通过信息化教学设计、信息化教学资源开发、信息技术与教育教学深度融合等方面的探索实践,构建新时代教师教育体系。

其次是学科专业与教育专业两个方向并重。师范院校要以培养学科专业型教师为目标,着力培养复合型教师;以培养教育创新型教师为目标,着力培养创新型教师。要通过与基础教育深度融合,搭建师范院校与中小学之间的合作平台,建立长期稳定的合作关系,促进师范生在实践中学习和体验,提高师范生的专业素养和创新能力。

再次是课程体系与培养目标两个方面并重。要按照"通识为基础、专业为方向、实践为特色"的要求构建新时代教师教育课程体系;要树立"大课程观",深化课程内容改革,优化课程结构,加强实践教学;要强化师范生信息化教学能力的培养,重视师范生现代教育技术能力提升和信息素养培育。

最后是人才培养模式与教学方法两个方面并重。要改变以往单纯依靠增加课时来解决问题的做法,探索将学生从"知识灌输者"转变为"学习组织者"和"问题解决者";要坚持理论与实践相结合、课堂与社会相结合、线上与线下相结合;要加强学生自主学习能力培养、教师专业发展能力提升和职业实践能力强化;要采取灵活多样的教学方法和教学手段。

二、高校与中小学合作,成为培养信息化时代教师的重要方式

当前,我国教师教育已经进入以提高教师专业能力为核心的内涵式发展阶段,这一阶段的关键是要培养一批能够将信息技术与教育教学深度融合、能够创新人才培养模式的未来教师。与高校合作的中小学照比普通中小学,拥有更加丰富的教学资源、更好的信息化环境,是高校开展人才培养的重要

载体。高校教师在学科建设、科学研究、人才培养等方面拥有更多优势，通过高校与中小学合作，可以充分发挥各自优势，形成深度融合的发展新格局。

高校与中小学合作培养信息化时代未来教师，是加强师资队伍建设、推动教育现代化发展的重要方式。当前，各高校正在积极探索与中小学开展合作培养未来教师，高校与中小学合作培养未来教师已经成为一个值得关注和研究的方向。

（一）高校与中小学联合培养，形成多元化的师资队伍

高校与中小学合作培养未来教师，主要通过联合培养的方式来实现。当前，高校与中小学联合培养未来教师主要有三种方式：一是高校和中小学联合培养教师，即由高校与中小学共同制订人才培养方案，在学科专业课程设置、实践教学环节安排、实习实践基地建设等方面加强合作；二是高校和中小学联合培养本科师范生，即由高校与中小学共同制订人才培养方案，在本科阶段注重对信息化时代未来教师的能力培养；三是高校和中小学联合培养硕士研究生，即由高校与中小学共同制订人才培养方案，在硕士阶段注重对信息化时代未来教师的能力培养。

这三种方式共同构成了当前高校与中小学合作培养未来教师的模式。通过三种方式的结合，能够有效推进教师教育体系的整体改革，形成多元化的师资队伍，为未来教师发展提供更好的平台和机会。

在师资队伍方面，高校与中小学联合培养未来教师具有以下优势：首先，由于基础教育阶段学科门类较多、专业内容也很复杂，中小学能够为高校提供更多选择和机会。其次，高校和中小学联合培养未来教师在学科专业设置、实践教学环节安排、实习实践基地建设等方面存在互补性。最后，通过联合培养的方式可以有效缓解当前高校在人才培养上的"大而全"问题。目前许多高校在专业设置上已经覆盖了所有学科门类，但由于缺乏与基础教育的有效衔接，学生往往不能适应基础教育岗位的要求。

（二）高校与中小学通过共建实践基地，加强教师专业能力的培养

高校与中小学合作，可以通过共建实践基地的方式，进一步加强高校教

师和中小学教师专业能力的培养，从而实现高校和中小学深度融合。当前，大多数高校都已与中小学建立了合作关系。此外，很多高校还与中小学校共同成立了"教师发展研究中心""教师教育学院"等机构，通过共同研究开展教学改革实践，合作培养未来教师。高校和中小学还可以建立联合实验室、开展教育实践活动，进一步加强高校和中小学教师的深度合作。

（三）高校与中小学共同推进信息化教学改革，促进人才培养模式的创新

信息技术是未来教育的重要组成部分，信息技术与教育教学的深度融合，必将对学生的学习方式和教师的教学方式带来重大变革。因此，高校与中小学合作培养未来教师，要积极探索以信息技术为核心的教学改革，充分利用信息技术手段，不断创新人才培养模式，提升学生信息素养和信息化能力。在培养模式上，要坚持以学生为中心的原则，充分考虑学生学习特点和学习需求，在信息化教学环境中为学生提供个性化学习支持服务，促进信息化教学理念和方法的推广应用。同时，高校要加强对中小学教师的信息化教学培训和指导，促进教师不断更新教育理念、掌握现代教育技术、提升信息化教学能力。总之，高校与中小学要在信息化教学改革中探索合作之路、合作之道，实现信息技术与教育教学融合创新发展，培养适应信息化时代需求的未来教师。

（四）高校与中小学共同开发信息化资源，加强教育信息化建设

中小学是学生学习的主阵地，是人才培养的重要载体，高校与中小学的合作，能够充分利用好中小学丰富的信息化资源，积极推进教育信息化建设。首先，中小学拥有大量优质的教育资源，包括教育理念、教学资源等方面。高校与中小学可以通过共建共享机制，共同开发信息化教学资源，推动高校优质教育资源向中小学辐射。其次，通过共建共享机制，可以将高校和中小学两种不同类型的教育教学模式进行融合创新，实现优势互补。最后，高校和中小学共建共享机制还能实现教育信息化资源共建共享。通过共建共享机制，能够有效解决中小学师资不足、信息化建设滞后等问题，为学生提供更好的学习条件和环境。

三、中小学教师信息技术应用能力提升，是高校教师教育改革的重要方向

高校要积极响应国家号召，主动承担培养教师信息技术应用能力的使命。教育部将研制信息化时代中小学教师信息技术应用能力标准，制定新时期高校教师培养培训的指导性文件。要探索建立与中小学教育教学改革相适应的新型人才培养机制，切实加强高校教师教育师资队伍建设。

教师是教育事业发展的第一资源，是提高教育质量的关键力量。高校要把加强教师队伍建设摆在突出位置，创新体制机制，加快构建新时代高素质专业化创新型教师队伍。要坚持问题导向、目标导向、结果导向，全面提升高校教师队伍素质。要研究制订新时代高校教师队伍建设改革实施方案，积极推进师范类专业认证和师范院校综合评价改革，推进"双一流"建设，着力培养适应信息化时代需求的未来教师。

我国中小学教育已全面进入信息化阶段。在我国新一轮科技革命和产业变革推动下，高等教育正在向内涵式发展转变。未来的教师必须有更高的教育教学能力。高校与中小学深度合作是提高信息技术应用能力、实现高素质专业化创新型教师队伍建设目标的重要途径之一。高校与中小学深度合作、联合培养信息技术应用能力人才已成为教育信息化时代必然趋势。

（一）高校与中小学合作培养具有信息技术应用能力的人才，符合社会发展的需要

当前，我国高校教师培养培训体系还不能很好地适应全面信息化的需求，一些地方和学校对中小学教师信息技术应用能力的培养重视程度还不够高，与中小学的合作模式也有待完善。高校和中小学合作培养具有信息技术应用能力的未来教师，不仅能够满足未来基础教育发展对教师的需求，更能够推动高校高质量发展和内涵建设。高校与中小学合作培养具有信息技术应用能力的未来教师，可以通过联合开展师范专业认证、深化教育教学改革、开展在线开放课程建设等途径，有效提升师范生信息技术应用能力，从而提升教育教学质量和人才培养质量，进而促进基础教育改革发展。

（二）高校与中小学深度合作，建立联合培养模式，是教师教育改革发展的重要趋势

随着教育信息化的发展，高校和中小学在教师培养培训方面开展了一系列合作。教育部启动的"卓越教师培养计划"和"国培计划"等项目，以及各地探索实施的"省培计划"，都为高校与中小学深度合作培养教师信息技术应用能力提供了政策保障。

随着我国教育信息化的快速发展，教师信息技术应用能力已成为未来教师基本要求和必备素养之一。当前，我国教师教育正处于从"师范教育"向"教师教育"转变的关键时期，而从本质上讲，教师教育改革的核心是提高教师培养质量。当前，我国师范院校的人才培养模式已经不能完全适应社会对高素质专业化创新型教师的要求。在信息化时代，要想实现优质教育资源共享和优质师资共享，就必须改革现有师范院校人才培养模式。要加强中小学教师培训机构建设，加快建立开放、协同、联动的协同发展机制。加强中小学教师队伍建设和管理的政策制度保障。通过开展形式多样的信息技术应用培训和全员网络研修等形式，引导中小学教师形成信息化教学理念与方法，提升信息化教学应用能力。

因此，高校和中小学合作培养信息技术应用能力人才是国家政策、社会需求、教育发展和高校自身发展的需要。

（三）高校与中小学深度合作，在培养新型教师方面有天然优势

高校与中小学深度合作，在培养新型教师方面有天然优势，有良好的基础条件和实践经验。高校拥有大量的优秀教师，高校与中小学合作培养有经验和基础。高校教师掌握最新的信息技术理论与应用能力，高校与中小学合作培养更有针对性和实效性。

目前，国家层面和教育部已建立了一批高校与中小学深度合作的样板学校，在推进教育信息化、教师队伍建设和管理等方面取得了显著成效。高校在人才培养、学科建设、科学研究、社会服务等方面具有明显优势，中小学在教育教学、德育管理、思想政治工作等方面具有丰富的实践经验。从人才

培养的角度来说，高校与中小学合作培养人才有利于解决当前我国教师队伍建设面临的问题；从人才培养的角度来说，高校与中小学深度合作培养人才有利于促进教育教学质量提高。

（四）高校与中小学深度合作，能够为未来社会培养大批高素质人才

高校与中小学深度合作，通过校校合作，能够为中小学培养大批高素质、专业化的未来教师。具体来说，一是高校可以通过与中小学深度合作，联合培养教师信息技术应用能力。目前，高校在开展与中小学深度合作的过程中，存在着很多问题。例如：高校与中小学的合作模式较为单一；高校培养的教师虽然有一定的信息技术应用能力，但专业能力还不够；高校与中小学联合培养教师的方式比较单一。今后，高校应该通过加强与中小学的深度合作，结合教师教育模式改革和学科专业建设需要，通过多种方式探索如何培养具有专业素养的未来教师。二是高校可以通过与中小学深度合作，探索"1+1+1+1"教师培养新模式，即高校和中小学共同制订一个培养计划；高校和中小学共同安排一个培养环节；在学校完成理论学习、专业实践环节后，高校和中小学共同组织一个实习环节；通过实习环节，把理论学习、专业实践等内容融合在一起。"1+1+1+1"教师培养模式可以为中小学培养一批具有专业素养的未来教师。当前，我国互联网技术与教育深度融合已进入实质性推进阶段。在此背景下，未来教师必须掌握现代教育技术。因此，高校应与中小学校在现有基础上加强合作，通过在学校内部开展互联网应用能力培训、建设校内外教师培训基地等方式，探索"互联网＋教育"新模式。

（五）高校与中小学深度合作，为中小学教师教育提供了更好的发展平台

高校与中小学深度合作，一方面为高校教师提供了更好的平台，另一方面也为中小学教师教育提供了更好的支持。中小学教师教育面临着两大难题：一是当前中小学教师继续教育机构质量良莠不齐，而培训内容又很难满足一线教师的实际需求；二是中小学教师需要获得专业发展，但当前培训机构往往只关注"术"，而不关注"道"。高校与中小学深度合作，共同制订培养方案，共同开发优质课程资源，共同开展教师教育改革研究和实践创新。

高校通过选派优秀教师到中小学任教的方式，将高校的研究成果与实践经验应用到中小学的教育教学中去，有效推动高校与中小学的深度合作。同时，高校教师为中小学培训提供课程、技术、平台、师资等方面支持，指导培训工作。培训过程中通过交流研讨等方式促进高校与中小学共同探索适合我国国情的教师教育发展之路。高校和中小学在共同参与的基础上相互借鉴、取长补短、优势互补，以提高培训质量和培训效果。通过深度合作培养出来的人才既有专业能力又有实践经验，是能够适应新时代基础教育发展需求的未来教师。

四、高校教师教育改革，需要"顶层设计"

教育部明确指出，要充分认识建设高质量教师队伍的重要意义，把教师教育作为基础性战略性工作，纳入经济社会发展规划，坚持优先发展、优先保障。这就要求高校对教师教育改革要有"顶层设计"，既要注重加强高层次师资队伍建设，又要注重加强基础教育师资培养。目前，国内大部分高校的教师教育都是独立的、分散的、封闭的体系。很多高校对于师范生的培养只是片面地强调师范性，而没有从社会需求的角度出发进行师范人才培养模式的改革。

人才培养不是一个封闭体系，要让学生能够走出去，了解社会的需求。高校要坚持开放办学、创新办学、协同发展原则，以高水平教师教育资源为基础，以教师教育课程体系改革为抓手，以新型人才培养模式为重点，在探索师范院校与中小学合作育人机制方面不断深化改革。坚持把高层次人才培养作为基础工程、重大项目和重要任务来抓，努力实现高层次人才培养质量、师资队伍结构、实践教学基地建设水平的全面提升。

第四节　教师教育共同体的构建

一、教师教育共同体的内涵和特征

随着高等教育体制改革的不断深化，教师教育共同体这一新的教师教育组织形式得到了广泛关注。这种合作伙伴关系旨在促进教师专业发展，提高教师素质。与传统的师范院校合作模式不同，它是以教师教育为中心，通过建立学习共同体、共享共同体和发展共同体等方式来促进教师的专业发展。教师教育共同体是由不同专业背景、不同知识领域、不同价值观和社会角色的教师所组成的，具有共同目标，以共同承担专业责任和分享专业成果为基础的组织。

它以解决社会转型期产生的教育问题为导向，以促进教师的专业发展为目标，以共同承担专业责任和共享专业成果为基础。通过建立学习共同体、共享共同体和发展共同体等方式来实现。

与传统的师范院校合作模式相比，教师教育共同体具有以下几个特征：

第一，它是一种伙伴型关系。在这种关系中，教师是主导者，学校是主体。教师教育共同体通过对中小学教育实践的研究和分析来提升教师自身的实践能力和水平。

第二，它是一种合作学习方式。教师教育共同体是以共同承担专业责任和共享专业成果为基础建立起来的一种合作学习方式，其目的是通过共同承担专业责任和共享专业成果来促进教师的专业化发展。

第三，它具有一定的组织形式。教师教育共同体一般有共同目标、共同愿景和共同活动等组织形式。为了更好地促进教师教育共同体的发展，需要从组织形式、管理方式和活动内容等方面加以完善。

从以上分析可以看出，教师教育共同体是基于"同伴互助"的方式进行合作学习而建立起来的一种伙伴型组织。这种伙伴关系不仅体现在以解决社会转型期教育问题为导向，共同承担专业责任和共享专业成果为基础建立起来的合作学习上，也体现在以促进教师专业发展为目标而建立起来的组织形式上。在这种关系中，组织形式是多样的，包括基于共同目标建立起来的合作学习、基于共同愿景建立起来的合作学习等。

在这种伙伴型关系中，参与者不仅仅是作为学校层面上进行合作学习活动的组织者、实施者和评价者，而且是作为教师教育共同体这一伙伴型组织中具有话语权和影响力的主体来进行合作学习活动。其目的在于通过有效地参与专业实践活动来提高自身实践能力和水平；通过参与专业实践活动来形成相互学习、相互借鉴和相互促进的良好氛围；通过参与专业实践活动来促进组织成员共同成长和发展。这种伙伴型关系主要建立在促进教师专业化发展和提升自身实践能力的基础之上，为了更好地促进教师教育共同体各成员之间有效地进行合作学习，建立相应的管理机制和评价机制。

二、社会转型期教师教育共同体发展面临的困境

随着社会的转型和经济的发展，我国基础教育也进入了新的发展阶段。当前，基础教育改革需要大量的高素质师资，而教师的数量却难以满足基础教育改革的需求，因此教师教育共同体成为推进基础教育改革发展的必然选择。但是，教师教育共同体在实际运行中面临着一些问题，这些问题阻碍了教师教育共同体作用的发挥。

首先，政府对教师教育共同体参与度不够。在实践中，虽然各地成立了许多教师学院和研究中心，但是在经费投入、政策扶持等方面还存在较大差异。在一些经济相对落后地区，政府对教育经费投入不足，难以为教师教育共同体提供必要的资金支持；而在一些经济发达地区，政府财政收入相对较高，为教师教育共同体提供了充足的资金来源。

其次，地方政府对高校支持力度不够。当前我国很多地方政府对于教师教育发展普遍重视程度不够。大部分地方政府只是把中小学师资培养作为当地基础教育发展的一项重要工作来抓。在地方政府看来，基础教育已经成为当地经济发展的重要支柱，因此必须要把师资培养作为发展当地教育事业的重要内容。而中小学师资培养工作主要由师范院校来承担，因此师范院校要想获得更大的发展空间和资源支持就必须加强与地方政府之间的合作与联系。但是实际上，由于师范院校经费紧张、地方政府经费有限、人才引进和培养

政策不完善等因素的影响，很多高校并没有把师范院校发展作为自身发展的重要任务。

最后，师范院校缺乏主动参与教师教育共同体建设的意识。目前我国师范院校在师资培养中有一定优势，但是在参与教师教育共同体建设方面存在较大不足。很多师范院校在培养师范生时更注重理论知识学习和技能训练而忽略了实践能力培养。这不仅使得师范生很难适应中小学教学工作岗位上所需要的专业能力和素质要求，而且会对师范生今后就业造成一定影响。另外，在一些经济欠发达地区或农村地区，由于师范院校和地方政府缺乏沟通与合作机制以及经费投入不足等原因，导致当地教师教育发展十分滞后。

面对以上问题，教师教育共同体要想获得进一步发展就必须建立政府支持、高校和地方政府支持、师范院校支持的教师教育体系，同时要制定相应的管理机制和评价标准，以促进教师教育共同体健康持续发展。

（一）完善相关政策

政府应当高度重视教师教育共同体建设工作，尽快出台相关政策支持教师教育共同体发展。

一方面，在教师教育共同体的运行机制上，应当建立相应的激励机制。在实践中，由于经费、政策、人才引进等方面的限制，很多教师教育共同体无法满足教学需求，从而影响了教师专业发展和教育教学质量提升。因此政府要出台相关政策扶持教师教育共同体建设，如可以设立专项经费来支持教师教育共同体开展课题研究、改革教学模式等，以提高其教学质量和学术水平。另一方面，在政府政策支持的基础上要建立健全管理机制，以便保证教师教育共同体正常运行。例如可以对其进行规范管理，使得其成为政府和社会认可的正规组织；同时也要对教师教育共同体成员进行约束和规范，确保成员的合法权益不受侵害。另外要加强对教师教育共同体的监督和评估工作，通过定期评估来了解其运行效果、发展情况以及存在问题并加以改进。要建立完善的绩效考核制度和奖励机制，对于在工作中作出突出贡献的成员进行奖励或表彰，以激发教师教育共同体成员的参与积极性。

（二）建立稳定的经费保障机制

教育经费是开展教师教育共同体建设的基础保障。当前我国教师教育共同体存在经费不足的问题，而要解决这一问题就需要政府在经费方面予以支持。具体来讲，可以采取以下措施：首先，地方政府应该加大对教师教育共同体建设的资金投入。虽然在一些经济发展水平相对落后的地区，政府对教师教育共同体建设的支持力度还比较小，但是如果地方政府能够加大对教师教育共同体的资金投入，那么就可以为教师教育共同体提供良好的发展空间和资源支持。另外，地方政府应该根据本地区教师队伍建设情况和教师专业发展需要制定相应的经费投入政策，以确保教师教育共同体能够得到稳定、充足的经费保障。其次，师范院校应积极争取地方政府支持。当前师范院校发展普遍受到经费不足和人才引进政策不完善等因素的制约。为了缓解这一问题，师范院校需要充分发挥自身优势，积极争取地方政府的支持和经费投入。

一方面，师范院校要积极争取地方政府给予的政策支持和项目支持；另一方面要根据当地经济发展水平和财政收入状况合理安排经费投入，避免出现经费短缺问题。师范院校要将教师教育共同体建设作为学校发展规划中的重要内容来抓。对于一些经济发展水平较低或地方财政收入较少的地区，政府可以采取直接拨款的方式为当地高校提供足够的经费支持；而对于一些经济发展水平相对较高或地方财政收入较高的地区可以采取间接拨款方式为当地师范院校提供足够的经费支持。另外，政府还可以采取优惠政策去鼓励师范院校与地方政府合作开展教师教育共同体建设工作。

（三）完善教师教育共同体管理机制

教师教育共同体管理机制是教师教育共同体实现良好运行的重要保障。因此，要想建立一个科学合理的教师教育共同体就必须建立健全教师教育共同体管理机制。

首先，要建立健全教师教育共同体建设的保障机制。目前，我国已经出台一系列政策文件，为我国教师教育共同体建设提供了政策保障。因此，为了推动教师教育共同体持续健康发展，应尽快建立健全教师教育共同体建设的政策保障机制，以使教师教育共同体获得稳定可持续发展的动力和制度支撑。

其次，要建立科学合理的评价机制。要想实现教师教育共同体建设目标就必须建立科学合理的评价机制，以促进教师教育共同体不断提高其运行效率和质量。我国应积极借鉴其他国家先进经验来不断完善教师教育共同体的评价机制，从而更好地指导我国教师教育共同体建设。

最后，要制定科学合理的考核标准。要想实现教师教育共同体目标就必须要制定科学合理的考核标准。

三、以促进教师专业发展为共同目标，建立学习共同体、共享共同体和发展共同体

教师教育共同体作为一种教师专业发展的组织形式，其产生和发展都是基于教师专业发展的需求而产生的，具有特定的目标和内容。教师教育共同体的核心是促进教师的专业发展，即通过教师教育共同体成员之间的互动，分享经验，促进相互学习和共同成长。对于教师而言，专业发展就是在不断学习与反思中提升自己的教学水平，提高自己对学生和教育工作的认识。

学习共同体是通过组织成员之间相互学习、交流等方式促进专业知识与技能提高，并获得新知识、新方法、新技能等方面的发展。

共享共同体是通过组织成员之间分享彼此经验和资源，从而促进专业能力和专业素质提升。

发展共同体是通过组织成员之间的协作来推动成员共同发展。在组织中，通过建立学习共同体、共享共同体和发展共同体等方式，促进教师在教育实践中不断提高自身的专业素养和能力。

（一）以团队精神为基础，促进教师之间的合作

教师教育共同体的发展，需要在共同的愿景和目标引领下，实现不同院校教师之间的相互交流与合作。教师教育共同体的成员之间相互支持、合作，能够促进成员在教育教学实践中相互学习、共同提高。教师教育共同体的合

作对象是不同院校的教师，这种合作需要双方基于共同愿景，通过发挥各自的优势，取长补短，达到资源共享、优势互补、共同发展。教师教育共同体在实践中注重发挥团队精神，将不同院校教师组织在一起，让不同院校的教师进行沟通交流，分享教学经验和教育心得。以团队精神为基础，实现不同院校教师之间的相互学习、相互借鉴、共同成长。这种合作形式能够促进成员之间相互学习和交流，提高自身专业素养和能力。

1. 建立教师教育共同体，共同愿景引领成员前进

在教师教育共同体的发展中，共同愿景是引领成员前进的精神动力，通过共同愿景可以明确共同体成员的角色和责任，实现共同体成员之间的优势互补。共同愿景是共同体成员在共同价值理念的指引下形成的对未来发展的共同展望，通过共同愿景能够明确共同体成员在教育教学中发挥的作用。不同院校教师之间建立合作关系，建立共同愿景，就是为了提高教师教育质量和教育教学水平。在建立合作关系时，需要以共同愿景为引领，通过共享、共创等方式，促进教师教育共同体成员之间在教学理念、教学方法、课程设置等方面实现优势互补。建立共同愿景，能够让共同体成员之间能够发挥各自优势，实现资源共享、优势互补、共同发展。

2. 加强团队精神建设，促进成员间的有效沟通与合作

团队精神是指在团体活动中，个人与他人一起工作，通过有效沟通和协作，共同完成任务。它强调个人在团体活动中的重要性，强调个人与团队之间的关系。在教师教育共同体中，要建设一支充满活力的团队，需要通过精神建设来提高成员的凝聚力。通过精神建设，使成员明白在教师教育共同体中需要相互合作、相互支持，从而为成员提供合作学习的动力和目标。教师教育共同体的精神建设可以通过文化建设来实现。在文化建设过程中，成员要明确自己的角色定位，共同讨论文化建设过程中遇到的问题和困难，共同为实现共同体目标而努力。

（二）以集体备课为形式，促进教师之间的交流

集体备课是教师教育共同体的重要活动，其目的是提高教师的专业水平。集体备课可以通过学科专家与教师之间的交流，使专家与教师之间达成共识，

同时也可以让专家与教师之间分享彼此的经验。通过集体备课，专家与教师可以就教材内容、教学目标、教学重点和难点、学生的学习情况以及课堂教学方法等进行充分探讨，在研讨中促进彼此专业知识与技能的提升。同时，也可以让不同层次的教师参与到集体备课中，使不同层次的教师都能获得发展。因此，集体备课是一种积极有效的合作交流形式，能够促进教师之间相互学习和交流。通过集体备课，共同体成员可以在一起分享彼此的教学经验和教训，共同探讨教学中存在的问题。

1. 促进教师间的合作学习

在教师教育共同体中，共同体成员可以利用集体备课这个平台，开展小组合作学习，如"基于学科问题的学习""基于学生学习起点的学习""基于课堂实践的学习"等。在小组合作学习中，教师可以根据自己的实际情况选择适合自己的教学方法，从而使自身得到更好的发展。同时，也可以通过合作学习来提升教师在教学中运用所学知识解决实际问题的能力。教师教育共同体中的每个成员都可以选择适合自己的教学方法，并在小组合作学习中进行实践。这种方式不仅能够提高教师在实践中运用所学知识解决实际问题的能力，同时也能促进教师间相互学习与交流，从而提高教师的专业水平。

2. 发挥教研活动在促进教师专业发展中的作用

在教师教育共同体中，教研活动是教师专业发展的重要途径。在教研活动中，共同体成员可以分享彼此的教学经验，并相互借鉴，共同提高教学水平。同时，教研活动还可以提高教师对教育教学问题的反思能力。教研活动一般由学校领导主持，共同体成员参加。在教研活动中，共同体成员可以就教育教学中存在的问题进行讨论与交流，并提出相应的解决方案。在这个过程中，共同体成员不仅可以了解到自己在教学中存在的问题，同时也可以借鉴其他教师的教学经验和方法。同时，在教研活动中，共同体成员还可以相互借鉴彼此在教育教学中的成功经验和失败教训，从而进一步提高自身的教育教学能力。

（三）以共同研究为内容，促进教师之间的合作

教师教育共同体作为一个共同学习和研究的组织，其目标就是促进教师专业发展。共同研究就是共同体成员共同参与，以解决共同面临的教育问题为主题，开展一系列合作学习、合作探究等活动，以更好地理解和解决教育问题。在教师教育共同体中，成员之间通过交流、对话、分享、合作等方式促进彼此间的相互学习和成长。在共同研究中，成员之间的沟通和合作会更有效率，也更能达到目的。例如，在"小学教师教育"共同体中，共同体成员可以围绕"如何有效开展小学教师教育工作"这一主题进行交流讨论，通过不同成员之间的沟通和互动，大家对如何有效开展小学教师教育工作有了更深刻的认识。在这个过程中，每个人都会对自己的专业知识和专业能力有更清晰的认识，从而在以后的教育教学工作中有更明确的方向。另外，通过这样的共同研究和交流还可以提高教师对新课程改革、新教材使用等问题的认识和理解。

（四）以经验共享为途径，促进教师专业发展

经验共享是教师教育共同体实现"以人为本"的一种重要途径，是教师在教学实践中通过个体互动交流学习而形成的知识、经验和技能。对于教师来说，教育实践是个人经验的积累，是在不断实践中获得的。因此，教师教育共同体通过成员之间分享彼此的经验来促进教师专业发展。在一个共同体中，组织成员可以从以下几个方面分享彼此的经验：第一，教学方面，可以通过交流讨论学习，探讨不同的教学方法和手段；第二，专业方面，可以通过学习其他人的成功经验来提高自己的专业水平；第三，生活方面，可以分享生活中的喜悦和悲伤，交流一些生活上的烦恼；第四，教育方面，可以分享自己对学生、对教育事业的认识。

在教师教育共同体中共享经验时应该注意以下几个问题：第一，不同地区、不同学校、不同教师之间教学经验和教学水平存在差异性。因此在共享经验时应该遵循"求同存异"的原则，尊重每个地区独特的文化和特点。第二，不同教师之间共享经验应该尊重每个教师自己的观点和意见。在共同学习和交流中不能一味地去迎合别人，这样做会丢失了自己原有的观点和意见。第三，共享经验不能过于功利化。经验共享是为了促进教师专业发展而不是为了满足个人需要或谋取利益，因此共享经验应该以学习和交流为主。第四，

在共享经验时要注意分享知识、技术、信息、方法等。教师教育共同体成员应该注重自身能力的提高，不能为了满足个人需要而放弃自己原有的知识和技术。分享经验是一种重要的学习方式和途径。

（五）以自主反思为方式，提高教师的教育实践能力

反思是指教师通过对自己的教学行为、教学态度以及教学效果进行反思，对自己所处的教学环境、条件及学生状况等进行分析和思考，从而改进自己的教学方法，提高自身的教学能力。反思对于教师专业发展具有重要的意义。反思可以促进教师的专业发展，使教师学会反思是教师教育共同体中促进教师专业发展的一个重要环节。

在共同体中，每一位成员都需要反思自己的教育行为是否符合教育规律，是否符合学生的身心发展规律，是否有利于学生的健康成长。在共同体中，成员之间通过彼此之间的交流和讨论，分享彼此的经验和知识，从而不断地提高自身教育教学实践能力。

在共同体中，成员可以通过文字、图片、录像等方式记录自己在教育教学过程中所遇到的问题或困惑，也可以通过参加培训课程来获得解决这些问题和困惑所需要的知识。同时，共同体还为成员提供交流和合作的平台。成员之间可以通过网络论坛、博客等方式来表达自己对教育教学问题和困惑所采取的各种方式方法。在共同体中，成员可以利用这些资源来解决自己在教育教学中所遇到的各种问题和困惑。

（六）以专业发展为目标，完善教师的知识体系

教师教育共同体要以促进教师专业发展为共同目标，完善教师的知识体系，促使教师掌握学科教学和教育教学的基本知识和技能，不断提高自身的专业素养。教师教育共同体作为一个学习共同体，成员之间通过交流和合作，分享彼此的经验与成果。在组织内部形成一个知识网络，实现信息资源的共享，从而提高教师专业发展的效率。在共同体内部建立学习共同体、共享共同体和发展共同体，可以实现不同层次、不同形式和不同类型的学习和交流。

在学习共同体中，通过共同的学习活动，成员之间分享彼此的教育教学

经验，达到相互学习和共同成长的目的。在共享共同体中，成员之间分享教学资源和经验，促进合作交流和共同进步。在发展共同体中，通过交流、学习、合作等方式，成员之间分享彼此的经验和成果。通过成员之间的合作与交流，教师能够了解新的教育教学理念、新的教育教学方法、新的课程改革方案等内容。在知识体系中，通过知识分享和共享活动来促进教师专业知识与技能的获得。在专业知识分享过程中，成员之间可以实现信息共享、经验共享、资源共享、知识共享等。在合作交流过程中，成员可以根据自己的教学经验来总结自己在教育教学实践中遇到的问题和困惑，并寻求解决问题的方法与策略。在专业知识与技能分享过程中，通过实践经验、理论反思、专家指导等方式促进教师专业能力和素质提升。

四、以教师教育共同体建设为主要内容，完善我国教师教育体系

由于受到历史条件的制约，我国的教师教育发展还停留在传统的师范院校阶段，与高校合作办学的程度也不高。但是，随着经济社会的发展，在新一轮的国家教育改革中，特别是在对教师队伍建设提出新要求的情况下，这种局面将会有所改变。所以，在当前社会转型时期，我国应以教师教育共同体建设为主要内容，对教师教育体系进行改革和完善。具体来说，需要政府支持、高校和地方政府支持、师范院校支持等多方面共同参与，从而形成政府支持、高校和地方政府支持、师范院校支持的教师教育体系。

第三章 实践取向教师教育人才专业培养

第一节 师范专业认证背景下师范生的教学实践能力

教育部颁布的《普通高等学校师范类专业认证实施办法（暂行）》规定，要求实践教学体系完整，专业实践和教育实践有机结合。教育见习、教育实习、教育研习贯通，涵盖师德体验、教学实践、班级管理实践和教研实践等，并与其他教育环节有机衔接。对师范生来说，能否熟练掌握教学技能，直接影响着他们将来能否胜任教师职业。因此，师范生教学实践能力的高低，不仅决定着他们能否顺利地实现从学生到教师身份的转变，也关系着他们能否成为未来的好老师。

一、师范类专业认证的背景

师范类专业认证作为一种对师范类专业人才培养质量进行判断的过程和结果评价制度，是师范类专业进行自我评价、自我改进和自我提高的重要途径之一。因此，在师范类专业认证背景下探讨师范生教学实践能力培养问题就具有非常重要的意义。

1.教学实践能力是师范生专业发展的关键

从教师的专业发展来看，教师专业发展是一个持续的、渐进的、系统的过程，具有鲜明的实践性特征。而师范生教学实践能力培养则是教师专业发展过程中重要的组成部分。师范生教学实践能力培养是师范生通过学习知识和技能，在学校教育环境中进行教育教学活动，并在实践中不断反思和提高自己教育教学水平的一种过程。

教师专业发展的动力来源于对实践问题的反思，而反思则源于实践。通过这种活力和生命力来推动教师专业发展是教师专业化发展理论在教育领域中的具体体现，也是教师专业发展理论所要求的。教师专业发展是指教师个体在专业化发展过程中所具有的一种不断提高自身教育教学水平和能力，使自身专业化水平不断提高并最终成为专业化发展型教师的动态过程。师范生教学实践能力培养则是在师范生学习基础知识、技能和方法之后，通过一系列有计划、有目的、有组织和系统的强化教育教学技能训练来培养师范生实践能力和综合素质，使师范生由经验性知识向理论性知识转化，由经验型向学者型转化，由经验型向科研型转化，从而促进师范生专业化成长的过程。

2. 师范类专业认证是师范生教学实践能力提升的重要手段

师范生教学实践能力是指在教育教学过程中，通过自己的实践活动获取、运用和操作知识的能力。师范类专业认证是以"学生中心、产出导向、持续改进"的理念为指导，通过认证评价和持续改进机制，提高师范类专业人才培养质量。师范生教学实践能力的强弱是衡量一个师范生是否具有良好的教师职业素质、能否胜任中小学教育教学工作的重要指标，是评价师范生专业水平高低的重要方面。师范类专业认证通过对师范类专业人才培养过程的动态监测、持续改进，对人才培养目标、毕业要求达成度、学生学习成果等方面进行综合评价，能够客观地反映出师范类专业人才培养质量。这是提高教师教育质量、提升师范生教学实践能力、推进基础教育改革发展的重要手段。

通过师范类专业认证，可以检验师范生是否达到了毕业要求和预期教学目标，并能通过监测分析师范生培养过程中存在的问题，为其改进提升提供依据。在此基础上，师范院校可以针对性地采取有效措施提高师范生教学实践能力。比如，加强对师范生教学实践能力培养目标和标准的宣传和解读，使师范生理解和认同师范类专业人才培养目标；建立师范类专业人才培养质量报告制度，通过对师范生教学实践能力培养情况进行定期分析，为持续改进和提高师范生教学实践能力提供依据；建立教师教育课程质量评估体系，并将师范类专业人才培养质量作为评估内容之一；建立师范类专业毕业生就业跟踪调查制度，了解毕业生职业适应情况及就业状况；建立师范类专业学生教学实践能力考核制度，通过考核了解师范生在教育实践过程中是否具有实际应用知识、技能的能力；建立教师教育课程教学质量督导制度，通过督导评估了解师范生是否具有良好的教育教学知识和技能；建立教师教育课程体系优化改进机制等。这些措施可以有效地促进教师教育改革和发展，促进师范生教学实践能力的提升。

通过师范类专业认证能够引导师范类专业转变人才培养观念、调整人才培养方案、改革课程体系和教学方法等。随着我国基础教育课程改革的不断推进，教师教育课程体系也在不断进行改革。为适应新课改的要求和适应基础教育课程改革发展需要，师范类专业应建立与新课改相适应的教师教育课程体系。在新课改背景下，师范类专业重新审视其人才培养理念和模式，围绕教师教育课程体系改革这一核心目标来进行教学改革，从而真正实现培养学生学习能力、实践能力和创新能力的目的。

3. 师范类专业认证可以推动人才培养模式改革

师范类专业认证对于调整师范类专业人才培养模式具有重要的推动作用，其核心是促使师范类专业建立以学生为中心的理念，建立以学生为中心的教育教学模式，从而实现师范类专业人才培养目标。各师范类高校应根据自身实际情况，建立符合自身实际情况的人才培养模式，并采取相应的措施确保人才培养模式适应社会发展需求。

在此基础上，各师范类高校可以根据自身情况，不断调整人才培养目标、课程体系、教学方法、教学条件、评价方式等方面的内容，使其满足师范类专业认证的要求。而师范生教学实践能力的培养是当前各师范类高校在人才培养过程中需要重视和解决的问题。

作为师范生教学实践能力培养的主体，师范生应该充分认识到自己在教学实践方面存在着哪些问题。但是目前许多师范生对自身教学实践能力缺乏足够认识和了解。一是认识不够。很多师范生认为自己就是一个普通教师，只需要做好日常的教育教学工作就可以了，并不需要对自身教学实践能力进行提升。二是缺少必要的教育实践经历。对于许多师范生来说，在校期间只是学习理论知识和参加过一些教师技能比赛活动。这也使得师范生对自己在教育实践方面存在的问题缺乏必要认识。

师范类专业认证不仅可以使学校明确自身在人才培养过程中存在的问题和不足之处，而且还可以促使学校建立有效的人才培养模式。通过师范类专业认证来推动学校调整人才培养模式，使其更好地满足社会发展对高素质教师队伍建设的需要和新时代教育教学改革对教师队伍建设提出的要求。

二、师范生的实践能力

师范类专业认证中对师范生的实践能力提出了具体的要求，即师范生要熟练掌握教育教学技能，在见习、研习、实习期间完成从学生到教师角色的转换。但目前，我国师范类专业对于师范生的实践能力培养，存在过于注重理论课程的倾向，在师范生实践能力培养方面就显得相对薄弱。师范生的培养应更加注重实践场域，学校安排师范生进行教育实习等实践活动，并根据见习和实习中遇到的问题给予指导。

1. 教学设计能力

教学设计能力是教师在教育教学实践活动中对各种资源进行选择、组织、运用和评价的能力，包括课程设计、教案设计和课堂教学设计等。课程设计是指教师在一定的教育理论指导下，对特定教育对象进行科学研究，并形成特定的课程结构体系的活动过程。教案是指教师根据教材内容以及学生的实际情况，经过认真分析研究而形成的教学方案。课堂教学设计是指教师在课堂教学实践中，为了有效地完成教学任务而进行的一系列有计划、有组织的教学行为，包括教学目标的确定、课程内容的选择、课程资源的开发、课堂教学方案的设计等。

2. 教学实施能力

教学实施能力是师范生实践能力的核心，是师范生在教育教学实践过程中，面对复杂多变的教育情境，合理安排教学目标、教学内容、教学方法、教学评价等环节，使学生通过对知识的掌握和技能的训练，逐渐达到熟练的程度，以胜任未来的教学工作。从某种意义上来说，师范生教育实践能力的培养主要是通过师范类专业课程中教学理论与技能的学习和训练来实现。然而，传统的师范教育只注重培养师范生教师职业技能方面的能力，而忽视了对师范生教学实施能力的培养。因此,师范类专业在师范教育中必须强化教师职业技能培养。

在师范类专业认证背景下,师范专业应该进一步明确"培养目标"与"课程设置"之间的关系,把学生应该掌握哪些知识、能力和技能作为衡量学生是否合格的标准。只有在此基础上,才能制订出师范生实践能力培养方案。师范类专业课程设置必须考虑到师范生在未来教育教学中所需要具备的各种能力和素质。例如:在理论课程设置方面要有扎实的理论功底、学科知识和技能;在教育见习、实习方面要有较强的组织、协调、指导和管理能力;在教学过程中要具备较强的课堂管理和教育教学技能;在教育实践方面要能有一定的指导能力和自我反思能力。

3.教育研究能力

教育研究能力是指师范生进行教育教学活动,进行理论探究、解决实际问题的能力。当前,我国教育研究主要是对课堂教学中出现的问题进行分析,以得出相应的结论和建议。师范生在解决教学问题时往往会忽略很多细节性的问题,导致所提建议和理论并不能完全解决实际问题。因此,师范生必须加强教育研究能力的培养。为了提高师范生的教育研究能力,很多高校尝试将理论课程与教育实践相结合。

开设"研究方法""问题解决""教学反思"等课程,从课堂教学中发现一些学生在学习过程中遇到的问题,如学习方法单一、学习效果不理想、课后作业不及时完成等。师范生可以将这些问题作为研究课题,通过调查问卷、访谈等方式获取相关数据资料,并对这些数据资料进行分析和总结,进而得出结论和建议。此外,师范生还可以将自己的研究成果应用到日常教学中,根据学生反馈的情况进行相应调整。这样可以有效提高师范生的教育研究能力,使其成为一名优秀的小学教师。

4.课堂管理和组织能力

在课堂教学中,教师对课堂秩序的控制直接影响到学生的学习状态。在教育实践中,师范生通过参与班级管理、担任学生干部等方式,掌握了一定的课堂管理和组织能力。此外,师范生还能在教育实习期间学会如何处理学生与学生、学生与教师之间的关系,锻炼自己的课堂管理和组织能力。在这些实践中，师范生可以通过观摩、实践和学习等方式积累经验，从而为自己将来成为一名合格教师打下基础。

5. 教育信息化运用能力

教育信息化是以现代信息技术为手段，以促进学生的学习和教师的发展为目的，在教育教学中广泛应用现代信息技术所形成的一种新型教育模式。它通过综合运用计算机、互联网、多媒体等现代信息技术，在教学过程中综合运用现代教育理念、现代教育方法和现代教学手段，形成以信息技术为核心的新的教学模式。

师范类专业认证中对师范生的教育信息化运用能力提出了明确要求，并强调这些能力是通过教学实践来实现的。师范生要适应信息技术与课堂融合的趋势，充分利用网络学习资源和信息技术手段，开展基于智慧课堂、翻转课堂、微课等信息化教学模式改革。为了培养师范生的教育信息化运用能力，很多高校已经开始探索如何将这些信息化技术与学科课程教学融合起来，帮助师范生更好地理解新知识、掌握新技能。

6. 自我发展和终身学习能力

教育是培养人的工作，需要师范生具备自我发展和终身学习的能力。自我发展和终身学习能力是指师范生对自身的认识能力、自我调节能力和自我控制能力。师范生要能够认识自己，了解自己，在学习中不断完善自己。师范生要通过多种途径提高自己的认知水平，包括阅读相关文献、与教师交流、向优秀教师学习等。师范生也要不断地提升自身的教育教学实践能力，在教育实践中不断积累经验，提高自身的教育教学水平。

师范生应具备终身学习的意识和能力，这是师范类专业认证对师范生提出的要求。这就要求师范生要具备一定的学习意识，能够通过多种途径和方式提升自身的能力。因此，师范生应该成为终身学习的践行者和榜样，并在学习中不断完善自己，提高自己的教学实践能力。

7. 合作与沟通能力

师范生在进入大学前，就已经开始接受系统的教育教学培训，具备一定的教育教学知识。进入大学后，学生主要进行自主学习，需要在教师的指导下完成理论学习和教育教学技能的实践训练。由于教育教学技能涉及多个学科领域，不同学科的知识也具有一定的专业性，学生需要在学习过程中与其他同学进行合作，相互配合，共同完成各项任务。另外，师范生还要具备良好的沟通能力，能有效地与不同专业的同学进行交流与合作。对于师范生而言，合作与沟通能力是一项重要的基本素质。

8. 反思与发展能力

师范生的实践反思与发展能力主要包括两个方面：一是在教育见习、实习期间，对所学知识的再认识；二是在教育见习、实习结束后，对自己在教育教学工作中的成长进行回顾。对于师范生来说，这两方面都具有重要意义。首先，在教育见习、实习期间，师范生通过观察、模仿等方式来学习和掌握教育教学的技能和技巧。师范生可以通过教学实践来检验所学知识的正确性和有效性，从而对自己的专业能力进行提升。其次，教育见习、实习结束后，师范生要对自己的教学实践进行回顾和反思。师范生通过对自己的教学实践进行反思，可以找出自身存在的不足之处并加以改正。在这个过程中，师范生可以不断反思自己的教育教学行为以及其中所存在的问题，从而达到自我完善与提高的目的。同时，反思也是教师专业发展的重要途径。反思不仅有助于教师专业知识和技能水平的提升，也有助于教师专业素质结构的完善与提升。

三、师范类专业认证下的合作与实践

教师教育是我国师范教育体系中的重要组成部分，其目的是为我国中小学培养高素质的专业化教师。为实现这一目标，师范院校需要构建起一个完善的教师培养机制，并加强师范生教育见习、实习、研习环节管理，建立与中小学"联动"机制，开展"顶岗实习"。这样做，既有利于提高师范生的教学实践能力，也有利于提高师范生的就业竞争力。

教师教育需要从根本上改变当前师范院校"重理论轻实践""重知识轻能力"等问题，应以培养高素质专业化教师为目标，把师范教育与中小学教育紧密结合起来。只有通过合作与实践，师范生才能真正地理解教育、理解社会、理解自己所从事职业的价值与意义。

第二节　实践取向师范生协同培养

"实践取向"是师范生培养的重要目标。然而，我国师范院校长期以来重理论、轻实践，师范生培养过程重知识、轻能力，教师教育课程体系设置和教学内容脱离教学实践。新时代，师范生培养模式亟须变革。高校要从教师教育课程体系设置和教学内容上进行改革，增加实践环节，培养师范生的创新实践能力。同时，还需建立大学与中小学协同育人的长效机制，深化师范院校与地方教育行政部门合作。

一、在教师教育课程体系中增加实践环节

师范生培养不仅要掌握专业知识，还要掌握专业技能。师范院校要立足教师专业发展规律和学科特点，从课程体系设置上增加实践环节，加强师范生的教育实践能力。

1. 坚持理论学习与实践训练相结合

实践是认识的来源，也是检验认识真理性的标准。教师教育理论学习和实践训练是一个有机整体，二者互为依托，相互促进，不可偏废。在实践环节中，教师要以学习理论为基础，以提高实践能力为目标。理论学习与实践训练相结合的方式可以分为三种：一是在大一期间开设课程，让师范生了解教师职业发展规律和教育教学方法；二是在大二期间开设课程，让师范生掌握基本的教育教学技能；三是在大三下学期开设课程，让师范生熟悉教育教学方法。当然，师范院校应根据不同专业特点和培养目标来决定具体的实践训练内容。比如，汉语言文学专业的师范生可以在大二期间多参加教育实践活动，提高自身的专业技能；思想政治教育专业的师范生可以多参加社区服务、教育调查等活动，培养自身的社会责任感和社会交往能力。

2. 加强实践基地建设，构建实践教学体系

高校与中小学的协同育人，不仅要关注"教什么"，更要关注"怎么教"和"怎么学"。师范生教育教学能力的提高离不开学校与地方政府、基础教育机构等部门的协同配合，也离不开师范生自身的努力。因此，高校与中小学要

建立起长期稳定的合作关系，共同制订培养方案和教学计划，共建实践教学基地。比如，在实践教学目标上，高校与中小学要明确培养师范生的实践能力是为了解决现实问题或满足教师岗位的专业发展需求。在实践内容上，高校应以中小学课堂教学为主要形式，将实习教育与职业体验结合起来。在实习方式上，高校要与中小学建立起以学校为中心、学校为主导、学校与教师合作、以学校为主体、学校与学生合作的实习机制。在实习保障上，高校和中小学要共同制定实习生管理办法和考核标准等规范性文件，保障师范生实习工作的顺利进行。同时，还要建立相应的激励机制。通过考核、表彰和奖励等形式对师范生参与教育教学实践工作进行激励和表彰，从而形成良好的育人氛围。

二、实践取向师范生专业能力培养的有效途径

教师教育是培养教师的专业，应该以教师专业标准为依据，从专业化的角度，凸显师范特色，注重教学基本功训练和实践教学，建构以实践为主要取向的教师教育培养模式，提升师范生的专业能力，探索适合师范生特点、适应新时期教师专业发展规律的培养路径。

（一）发挥课堂教学主渠道的作用

1.创新课堂教学形式

课堂教学是学生学习的主要途径。课堂教学方式方法的改革是提高教学效率和实现教学目标的关键。师范院校应积极鼓励和重视推广具有创新性、能充分调动学生学习主体性的、符合教育规律的教学方式方法。努力使课程本身形成完整结构，课程之间实现相互沟通，知识与能力共同关注，理论与实践相互融合，实践与创新相互促进，动脑与动手协调配合。

如教育技术学专业的"非线性编辑技术"课程教学中引入项目学习，学生自由结组开展项目设计与制作，评选出优秀作品参加电视台和校园 DV 大赛，学生全程参与短片制作，教师指导学生上传到优酷等视频网站；学前教育专业可以把"幼儿园环境设计"和"幼儿园玩教具制作"两门课程的理论和技能结合起来，设计跨课程的综合性实验，帮助学生形成理论对技能的指

导和技能应用理论的辩证认识。学完"幼儿园玩教具制作"课程后，进行学生手工作品展览，学生运用手工技能和环境设计理论，为幼儿园设计制作适合幼儿特点和活动主题、突出传统文化的室内环境，既丰富了校园文化生活，又增强了学生的专业自豪感和自信心，凝聚和提升了专业情意。

2. 理论与实践相结合

各门课程的实践教学环节由教师按照具体要求在授课过程中实施。任课教师针对课程实践环节的内容，如案例教学、评析报告、微格训练、课例分析、教育调研报告、实验报告等制订出详细的方案，课程中的案例教学、学习研讨、微格教学、模拟训练等活动均以小组为单位进行。改变课程教学中统一的大水漫灌授课方式，使基础较好的学生能够吃饱，基础差一些的学生也能跳一跳摘到最近发展区的果实。这样的设置一方面可以提升课堂教学的效率，课堂中的实践以人为本，不同的学生获得了不同的发展；另一方面为以后进入实践基地的实践教学做好准备。

专业课程中的教学设计和实施环节可以通过微格教室试讲进行，让学生模拟课堂教学。一般由 5～10 人一组组成，对自己设计的教学内容进行演练。教学内容一般选取一个教学点，时长以十分钟为宜，一个同学试讲时，其他同学配合。讲完之后，同学和指导老师提出建议。

（二）开展多种形式的专业技能训练

1. 开展专业技能训练

专业能力是师范生未来从教的核心竞争力。专业技能训练依据标准进行，专业技能标准的制定应注重课内、课外相结合，学生活动与教学活动相结合，教师与学生相互促进，立足学生的专业能力和动手能力培养。

教师专业技能训练内容包括讲普通话和口语表达、书写规范汉字和书面表达、教学工作、班主任工作技能等四部分。从学生入学开始，师范院校应逐渐将专业知识的讲授与技能训练的开展有序结合，开设教师课堂技能训练、同课异构、朗读与演讲、书法、班主任工作、办公自动化等专业技能训练，实现师范生在专业技能训练过程中深化对教育学、心理学的理论与方法的理解与实践，使学生形成牢固的教育教学专业能力。

以"说课"为例。"说课"使师范生的理论知识与实践得到统一，提升其理解新课标和驾驭教材以及口头表达能力，锤炼师范生的教学基本功。专业教师应首先向学生讲授"说课"的理论。在理论讲授的过程中，结合优秀案例展示，让学生对"说课"有直观的感受。其次，学生依据对教材的理解，撰写说课稿，并在微格教室分组进行试讲，同学评议。再次，教师讲评，各组推选优秀学生集中展示。最后，将全班同学的说课稿分享到班级 QQ 群，实现资源共享。

2. 组织专业技能竞赛

举办教育教学技能系列活动大赛，通过竞赛，推动学生学习，提升实践能力和教学创新能力。按照"以赛促教，以赛促建，以赛促改"的原则，在每学期进行为期一周的专业技能竞赛。例如，小学教育专业在活动周举办说课和讲课、粉笔字、钢笔字、多媒体制作、简笔画、小品和舞蹈等竞赛活动。

竞赛内容的选择要紧密联系实践，结合师范生教学基本功训练所涉及的领域，选择适合学生操作的实践内容，如书写技能竞赛、授课技能竞赛、说课技能竞赛等。比如，我们不竞赛写教学设计的步骤，而设置说课、讲课的展示；参赛人员的选择，做到"点""面"结合，如"三笔字"内容的竞赛，参赛人员强调"面"的辐射；"说课""讲课"内容的竞赛，因为学生专业课学习的程度不同，要根据学生的年级，做到"点"的突出。为了鼓励学生参赛的积极性，奖项的涉及面尽量广，要多角度去考量学生，使学生在竞赛中受到鼓励，认识到自身的价值，提高学习教育专业能力的积极性。专业课教师也可以通过专业技能竞赛，发现问题，改进自身教学方式方法，进而推动课堂教学改革。

此外，还可以通过开展师范生面向用人单位的专业技能汇报活动，现场向用人单位展示自己的学习成果，特别是专业技能水平，让用人单位对学生的专业能力有一个全面直观的了解，并以此促进学生在学习过程中全面提升学习的自觉性、主动性，实现学习过程与就业的零对接。

（三）完善专业实践教学

1. 实践教学坚持实践环节系列化、全程化

四年实践性教学环节包括：社会实践活动、创新创业活动周、科研技能训练、专业技能训练、专业技能测试、认识实习、教学实习、课程实习、课程设计、生产实习、毕业实习、毕业论文（设计）。在实践教学体系的构建和改革中，充分发挥基础教育学校的作用，从合作建立专业实习基地，到共同设计开发实践教学内容；从实施课程嵌入、课程置换，到组织集中实习；从专业知识讲座、科技报告，到指导学生专业竞赛；从技术交流、师资培训，到联合申报项目。

2. 开展顶岗实习

顶岗实习须提前制订和报送实习实施方案，仔细审核每名学生的实习单位、岗位，确定校方的指导教师；合理安排集中与分散实习方式；认真制订实习经费预算方案。集中组织实习动员大会，针对实习管理规定、内容与时间安排、成绩评定办法等内容进行培训，同时开展安全教育，校方指导教师保质保量完成指导、协调等工作。采取顶岗实习模式，不仅可以提高学生的专业动手能力、岗位实践技能、职业素养，还直接或间接促进了学生的就业。

在实习过程中，学生从第一次送队、第一次走向讲台、第一次解决小学生间的矛盾开始。真真正正融入小学的课堂，体会作为小学教师的辛苦与幸福。学生在真实的环境中，明白了师生交往的"度"到底怎样把握，切实把所学的专业理论知识在实践中运用，体会到"管理艺术"在教育教学中的重要性。同时，学生也初步品尝到成功的快乐，激发其对教育事业的热爱。顶岗实习具有各个方面的专一性，又具有较强的综合性，专一性包括学生对语文、数学等学科教学组织的掌握，调查研究能力的提高，活动组织能力的演练等，这需要学生分类专门进行演练；而综合性则体现在学生管理是一门综合艺术，既包括对小学生学习方法的指导，又包括身心健康的指导、安全教育的指导、法律法规的指导等。这些方面不能人为割裂开来，要作为一个整体，在管理过程中综合实现。

师范生在实际工作环境中，经历课堂教学、班级管理、学校活动的全过程，独立进行教学设计，组织、开展课堂教学，开展班主任工作，召开班会和班级主题活动，处理班级事务和各种突发事件，还要依托自己所学的教育教学理论，结合高校和基础教育的理论与知识方面的交流，对自己所见到的教育教学案例进行分析和进一步反思，从中发现问题。在这个过程中，师范生在理论与实践、理想和现实的碰撞中经历提出问题、分析问题、解决问题的过程，用新课程的理念解决实践中的问题，自发地改善自己的教育教学行为，感悟基础教育教学的基本规律和实施过程，获得关于基础教育教学管理和实施的训练，在实践中经历实践的过程，尽快地熟悉基础教育，完成从学生向"准教师"的初步转变，形成角色定位。

（四）基于"工作坊"的培养

本着"协同育人"的思想，实习学校担负起为师范生提供实践课堂的任务，将每一名师范生安排进一个班级，并为其配备优秀的指导教师，指导师范生在课堂组织、班级管理方面的实践。师范生在为期一个学期的顶岗实习期间的日常管理由基础教育学校的指导教师和高校的指导教师共同完成。校内导师将理论知识传授给师范生，校外导师进行实践的指导，有效提高师范毕业生的专业能力。

教师教育专业的人才培养应注重创新培养模式，培养未来卓越教师。师范生未来的职业是教师，在培养环节，应充分发挥基础教育学校、教研员、骨干教师的重要作用，强化协同育人。可借鉴国培计划高端研修项目工作坊的培养模式，与一线学校共同构建师范生工作坊，打造理论与实践相结合的立体空间，多导师引领，创新师范生培养模式。通过课堂教学工作坊、实践教学工作坊、教学技能工作坊、网络工作坊，从不同角度培养师范生的专业能力，推动自主、合作、探究的教与学的方式改变，开展微课、同课异构、课题类研究等活动，在共同交流中分享收获，师范生与大、中、小学教师共同成长，优化教育师资队伍。

此外，充分利用第二课堂培养师范生的实际操作能力和理论联系实际的能力，在实践中发展自己能力，在实践中检验自身能力。加强个性化教育教学，培养学生自主学习能力，通过辅导员和任课教师共同引导师范生的学习观念由依赖转为自主，让学生学会主动学习，合理规划自己的生活和学习，培养学生的专业情意，让师范生爱上教学，从而投入更多的精力发展专业能力。在第二课堂中，通过实践夯实基础，找到自己的优势，不断提高自身创新力和创造力，做新时代合格的师范生，为成为一名优秀的教师做好准备。

第三节 协同育人的教师教育实践

教师教育是教育领域的核心内容，是提升教师专业化水平的关键所在，也是学生未来职业发展和成长的关键所在。当前我国教师教育的主要问题是："双师"结构比例不协调，教师培养与中小学实际需求脱节；职前培养与职后培训一体化不足，教师教育机构、高校和中小学之间缺乏协同机制；教师教育课程体系与基础教育课程体系脱节，学科专业与教育专业之间缺乏沟通。

教师教育要培养学生成为未来优秀的教育家，就需要建立职前培养、职后培训一体化的协同育人机制。因此，我们需要从"双师"结构的视角出发，审视当前教师教育面临的主要问题，反思一体化教师教育的实践路径，寻求提升教师培养质量的有效方法。

一、确立"双师"结构的教师教育理念

"双师"结构是指教师队伍中既有理论知识又有实践能力的专业人员，即在"双师型"教师队伍中，既有理论知识又有实践能力。这种结构有利于教师队伍专业化发展，是培养高质量教师的基础和关键。在我国当前的教师教育体制下，职前培养与职后培训是分离的，使得教师培养与中小学实际需求脱节，教学实践与教学理论知识不能有效衔接，导致教育理论知识和教育实践技能脱节。同时，由于缺少有效的协同机制，缺乏高校、中小学和其他相关机构之间的合作关系，使得培养质量得不到保障。

要解决这些问题，首先要确立"双师"结构的教师教育理念。只有明确了教师教育理念，才能确立职前培养与职后培训一体化的教师教育模式。我们应该基于"双师"结构的理念构建"双师"结构的教师教育体系，让高校、中小学和其他相关机构共同参与到教师教育体系中来。

1. 确立"双师"结构的人才培养目标

随着信息技术的发展和教育的改革，教育模式不断发生变化，教育对象和环境也发生了巨大的变化。这些变化使得传统的师范教育模式不能适应时代的发展要求。因此，构建"双师"结构的教师教育体系，不仅要注重学生

对理论知识的掌握，更要注重学生对教育实践能力的培养。高校和中小学应该共同参与到教师教育体系中来，从人才培养目标上就明确了"双师"结构的教师教育体系。"双师"结构教师教育体系不仅仅是指高校和中小学之间合作培养教师，而是要让高校和中小学都成为培养高质量教师的主体。因此，我们应该对高校和中小学提出不同的人才培养目标。高校要培养高水平的教师，能够驾驭现代信息技术和课堂教学方法，具备现代教学技能；同时，也要加强对中小学一线教师的培训，提升其教学能力。中小学则要培养"双师型"教师，即具备较高理论素养和较强实践能力的"双师型"教师。这既是时代发展对教育提出的要求，也是教师专业化发展的需要。只有这样才能满足不同层次、不同类型学校对"双师"结构教师的需求。

2. 构建"双师"结构的课程体系

教师教育课程体系应以培养"双师型"教师为目标，以促进师范院校专业课程与中小学教育教学实践有效衔接为出发点，建立"双师"结构的课程体系，充分考虑教师的知识结构、专业素质、实践能力和发展潜力，使学生能够从大学阶段开始就能适应基础教育教学的需求。具体来说，要基于"双师"结构理念构建教师教育课程体系，实现理论知识与实践技能的一体化发展。高校应采取"大学基础＋师范专业"的模式进行课程设置。"大学基础"是指通识课程，主要包括人文与社会科学类、自然科学类等；"师范专业"是指学科专业课程，主要包括教育学、心理学等学科专业课程以及教育教学技能训练课程。另外，应突出实践导向和师范技能训练，在"大学基础"的基础上开设实践课程，让学生能够在实习中提高实践能力。

3. 建构实践导向的教学模式

在传统的教师教育体制下，由于缺乏对中小学教学实践的深入了解，教师教育课程设置没有充分考虑中小学教学的实际需求，导致很多教师在进入教育领域时缺乏对学生的了解，难以进行有效教学。为此，在"双师"结构的教师教育理念指导下，需要建构以实践为导向的教学模式。

在传统的教学模式下，教师是知识的传授者和灌输者，学生只是被动地接受教师传授的知识，很少有机会参与到教学过程中去。在这样的模式下，学生很难实现自主学习、合作学习和探究学习。在"双师"结构理念指导下的教师教育课程设置中，应该开设一些实践性课程。实践性课程不仅要包括理论课程，还要包括实践类课程。理论课程应该与实践类课程有机地融合在一起，让学生通过理论学习了解教师教育知识体系和知识结构，掌握教育教学知识与技能；实践类课程则要注重培养学生的实践能力，让学生通过实践活动掌握教育教学知识与技能。实践性课程设置应该以学科专业为依托、以问题为驱动、以情境为依托、以活动为依托和以探究为路径。他们可以在教师指导下学习和使用各种教学工具和教学资源、开展各种研究活动，从而提高他们分析问题、解决问题的能力。通过实践导向的教学模式构建起来的教师教育体系有利于培养创新型人才。

4. 构建协同育人的运行机制

"双师"结构的教师教育体系要从以下几个方面着手：一是要明确协同育人主体的责任与义务。协同育人主体间要建立有效的合作机制，明确各自的责任和义务，共同促进协同育人的开展。要建立有效的协同机制。只有建立了有效的协同机制，才能使得协同育人落到实处。要构建完善的资源共享机制。在构建"双师"结构的教师教育体系中，高校、中小学和其他相关机构都有着重要的作用，需要构建完善的资源共享机制，使三方能实现资源共享。

高校与中小学之间要建立合作关系。高校与中小学之间是平等、互惠、互利、合作、共赢的关系，高校和中小学应该积极开展合作。一方面，高校要帮助中小学提高教师队伍质量，促进其专业化发展；另一方面，中小学也要积极支持和配合高校开展教育教学研究和培训工作。

在"双师"结构教师教育体系中，高校和中小学是平等合作关系，是一种互惠互利关系。在合作过程中，高校和中小学应该共同制定教师教育课程标准、开展联合教研活动、建立教学基地等。在"双师"结构教师教育体系中，不能只强调某一方的作用和地位，而应该将各方都纳入到教师教育体系中来。只有这样才能保障"双师"结构教师教育体系运行顺畅、高效。

二、促进职前培养与职后培训一体化

建立以中小学为主体、师范院校为支撑、政府和社会共同参与的一体化培养模式，搭建教师教育机构、高校和中小学之间协同育人平台。通过三方协同育人机制的建立和完善，使师范生在实践中学会反思、学会学习、学会合作、学会创新发展。

1. 建立教师教育一体化培养模式

一体化培养模式是指师范生在毕业前、进入中小学工作前和工作后都要接受一体化的教师专业发展培养，使师范生在不同的发展阶段都能得到有效的指导。

一方面，建立师范生导师制度，实现师范生教育教学理论和实践相结合的培养模式。要求师范生在接受教育实习时，导师要全程参与，与师范生共同备课、共同听课、共同研讨、共同反思等。另一方面，建立教师教育机构和中小学之间人才培养联动机制。师范院校要通过高校和中小学合作培养，实现高素质教师的培养目标；同时，师范院校要把教师教育理念贯穿到人才培养全过程中，真正做到教师教育理念与实践相结合。

（1）建立师范生导师制度

师范生导师是指在教师教育过程中，由师范院校向中小学派驻的，专门对师范生进行培养、指导、咨询的专业人员。他们具有一定的教育教学理论知识和实践经验，能对师范生的专业发展提供指导、咨询。建立师范生导师制度，有利于促进高校教师教育与中小学教师教育的有效衔接，有利于师范生在毕业后更快地适应中小学教育教学工作。建立师范生导师制度，应以师范院校为主体，吸收优质中小学的优秀教师担任，制定统一的准入标准和任职资格。师范生导师应是高校教师与中小学教师的"双重身份"，是高校教师与中小学教师的"桥梁"。

（2）建立高校和中小学之间的联动机制

教师教育一体化要求教师教育机构和中小学之间要建立联动机制，共同推进教师培养改革。具体来说，高校和中小学之间要建立协作机制，共同制订教师培养方案，实现高校和中小学人才培养的一体化；同时，要共同开展教师教育研究工作，通过开展教师教育研究来促进高校和中小学的合作。高校和中小学之间要加强沟通与合作，定期举行研讨会或学术交流活动，通过研讨交流来提升教师教育的质量。高校和中小学之间还要建立协同机制，实现优势互补。高校可以发挥自身在学科专业、师资队伍、科研成果等方面的优势，为中小学提供人才培养方案、教学内容、教学方法等方面的咨询与服务；而中小学可以为高校提供教育实践基地等资源。

2. 建立协同育人平台

为了更好地促进教师教育发展，应建立完善的教师教育机构、高校和中小学之间的协同机制，使三方有效地衔接起来，从而形成合力，共同为教师教育发展服务。

建立三方协同育人平台：一方面，要由高校牵头，建立由高校、中小学、教育行政机构共同参与的教师培养和培训机构。学校负责协调高校和中小学之间的合作关系，制订具体的合作计划并组织实施；教育行政机构负责协调高校和中小学之间的合作关系，制订具体的合作计划并组织实施；教育行政机构负责协调高校和中小学之间的合作关系，建立完善的协同育人机制。另一方面，要通过培训、学术交流、资源共享等方式开展合作。通过建立这样一个协同育人平台，使教师教育机构、高校和中小学之间可以及时地进行交流沟通，及时解决在教师教育过程中出现的问题。

目前，我国高校与中小学在教师培养和培训方面还没有建立起一种协同机制。为此，应建立三方协同机制，促进三者之间的有效衔接和沟通。首先，由高校牵头建立三方协同育人平台，通过定期召开会议、交流经验等方式研究教师培养和培训中出现的问题；其次，教育行政机构应统筹高校与中小学之间的合作关系；最后，教师教育机构要充分发挥桥梁作用，通过邀请中小学校长、教师到大学进行短期培训等方式加强对师范院校的支持。只有这样才能为教师教育提供有力的保障。

3. 完善师范生的培训制度

师范生培训是一项基础性的工作，具有十分重要的意义。加强师范生培训制度建设，有利于提高师范专业学生的教学能力和实践能力。为了提高师范生的教育教学能力，应建立完善师范生培训体系，让师范生在接受理论学习、教育见习、实习等过程中获得实践体验。

在高校内部，应建立高校和中小学联合培养师范生的体制机制。高校可以与中小学合作，从一开始就为师范生提供教育实践机会。同时，高校可以派教师到中小学挂职锻炼,使高校教师能够与中小学教师合作开展课题研究。在师范生培养过程中,应使学生在教学实践中养成良好的教学习惯和教学能力。

在师范院校与中小学之间,应建立协同培养制度。在当前形势下,师范生培训可以依托国家教师培训项目、高校师范生培训基地等平台,建立高校与中小学合作机制,由高校组织和实施师范类专业学生的教育见习、实习等活动。这种协同机制可以让学生在实践中得到锻炼和提高。

政府主要负责教师教育经费、教师资格认定、教师职称评定等工作。为了提高教师专业素质和教学能力,政府应加大投入力度,提升学校的教学质量和水平,需要学校加强自身建设。教育行政部门应加强对师范类专业学生的资格审查和评价工作,社会组织可以开展针对师范生的教学技能培训活动等。此外,社会组织还可以开展一些公益活动。

通过以上制度设计和政策完善,建立起师范生培养和培训一体化体制机制,从而为基础教育培养更多高素质、高技能、高能力的优秀教师。

三、构建开放合作的协同育人机制

从我国教师教育实践来看,主要存在三种类型的协同:一是高校与中小学之间的协同,如高校在专业设置、课程安排、实习时间等方面与中小学进行协同;二是高校与专业机构之间的协同;三是教育类科研机构与中小学等之间进行的协同。上述三种类型的协同都存在各自的不足,尤其是第三种类型——教育类科研机构与中小学之间的协同更值得关注。要使上述三种类型的协同发挥合力,构建政府、高校、中小学之间开放合作的协同育人机制以解决当前教师教育存在的问题。

政府为教师教育协同育人创造条件。政府作为教师教育发展的主导者和推动者,要为协同育人提供政策支持和经费保障。一方面,要为协同育人提供经费支持,建立教师教育协同发展的专项基金,鼓励高校和中小学以购买服务的方式支持教师教育机构开展工作;另一方面,要制定相关政策措施,推动高校和中小学合作,如制定高校教师到中小学挂职锻炼的政策等。此外,要加强教师教育课程与教学改革力度，提高师范生培养质量。

高校要加强对师范生培养质量的监控和对基础教育发展的研究，师范生也要提高自身教学实践能力，积极主动地参与到中小学校的教育实践中去。中小学要支持和鼓励师范生参加学科教学竞赛、实习支教活动等；高校也应支持师范生参加专业课程、教学技能等方面的培训和实践活动。

在高校与中小学之间建立定期协商机制，由高校与中小学共同商讨教师教育工作中的具体问题，从而保证教师教育工作更好地为中小学服务。建立定期交流机制，通过交流实现高校与中小学的有效对接。建立资源共享机制，以高校教师教育机构为依托，整合各种资源，实现资源共享、优势互补。建立信息互通机制，通过信息互通使高校和中小学保持紧密联系。建立合作对话机制，以高校教师教育机构为主体，邀请中小学校、社会人士等共同参与对教师培养的指导与评价。建立评价反馈机制，通过对师范生实习考核、中小学校反馈等方式了解师范生在实习中存在的问题及发展需求。

四、推进教师教育课程体系改革

教师教育课程是教师培养的主要载体，也是教师专业化发展的重要保障。教师教育课程体系建设直接影响到培养质量，因此需要根据新时代对教师教育课程建设的要求，推进教师教育课程体系改革，建立职前培养和职后培训一体化的协同育人机制。

在改革中，需要树立以教师职业素养为导向的新课程理念，从学生发展角度出发，合理设计课程内容，凸显学生综合素质和能力培养。

一方面，要发挥专业优势，优化整合学科专业与教育专业的课程体系结构，重视学科专业与教育专业之间的沟通与衔接，强调培养学生教育教学能力的同时提高学生学科专业知识和技能的学习效果；另一方面，要注重加强通识课程建设和通识教育课程建设，构建以"三全育人"为目标的新课程体系。同时还要充分发挥实践教学在培养师范生实践能力方面的作用。

1.加强通识课程建设，构建"三全育人"新课程体系

教师教育课程体系改革首先要加强通识课程建设，为学生全面发展提供

平台。

第一，要根据新时代对教师专业素养和能力的要求，进一步优化通识课程结构，通过优化整合各门课程内容，提高通识课程的广度和深度，让学生掌握学科专业以外的知识和技能；第二，要丰富通识课程内容，鼓励学生在通识课程中融入先进的教育理念、先进的教学方法、优秀的文化传承等内容，帮助学生形成正确的教育价值观和教师观；第三，要加强通识课程建设，在课堂教学中通过多种形式对学生进行思想政治教育和师德教育；第四，要加强通识课程建设与"三全育人"要求的结合，培养学生的家国情怀、社会责任感、健全人格和心理健康等综合素养。同时，在开展通识课程建设时，要注重培养学生学习的自主性、能动性和创新性。要鼓励学生自主选择通识课程内容、学习方式和学习进度。另外，还要注重提高教师在课堂上开展教育教学活动的能力。通过教师教育课程体系改革培养学生教育教学能力及综合素养。

2.加强实践教学，培养师范生的教育实践能力

教育实践是教师教育的重要组成部分，是培养师范生从事教育教学实践能力的主要途径。教师教育课程体系改革要注重在实践教学中培养师范生的教育实践能力，构建职前培养和职后培训一体化的协同育人机制。教师教育课程体系要积极探索加强教育实习、参与教学研究、开展校内实践、开展校外实践和组织学生参加社会实践等方面的做法，使学生在多个方面得到锻炼，培养学生的教育教学能力。

同时，还要建立完善实习评价机制。完善实习评估标准，制订科学合理的师范生教育实习评估方案。通过完善考核制度，促进师范类专业毕业生在从教期间对所学专业知识、技能和师德素养的理解、掌握和运用，提高师范类专业毕业生从事教育教学工作的能力和水平。

五、加强教师教育师资队伍建设

当前，教师教育师资队伍存在结构不合理、数量不足、能力不强、素质不高等问题。为解决这些问题，必须通过多种途径加强师资队伍建设。首先，要完善教师教育机构内部管理制度。地方师范院校的教师教育机构应进一步规范教师资格认证、专业培养和考核等相关制度，完善教师教育机构内部治理结构，以保障教师教育机构的独立地位。其次，要加强对教师教育师资的专业培训。在提高中小学骨干教师和学科教学骨干的专业素养基础上，加大对师范院校师范生的专业培训力度，促进师范院校和中小学的深度合作与交流。最后，要提升师资队伍的教学能力和实践能力。地方师范院校应大力支持和鼓励优秀教师到中小学实践锻炼，提高自身教学实践能力；同时，还应加大对教师教育师资队伍建设的经费投入，完善相关配套措施，使地方师范院校的师资队伍建设有章可循。

第四节　实践取向小学新教师的入职培养研究

在基础教育教学改革的大背景下，教育部大力支持基础教育教师新课程理念的培训，以期全面提升教师的教育教学水平。新入职教师是师范生身份转变的第一步，新入职教师的培训是教师专业成长发展的关键一环，需要教育主管部门、学校和优秀教师的帮助和指导，这关系到师范生能否在较短时间完成向合格教师的转变。如何针对小学教育教学现状为新入职教师提供系统的指导培训，提高其实践能力，是目前小学新教师培训中亟待解决的问题。

一、建立高校和小学协作培养的新教师入职培养机制

新入职教师面对最大的变化就是其身份的转变，由师范生转变为教师，现在的小学新教师入职培训往往由当地教育主管部门和小学承担，而教育主管部门和小学不了解新教师在学生阶段所学的课程内容，因此往往依据自己的经验进行培养，造成入职教育与师范教育的脱节，使新入职教师感觉到不适应，难以适应学校环境，所学知识和小学教育教学不能很好地结合。因此，应该建立高校和小学协同培养的机制，一方面可以使新入职教师度过转变期，另一方面对参与各方形成协同发展的共同体。

高校教师走进小学，举办新入职教师讲座，结合小学优秀教师的课堂教学以及班级管理的实践，能够使新入职教师将理论与实践更好地融合。大学教师与小学的零距离接触，还可以参与小学的科研，从理论上对小学教师给予指导，助力小学的发展，同时大学教师还可以在实践中提升实践教学能力，对高校的课程改革提供有益的借鉴。

二、加强入职教育组织工作

对小学新入职教师的培训应该由政府教育主管部门统一组织，教研室、小学、优秀骨干教师共同参与，除集中培训外，具体实施由学校负责，各学校可根据本校的具体情况、执教班级的特点等开展有针对性的校本培训，通过观课、磨课、同课异构等活动提升新教师教学水平，通过集体交流、管理反思、班级活动等形式提升新教师班级管理能力。制订计划按期由教育主管部门统一组织的考核小组进行评价考核，检查落实督促新教师尽快适应小学教育教学工作。教育行政管理部门和各小学应做好新教师培养资金保障工作，从学习资料、外出考察、资源建设等方面提供强有力的支撑，为新教师的培养创设良好的条件。在小学新入职教师的培养中，要去形式化，注重培养计划落实的实效性，各参与主体要各司其职，做好衔接。针对培养中出现的问题进行分析，认真反思，对每一个新教师的培养要对效果进行测评，通过调研对反馈情况进行总结，进一步完善培养计划。

三、开发注重实践的入职教育课程

在培训内容的安排上，要考虑不同学科、不同教师的实际情况提供不同的培训计划，高校教师、教研员、一线优秀教师根据自己的优势设置不同的授课内容，培训计划制订部门要根据多方调研，整理目前小学教育教学改革中的各种经验和突出存在的问题，选择不同的专题提供给授课教师和指导教师，这些教师再根据问题选择适合的研究主题精心设计课程内容。

新入职教师更需要实践性知识，小学新教师的实践性知识的获得不能直接由理论到实践的直接运用，需要在职前培训中设置真实的教育情境，经历过程才能获取，目前新教师入职培训课程内容老化，普遍性有余而针对性、学科性不明显。所以需要科学设置理论和实践课程，完善职前培训课程体系，课程的安排注重学科性与教育性的统一，增加基础教育课程改革内容，体现课程的时代性，基本形式有：报告、微型论坛、说课比赛、评课交流、教学观摩、优秀教学设计研讨等。

在新教师进入小学后，指导教师团队的指导要把课内指导与课外指导相结合，不单单要解决做什么的问题，更要注重怎么做，使新教师知其然还要知其所以然。指导教师团队的工作要形式多样，集中与分散相结合，共性的、突出的、时代性的问题相对集中，便于节约时间和共同提高，对于个别的问题则采用分散指导的方式，做到个性化的指导。学校在安排新教师活动时要充分考虑校内与校外相结合的方式，让小学教师开拓视野，创新活动形式，不断拓展新教师成长的专业路径。

四、注重指导教师队伍建设

目前，各小学均为新入职教师安排了指导教师，但指导教师的指导工作随意性较大，而且这种老带新的制度由于各种条件的限制，单一的模式使得指导效果大打折扣。因此有必要对新入职教师的指导模式进行改革，可以打破学校内部指导的单一模式，以区为单位，组建指导教师团队，由优秀科任教师、班主任工作先进教师、学校教研室人员组建新入职教师培养团队，由本校指导教师作为第一指导教师，小学和教研室的指导教师的指导作用主要体现在教师对实践性知识的获得上，主要是课堂教学和班级管理，授课效果好的教师重在课堂教学对新教师指导，班主任工作先进教师在班级管理方面言传身教，教研室人员从教学反思、专业成长规划、课题研究等方面提升新教师的教研能力，而且新入职教师还可以通过到其他学校参观听课研讨等活动了解区教育教学的整体状况，拓宽视野，有条件的小学还可以邀请高校教师担任理论指导教师，这样的团队就可以从不同角度对新教师进行指导。

五、重视新教师入职培训的环境建设

环境对新教师的培养至关重要，一些共同的价值取向、共同的奋斗目标能够很好地激发新教师对教育教学的动力，形成职业认同感，学习的积极性和主动性会大幅提升，而且良好的环境有着激励作用。

教育环境与人才培养体系建设关系密切，新教师入职培养的过程也是与周围环境相互作用的过程，这种环境创设对新教师的专业知识、专业能力、专业情意的形成有着至关重要的作用。对于新入职教师来说，物质条件对新教师的成长发挥着重要的作用，小学应重视实验室、录播教室、图书馆等方面的建设，形成物质文化基础建设的环境。要充分重视新教师的心理需求，创设良好的心理文化氛围，在新教师群体中形成积极向上、合作共享的健康的成长心理环境，同时新教师良好的心理对学生来说也是一种潜移默化的影响。新教师职业情意的培养还包括和同事之间的和谐共处，在指导教师的指导过程中，在同伴互助的影响下，这种课堂、课下的交往互动会助力新教师经验的获得、实践能力的提升。

教师是一种专门职业，新教师的成长也是一个专业化的过程，新教师培养是教师专业成长中不可分割的环节，新入职教师刚刚步入教师队伍，入职培养的好坏直接影响到新教师的成长，由于新教师缺乏实践教学的经验，对新课程理念的理解还停留在学校的理论层面，教学技能、学生交流等方面急需帮助和指导，因此在新教师入职培养中，作为参与各方应为新教师培养明确培养目标，并为新教师个体发展指明路径，使新教师尽快熟悉小学环境，适应小学教育教学工作，增强他们对自己能力的信心，顺利完成角色转换。

第四章　师范院校专业课中
渗透思想政治教育

随着知识经济时代的来临，"人才"逐渐成为主导社会发展的核心动力，人才对社会发展的推动力越大，社会对人才的素质的要求也就越高，这就要求当代大学生从各个方面提升自我素质。专业知识、技能只是其中一部分，思想政治素质是不可或缺的。立足专业课程开发和思想政治教育兼顾的角度，前者对后者的分解呈现多元性，包括拼搏意识、创业观念、法治自觉等，这些素质的形成，都离不开深入的思想政治教育。积极进行师范院校专业课中渗透思想政治教育的活动，不仅可以促进思想政治教育目标的实现，更具有针对性、时代性和时效性，使专业课学习内容更加丰富、更有内涵，师范生也可以在学习科学文化知识的同时，树立正确的世界观、人生观和价值观。

第一节　师范院校专业课中渗透
思想政治教育可实现性评估

教师的人格力量和人格魅力是成功教育的重要条件。教师对学生的影响是不言而喻的，在思想政治教育素质方面，教师自身的标杆作用同样不可小觑，包括对国家民族的感情、为人处世的态度、于公于私的价值观等，一个人的秉性会在日常行为中不断地流露、展示，在言行中不断地得以强化。"学高为师，德高为范"，这也是"师范"的本源之义，如果一个教师在是非曲直、善恶利弊等方面的理解出现偏差的话，是难以实现"立德树人"的职责的。

一、基于教育师资的可实现性

第一，专业课教师拥有一定的思想政治教育素质。这一点并不难实现，客观上，专业课教师虽然是针对师范生的专业知识、技能的传授者，但本身也是师范教育的受益者，而在长期的教学工作中，必然要面对困扰师范生的思想问题和政治问题，为了提高专业课的实效性，专业课师资必须扫除思想政治素质障碍，凭借自我思想道德能力和政治理论修养，感染教育对象，因此扎实的专业理论知识和实践能力只是合格教师必要素质的一部分。师范院校应不断强化马克思主义理论的学习，不断深化中国特色社会主义教育理论的研究和实践，通过一系列的培训教育，保障师资力量拥有一定的思想政治教育素质，并主动地结合专业课教学完善思想政治教育功能。

第二，专业课教师拥有主动的思想政治教育意识。作为教师，所担负的责任不仅是教学方面的，还包括人才全面发展的责任。相应的，责任的赋予和完成不能单纯地依赖外部监督。一个人的意识决定行动，思想政治教育不局限于一般的政治理论教学、思想灌输形式，其核心是让教育对象了解教育本质，进一步掌握唯物观和方法论——这也是人类社会知识梳理、总结、创新的途径。同时，引导教育对象树立正确的世界观、人生观和价值观，通过教育体现自身的价值。一切起点都归结于专业课教师具有思想政治教育意识，否则即便师资本身具有较高的思想道德素质，也无法实现渗透和结合。

第三，专业课教师拥有科学的思想政治教育方法。专业课不同，思想政治教育渗透的难度也不同，师资力量中的思想政治素质、意识固然重要，但没有科学合理的方法，同样无法实现目标。基于专业课教学过程的一般特征，"辩证统一"是最基本的教育原则，它可以将看似绝对的专业课内容，以不同角度去假设、证明，从而培养教育对象的辩证思考能力，在此基础上引入德育要素，从而充分发挥师范师资的思想政治教育的价值。

此外，由于专业课更注重知识和技术的实际效果，这两方面的内容研究都可以实现某一领域的先进性，从而得到荣誉、赞扬、钦佩等，所以专业课教师更容易受到学生们的尊敬。专业课教师在拥有一定思想政治教育素质、积极意识和科学教育方法的前提下，也就拥有了更加便利的思想政治教育渗透条件。正所谓"亲其师，信其道"——和谐、良好、信任的师生关系可以让学生以积极的正面情绪去学习，心悦诚服地对教师言行进行模仿。如此一来，专业课教师的思想政治素质就会对学生产生潜移默化的影响，虽无德育之形式，却有德育之效果，是一种更有价值的教育理念。当然，对于这一教育理念的应用，也存在限制条件，这是因为思想政治素质的提升是一个长期过程，不是一蹴而就的，更不是一劳永逸、稳定不变的，当专业课教师发生变化，随之而来的思想政治教育效果也会发生变化。

二、基于教育资源的可实现性

师范生对专业知识的需求，不是为了"应用"，而是为了"传授"，这一点可以从教育能力评定方式之一的"说课"进行观察。"说课"是师范院校专业课中培养教师的重要方式，它的突出特点是"纸上谈兵"，交流内容包括"准备什么""怎么讲课""重点和难点""依据理论"等。从说课评比标准上分析，课程安排、讲解、教学的科学性只占一部分，更要突出教师职业道德的发挥，在专业课内容传播中，注重加强对学生的艺术审美水平、人文精神理念的培养，培养的人才要向教师思想政治素质看齐。

师范院校专业课本身就蕴含着丰富的思想政治教育资源，迄今为止，教育界的一个共识就是：教育是为了人的发展。在这一共识下，无论对专业知识追求如何迫切，都不能违背这一共识，否则就违背了人类社会中践行"真、善、美"的基本要求。所谓"真"，是指人类对自然规律的客观遵循，包括利用自然也必须在规律之下展开；所谓"善"，是指人类应该遵循世间万物的主体独立性、关联性规律，并根据主体自身的要求和尺度加以对待；所谓"美"，是指"人文之美"，也是对"真"与"善"的统一结合认识。我国著名教育家杨叔子曾经说过："没有科学的人文是残缺的人文，没有人文的科学是残缺的科学。"人文与科学的结合，是"美"的现实表达，人类也正是基于这一标准，对自然属性产生了不同的认识。

以数学专业为例，直观认识是很难和思想政治教育相结合的，或者说，思想政治教育基本不存在可渗透的机会。事实上，这种认识就是忽略了"教育是为了人的发展"的原则，忽视了"真、善、美"的教育方向。数学作为一门学科，它的教育资源不仅仅是公式、定律，也不局限于计算、证明，教师通过对数学资源的深度挖掘，完全可以体现出它的"人文性"，让学生认识到数学之美，针对学生"数学史"的教育，可以了解数学知识和技术源于人们的生活，"黄金比例"是设计、美术工作中严格遵循的数学知识……诸如此类，在发散思维下，可以进一步激发学生的学习兴趣，陶冶情操、提升修养，进而引入思想政治教育的内容，缩小专业课和思想政治教育之间的鸿沟。只要通过深度挖掘，是不难找到专业课中思想政治教育资源的。

三、基于教育规律的可实现性

从人类社会教育事业的发展规律出发，专业学科的研究过程就是"专业历史"的发展过程，而所谓"专业历史"包括了某一专业学科发展中呈现的重要人物、重大发现、重大突破等，如"物理学"作为一门专业学科，对声、光、电、磁等各领域的研究，就是建立在科学基础上的，进一步分析，物理学的每一个分支能够得到分离、独立，也正是因为对它的研究有了突破性发展，取得了更大的成果。在进行专业课教学中，相关的"发展历史"是不可能一带而过的，它必然要求学生在专业课基础上加以了解，而"发展历史"中归纳了大量社会要素、人文要素等，与思想政治教育存在千丝万缕的联系。

从广义上说，思想政治教育是在人类社会范畴中采取一定的思想观念、政治倾向、道德规范等对社会群体形成有目的、有计划和有组织的教化，这种教化在限定的空间和固定对象中同样适用。师范院校就是一个典型的对象，长久以来的教育分割，在思想政治和专业学科之间设置出明显界限，更深层次是人文性和科学性的矛盾。在师范院校专业课教学中渗透思想政治教育，其可实现性是建立在消除这种矛盾的前提下的。

尤其在当今信息技术广泛运用的社会体系当中，人们对知识经济的崇拜达到了无以复加的程度，知识、技术成为核心的生产资料，由此也造成了人才衡量标准在一定程度上的偏差。但正如马克思所说："自然科学往后将包括关于人的科学，正像关于人的科学包括自然科学一样。"科学性和人文性的融合是必然的，教育工作者对此应有清醒的认识，互相渗透的可行性表现出双方本质的一致性，这是客观规律。

第一，双方的内在一致性。无论是专业课所体现的科学性，还是思想政治教育所体现的人文性，他们的出发点和落脚点都是"人"，并作用于人的全面性发展。在社会学层面的差异，则表现为人类个体、群体面临的"人生课题"的不同。科学性是为了生存，包括改变自然、征服自然的需求，而人文性则是为了进化，如生物进化论、人类社会演化研究等。综合来说，是对人的自然属性和社会属性的全面研究。人也是一种有精神生活的高级生命体，缺乏精神追求就意味着人性的丧失，这是无论是科学性，还是人文性都不能接受的结果。

第二，双方价值观念一致。科学性和人文性共同构成了人类社会的精神价值体系，双方的价值观念是一致的，差异表现为"人文"是一种精神文化，而科学是一种知识体系，前者建立的基础是"人与人"之间的关系，而后者建立的基础是"人与物"之间的联系。人文性之所以隐现，是因为人类社会的人文要素过于复杂，不如"人与物"之间的科学研究（知识体系）更直白、更清晰，包括科学描述、科学表达、科学理论、科学定义等，往往高度抽象，并以冷峻、逻辑、深刻的语言描述。这样一来，用科学对人文的描述就显得相对含蓄、隐晦。例如，人的感情存在很多"可意会而不可言传"的情况，人的喜怒哀乐在人文环境下理解十分简单，但通过科学手段来作用于"机器人"，却是十分复杂的程序和计算。但科学性离不开人文性，否则就会失去发展的方向和动力，人文价值的追求，也依赖于"人与物"联系的改善，否则就是无源之水。

第三，双方相互依存相互促进。包括师范教育在内，当今世界范围内高等院校之所以不断强调专业教育，其原因有二：其一，科学技术对近代人类社会产生了显而易见的促进作用。从工业革命开始，电气化革命、自动化革命、信息化革命、智能化革命一路高歌猛进，将人类社会改造成当今的状态，可以说，高度发达的物质文明是依赖于科学技术的发展和广泛应用的，而为了更持久地维持这一状态，人类教育自然会向专业领域偏移。其二，信息技术、互联网技术、通信技术、计算机技术等高速发展，彻底颠覆了几千年来人类社会的教育模式，"碎片化"的信息接收和传播方式，让人们对知识和技能的掌握趋向于"实用主义"，人们不再以长周期、系统化的教育过程为重点，因为知识技术的更新速度越来越快，提升存储知识的能力，远不如理解、转化、应用知识的能力重要，而在这一需求上，科学性可以更好地满足，它甚至不需要任何的人文素养。相应的，思想政治素质的提升，则是要依赖教育对象对世界观、人生观和价值观的内涵理解，其优势明显较小。但是，就此否定思想政治素养的人文性价值是"舍本逐末"的做法。原因在于，科学研究对象的选择，是以人文价值作为依据的，简单地举例说明，人之所以研究医学科学，其原因不是它本身有研究吸引力，而是人类对生命健康的追求。同样，科学研究是一项为真理献身的事业，如果缺乏坚持真理的信念、实事求是的精神、自我批判的勇气，也不可能贡献太大的科学价值。因此，双方相互依存、相互促进，人类创造了科学体系，并以人文去引导科学体系发展，最终以科学成果呈现为人的需求。

四、基于教育传统的可实现性

中华民族有着历史悠久的教育传统，形成海量丰富的教育观点、著作和理论，而其中"德才兼备、以德为先"的原则最为基本。在贯穿中国教育历史且至今仍然有着巨大影响的儒家学说中，"仁义礼智信"作为"五常"，是一个合格人才的基本要求。其中，除了"智"以外，其他四项对人才的要求都涉及思想政治素质，仁即仁义、仁爱，强调和谐融洽；义则强调"尊贤"，要人有恭敬之心、敬畏之心，更引申为"舍生取义"，这与奉献精神如出一辙；礼者，示人以曲也，饱学而谦虚，不张狂虚妄；信即诚信、信用，这是一个人最基本的道德底线——达到"仁义礼智信"要求的人，不仅是传统教育思想中的"典范人才"，更是道德楷模。

事实上，在我国传统教育理念中始终贯穿教书和育人的统一性，古代先贤在这一方面为今天的我们作出了很好的表率，并给出了可行的实践方法。如《论语》中提出"学而不思则罔，思而不学则殆"的辩证教育理念，学习和思考是一回事儿，学映射了当今的专业教育，而思则映射了当今的思想政治教育。在《国家中长期教育改革和发展规划纲要（2010—2020 年)》中，进一步把育人为本作为教育工作的根本要求。由此可见，教书和育人，智育和德育从古至今都在学校教育的首位，而在中国现阶段新局面、新形势、新特征的新历史时期下，强调思想政治教育在师范院校专业课中的渗透，具有重要的现实意义。

第二节　师范院校专业课中渗透思想政治教育的作用

一、师范院校专业课中渗透思想政治教育的特征

（一）周期长

目前，我国高校教育形式正趋向于多元化，在学制要求上，除了大专学历三年和本科学历四年之外，还有专本连读、硕博连读、成人师范教育、网络远程教育、进修培训等多种形式。事实上，走上教育工作岗位的师范生也能够在职业生涯中，不断地通过多种形式和途径进行再学习，并最终实现"终生教育"的目标。仅从师范院校本科分析，每个专业在不同学期都有多门专业课，再加上与专业课相关的选修课、学生感兴趣的自学课程等，涉及专业要素的知识体系很多，每一种专业最短持续一个学期，最长可贯穿整个大学阶段，如此丰富的学习切入点和时间段，如果不加以利用，是一种极大的浪费。

鉴于专业课在师范院校教学中周期长的特征，那么渗透思想政治教育也同样具备周期长的特征，而事实上，这也是师范院校专业课中渗透思想政治教育的优势之一，思想政治素质的培养不是一朝一夕的，需要连续性、连贯性的刺激强化。

（二）载体多

近年来，我国民办高校发展取得了较大的成就，在专业设置上也相对灵活、不断丰富，如果将职业师范、艺术师范、特长师范专业考虑在内，实际存在的专业课程更为复杂，由此也形成了师范院校专业课教学中渗透思想政治教育的"多载体"局面。

如法学专业，除了教材资源中的专业知识，教学中还可以采取模拟法庭的方式进行实际能力锻炼，这有助于培养学生的职业道德和创新精神，同时在切身体验的过程中，提升对依法治国、依法治党的认识。再如，美术专业中，专业课教学中不仅包括绘画技巧，还包括大量的传统文化要素，国内外思想特征，在中国传统绘画和外国油画的对比中，实现审美观念和价值观念的碰撞；又如，人们印象当中的理工科专业往往呆板、僵硬、理性，与思想政治教育严重脱节，但实际上一项机械设备的设计，一个系统的开发，都需要大量的实验数据，在这一过程中可以培养学生坚韧不拔、实事求是的科研精神，几乎市场经济价值都要考虑用户的需求、体验效果，从而更能够实现以人为本。

（三）跨度大

一方面，所谓"跨度大"是针对师范院校专业学科而言，很显然，师范人才作为教育工作的主体，同时也是人类文明的主要继承者、传播者和创新者，其面向范围是"全部内容"，其中既包括几百年甚至几千年前形成的教育观点，也包括最近几十年甚至几年内的最新研究成果，所有学科都不是独立存在的，如此一来，大跨度的学科差异就由人文精神来"润滑""联系"，由此也促进了思想政治教育的渗透。

另一方面，空间跨度大也是一个客观问题。人类社会在整体开放的环境下发展，实现教育功能的物理地点也不止一个，学校只是一个代表，如科研机构、政府部门、实习工厂等，同样可以具有教育的职能。再进一步进行扩展，虚拟网络空间提供的在线教育模式，将"人人对话"变成了"人机对话"，也形成了新的教育伦理。在这种情况下，无论是学习对象还是教育对象，所面临的环境都有巨大变化。

（四）优势性

结合我国高等教育经历来说，学生填报志愿的行为意味着他们有选择专业的权力，选择哪一种专业，又往往和一个人的兴趣爱好、世界观、人生观、价值观密切相关。选择的主动性造就了专业学习的动力，以及在专业中与他人在共同志向、目标下，更有利于思想政治素质的提升。包括师范院校的师资自身，长期从事某一专业的教学活动，它的上升空间是有限的，它不同于科学研究或产品开发，需要不断地提升，而在总结出自己的方法、培养出自身的风格之后，更多的精力和时间则用来思考如何提高教学质量和效率，思想政治教育作为一种有效的补充，通过渗透到专业课中，实现教学内容的进一步丰富。所以，相对其他类型高校而言，师范院校专业课的思想教育渗透更有优势。

二、师范院校专业课中渗透思想政治教育的作用

（一）导向作用

思想政治教育最突出的作用就是导向作用，这也是学校教育中引进思想政治教育的根本目的，通过目的性、意识形态性体现来强化学生全面发展能力，并且，这种"导向性"功能不存在任何可替代机制，它基于专业课教学发挥作用，渗透思想理论和政治观念，帮助学生的理想信念、职业生涯、行为规范等在正确的轨道上运行。

首先，对师范生理想信念的导向作用。理想信念的导向就是通过思想政治教育帮助别人形成正确的理想信念来凝聚社会、激发活力、指导行为，理想信念是个体内在驱动力的全部集合，它可以为个体提供更强大、更坚定、更持久的精神驱动力，促使主体在自身发展过程中向自己的目标靠拢，相应的，理想信念也需要通过不断的实践来进行强化、维护稳定性。对于师范院校的专业课教育而言，在传授给学生专业知识技能的同时，也应该将专业课教学实践视为思想政治素质的强化机制，充分利用专业课的导向优势，实现在职业信念理想中的积极作用。例如，在数学专业师范生的教学中，可以引

导学生向华罗庚、陈景润等为国家、人民作出重大贡献的数学家学习。

其次，对师范生职业生涯的导向作用。毫不夸张地说，一个人的职业生涯在某种程度上等同于一个人的生命过程。生产劳动贯穿着人的生命全程，也是体现自身价值的途径，而"职业生涯规划"则是根据个体的条件进行分析、评测、总结，并结合兴趣、爱好、能力、特长去权衡优劣条件，做出行之有效的计划。从这个角度说，师范生的职业规划就是对自身教师职业的规划，专业课教师对师范生的职业规划有着不可估量、不可替代的作用。师范院校所开设的专业课方向，以及提供的资源和师资如果与学生的预期存在偏差，就容易打消学生的积极性。同时，专业前景以及发展趋势直接影响着师范生的就业。比如说，当前热门的专业在四年、五年之后是否依然热门？这就需要在专业课教学中不断地协调，以及从专业能力角度引导学生对兴趣、爱好、性格的掌控。很显然，通过思想政治教育，可以帮助学生在思想层面、认识层面得到提高，自觉地展开职业生涯的合理规划。

最后，对师范生行为规范的导向作用。所谓"行为规范"，包括师范生在职业范畴中的一切言行举止评价，主要表现在职业道德导向、法律意识导向两个层面，职业道德是贯彻职业生涯始终的要求，而法律意识的培养，客观上要求对相关法律法规、政治方向有清醒的了解，在职业活动中自觉地培养学生养成优良道德品质、遵纪守法意识，并进一步培养爱国主义精神。

（二）表率作用

学高为师、德高为范，优良师德是开展学生德育的前提条件，相应的，由于专业课教师与学生接触频繁、周期长、交叉多，在潜移默化中就能够产生巨大的影响。因此，专业课教师理所应当地成为学生的表率，而表率效应的形成，离不开在专业课中渗透思想政治教育，它的作用如同"催化剂"，在不影响专业课教育效果的同时，实现德育应有的效果。

师范院校工作中应该把"育人"放在第一位，这是师范教育中强调"为人师表"的应有之义，也是师范教育的责任和义务。很显然，结合全面发展的需求，教师不能仅仅在专业课领域作出表率，而应在各方面均提供借鉴。对于广大师范生而言，教师的言论权威明显高于书本，毕竟书本是死的，而学问是活的，教师的职责在于教书，义务在于育人，特别是在师范院校固定的空间内，更要注意细节要求。并且专业课的教师不仅在课内，随着我国高等教育体制改革，教师的研究能力、论文水平等，也备受学生关注。因此，专业课教师应该比思想政治教育教师更注重严格律己。教师兢兢业业、认认真真，学生在很大程度上会受到感染，并塑造类似的优秀品质。反之，一个教师如果懒散成性、德行一般，不仅不会得到学生的尊重，更会受到个性强的学生抨击，甚至产生"徒有虚名""一无是处"的看法。

（三）开发作用

突出师范院校专业课教学中渗透思想政治教育的现实意义，在于它与师范生人才培养的目标一致性。通过思想政治教育来作用于人的思想道德、政治信念，提升"人之最基本素质"，这也是师范教育的价值所在。当然，人文或精神层面的抽象都不能脱离现实活动，或者说，必须依附现实中"人与物"之间的有效联系。马克思主义关于思想政治教育的论述就明确提出，它是在实践的基础上形成、发展、创新的，脱离了现实操作就等于割断了理论发展。

人类社会中多数具有专业性的知识、技术体系，其理论都是在不断发展进化的，并基于纵向模式推动科学进步。相应的，思想政治教育同样存在开发价值，结合师范教育来说，其开发价值就是育人作用的深化。一方面，利用西方哲学不断深入的理论，最大限度地开发学生的智力；另一方面，则是通过思想政治教育影响，最大限度地发挥学生的积极性、主动性，提高学生的创新能力、实践能力。

从开发对象上说，人的潜能是无限的，但可开发的资源是非常有限的。师范生首先是"大学生"，在这一共性层面上，就必须尊重他们的主观意愿，如爱好文学的学生，不能强迫其学习数学、物理、化学，顺应其兴趣爱好，才有可能发挥其特长和优势，进而在职业生涯中收获成功。当然，创造能力或创新意识是思想政治教育的终极目标，也是最大限度的潜能开发，这需要学生拥有顽强拼搏的意志和坚定的信念，通过在专业课中渗透思想政治教育，以确保这种潜能开发正确的方向。

第三节　师范院校专业课中渗透
思想政治教育的现状及问题

一、师范院校专业课与思想政治教育的关系

（一）主体对立且统一的关系

"教与学"本身就是对立且统一的关系，教师和学生之间的对立性更是显而易见，如果我们进一步对教师主体的不同属性进行划分，"专业课教师"可以看作师生关系、师师关系、生生关系对立的根源。

一方面，在"教与学"对立的情况下，不同专业之间的教师会因为教育资源分配的不公平、不合理产生冲突。但是，每一科专业课教学中，专业教师在知识传授方面的作用都是不可替代的，这就进一步提升了主体对立的高度。另一方面，教师和学生也是"互为资源"的，学生与学生之间的对立性是隐性的，在表现上，主要体现为各科教学效果的竞争。例如，某一专业的整体考核成绩较差，那么矛盾会集中在全部学生和该专业教师之间，但如果考核成绩参差不齐、优劣各半，那么学生之间争夺"专业教师"资源的冲突就会加剧。

整体上，专业课教师也是一个相对性概念，与思想政治教育师资人员存在职能设置上的区别。然而，专业课教师与后者在教书育人的目标上是统一的，专业课教师在新时期的发展中，必须重新定位自身角色，改变传统的知识传播者形象，不断丰富自己的内涵。师范院校在高等教育改革中同样面临着"大众化教育"问题，从精英教育模式转入生活教育模式，专业课教师的职责除了辅导学习之外，还要辅导生活，甚至辅导就业，这一过程中会存在大量的思想问题要去解决。

师范院校中两大主体的"对立统一"是一种正常关系，并非不可调和的冲突、矛盾。比如说，专业课教师为了提升学生的兴趣、喜爱程度，就需要采取很多专业教学技能之外的方法，如情感交流、情境创设、角色扮演等。此外，两大主体"统一"在专业教学的最终价值上，通过榜样效应、荣誉效

应、经济效应等提供专业学习的推动力。

（二）内涵高度一致性的关系

涉及思想政治教育内涵层面，它与专业课教学产生的关系十分复杂、庞大，在研究这一问题过程中，可以从"高度一致性"角度切入，包括德育与智育的一致性、思想道德素质和科学文化素质的一致性、思想道德教育和专业知识技术教育的一致性等。人的"全面发展"中，主要由个体素质决定发展结果，而在个体素质中，又主要包括了智力因素、非智力因素两大类，"智力因素"就是专业课教学的内涵，而"非智力因素"更多的是思想政治教育的内涵。

一方面，两者基于同一教学对象的相同教育目标。对于师范生培养而言，无论是专业课还是思想政治课，无论是哪一科的老师，都希望学生在德智体美上得到全面发展。其中，师范院校专业课中渗透思想政治教育，可以视为思想政治素质在专业领域的强化和延伸，它丰富了专业课的内容，赋予专业课更多的时代精神，并在渗透到一定程度的同时，将专业知识技术从高度抽象落实到现实中来。

另一方面，两者的教育主体都是师范院校"教书育人"队伍成分。从对比的角度来说，思想政治教育师资同样是一种"专业"，即"专业致力于学生思想政治素质提升"，他们在政工队伍中是骨干、是核心，"教书"的内容主要是思想政治内容，"育人"属性更为明显，而专业课师资力量则是多数、是基础，"教书"的内容虽然不以思想政治教育内容为主，但最终目的与思想政治专业师资是一样的，"育人"是在潜移默化中完成的，两者缺一不可。

（三）相互补充且独立的关系

第一，教育内容彼此独立。我们不能否认思想政治教育中的内容更为翔实、丰富、优秀，但同时也应该注意到，专业课教材中同样包括大量思想政治专业课程所不具备的优势资源。究其原因，专业课主要是让学生掌握知识内容、规律，使其有一技之长，思想政治教育提供"辅助"，这就要求专业课教师对思想政治教育的运用必须建立在对专业课有利的一面上，即"有选择地运用"。

第二，专业课教育和思想政治教育存在定位上的独立性，如地位、功能、系统化等。例如，从系统化角度分析，思想政治教育相关的课程属于师范院校课程体系的一部分，并由这些资源构建出师范生思想政治教育的"子系统"，帮助其养成适应教育事业的世界观、人生观、价值观，而这一子系统与专业课所构建的知识技术"子系统"是不存在渗透点的。又例如，在功能方面的独立性，思想政治教育对师范生思想政治素质的培养处于主要地位，而专业课则处于从属地位。

二、师范院校专业课与思想政治教育的现状

进入 21 世纪以来，中国高等教育发展最显著的特征，就是不断与市场经济规律相结合，加上高校扩招、扩建等变革实际情况，这些对于师范院校专业教育、思想政治教育都有重大影响。单纯地从思想政治教育专业层面分析，从改革开放至今已经有 40 多年的教育历史，在教育理念、途径、方法等方面有了很大进步，特别是对马克思列宁主义、毛泽东思想、邓小平理论等基础性思政教育内容有了进一步的理解。但是，具体到专业教学中的思想政治教育渗透，目前还处于研究和探索阶段，其中存在的问题也不容忽视。

（一）师范院校专业课教学中渗透思想政治教育的有利进展

第一，师范专业教育师资水平取得了较大进步。在党的教育方针政策进一步落实下，师范院校师资素质得到很大提升，教师能够做到爱岗敬业、为人师表，自觉履行教书育人的职责，专业课教师在专业课教学中做到了与思想政治教育的融合，这也直接反映出师范院校师资在"教书育人"方面投入了较多精力。师范院校师资在划分上可以简单地形成"老资历"和"新能力"两大派。顾名思义，"老资历"是对具有很高教龄、教学经验丰富的师资而言的，如某一领域的老教授、学术带头人等，他们在专业课教学中渗透思想政治教育的方式，主要是"言传身教"，借助自身丰富经历和亲身体验，形成强大的"榜样力量"；而"新能力"则是对参与到师范教育工作中的年轻教师而

言的，随着高校教育体制的改革，新的教学设备、教学方法不断引进，并在专业课程中大放异彩，如信息技术专业，其专业课教师往往年轻化，与学生的年纪相近，更容易具有共同语言，在进行思想政治教育的渗透过程中，往往更容易采用实践方式。由此就产生了横向对比的必要性，"教书育人"在以上两个"极端化"师资主体上，究竟哪个更具有优势，价值的天平向哪个方向倾斜？我们可以从发展趋势角度分析，新生必然取代陈旧，"新能力"代表着思想政治教育的新起点，也意味着专业课教师重新探索教书育人的规律，在未来的发展中更具有生命力。同时，教育学研究表明，教师对学生的引导是否正确，直接影响了教书与育人的结合效果。

第二，师范专业育人环境得到较大的改善。物质文明决定了精神文明，改革开放以来中国经济实力不断增强，加上党和国家领导人高度重视教育工作，不断强调各级政府、教育部门、高等院校等机构加强软件和硬件的完善，较大地改善了师范专业育人环境。一方面，在硬件方面，师范院校不断根据教育理念、方法、途径的需求，加强基础设施建设，不断引进高新技术设备；另一方面，在软件方面，推动育人工作的开展，联合相关部门加强师德建设、先进评选等工作。此外，社会方面也给予了师范院校极大的支持，专业育人环境得到全方位的改进。

（二）新时期面临着新环境、新问题、新挑战

所谓"新环境"，可以界定为 1999 年高等教育扩大招生规模依赖的社会环境。迄今为止，专家学者及广大研究人士抱有两种截然不同的态度，也是两种极端方向的意见：一方认为高校扩招极大地提高了青少年学生的大学教育入学率，对提升我国整体国民素质有积极影响；另一方则认为，盲目扩招造成了高校教育质量变差，是一种以牺牲教育质量换取经济价值的行为。客观上，无论哪一种意见具有更合理的倾向，这一决定都极大地改变了我国的高等教育环境。例如，为了弥补高等教育基础建设资金的不足，大量资本开始进入高等教育领域。所谓"新问题"，泛指近年来随着中国经济快速增长、城市化建设速度加快、人口结构变化等问题伴生的"教育问题"，对高校教育产生较大的影响来源于文化方面，"互联网文化"的形成及快速成长，导致大

量非主流社会思潮涌动，对师范生思想政治教育产生了多样影响。"新挑战"主要是针对传统师范院校思想政治教育价值观带来的挑战。

"新"与"旧"是相对的，新问题的产生起源于旧问题的遗留，新中国成立到改革开放之前的一段时期，师范教育沿袭了传统教育思想中的"社会本位主义"观点，加上师范教育资金的严格控制，一定程度上受到计划经济体制的后续影响。由此折射出的思想政治教育价值观念，主要强调社会价值、集体价值。例如，强调师范生应该做"园丁""春蚕""蜡烛"等，不断压抑其个性和创新意识，较为突出的有以下两个方面：

一方面，师范院校专业课的过度"标准化"，约束了思想政治教育的开展形式。不能否认，师范院校在师范生思想政治教育方面是十分积极、主动的，传统教育思想中也强调对师范生灌输政治理念、道德规范、思想品质等内容，但这种培养是基于理论形式展开，而忽视了实践能力，如"思想政治教育课程"本身就是对专业课程标准化的一种模仿，反过来说，专业课的"标准化"由于具有良好的组织性，便捷的考核方式，成熟的评价体系等，也被当作思想政治教育工作的重要工具，然而，按照统一标准和规格培养出来的师范人才，只能是一个知识传播"机器"，而不是一个优秀的教师。

另一方面，师范院校的专业课教育主体发生变化。鉴于师范教育在我国特殊的地位，尤其是在计划经济时代，其思想政治教育中过度强调"唯教育者主体观"，这也是改革开放以后较长一个时期内应试教育的基本特征。所谓"唯教育者主体观"就是将教育者视为主体，师范院校在师范生的培养中，则会不断强调个体掌控教学空间、要素、对象的能力，而这一过程，极不科学地将教育对象视为消极接受的"客体"，双方不存在有效的互动，只是知识和技能的单方向传输。

三、师范院校专业课与思想政治教育的问题

（一）师范院校专业课教师对思政教育认识不足

师范院校专业课教师的主体性意识更为强烈，师范院校专业课教学的实

施对象，本身就是将要从事这一学科教育工作的"准教师"，由此就提出了一个复合性要求，既要求师范生以学生的身份了解"怎么学"，也要求师范生以教师身份了解"如何教"，这也是师范院校专业课教师与师范生之间关系的特殊之处。

我国大多数师范院校的专业课教学过程中，专业课教师对这一特殊性的认识明显不足，由此导致思想政治教育渗透不积极、不主动，甚至刻意地进行"传道"与"授业"的分离，教学与育人的分割。师范院校行政管理中，对专业课教师的任务有明确的要求，如教学、科研、项目攻关、论文发表等，而为了满足上级部门对师范院校"德育""育人"的要求，则是将全部工作量都交给思想政治教育人员，或学校相关的政工人员，以减轻专业课教学的压力。同时，出于对教育成本控制的需求，思想政治教育又容易出现形式主义、表面文章，无法真正将育人落实到现实中。

唯分数论高低的狭隘观点。师范生存在的一个潜在特点很少被专家学者注意，就是他们自身所处环境高度相似。从义务教育、高中教育一路到高等教育，绝大多数教育经历是在学校环境中完成的，而师范生实习、工作的环境，也将是在学校环境中完成的，这样一来很难进行身份转换。刚踏入教学岗位的师范生，往往无法准确地拿捏自己学生和教师角色的变化，由此造成了对课程标准、教学计划的严重依赖。实践中，容易将专业知识传授作为自己唯一工作的职责，忽视教师的"育人"作用；同时，这种狭隘的观点，也左右着师范院校专业课教学模式，专业课教师自身面临着较大的工作压力，理所应当地认为，自己没有义务去承担德育的责任，将全部时间和精力用于专业教学内容，加上德育本身是一个周期较长的过程，而专业课考核的结果是显而易见的，由此更能显示出成绩至上的优越性。

专业课教师的思想政治素养有待提升。我们常说，做好做不好是能力问题，积极不积极是态度问题，前者可以通过后天努力进行弥补，而后者如果不从自身意识上进行转变，也就无法达到目的。在当前社会思潮、文化价值观日趋多元化的背景下，思想政治教育对我国整体国民素质的提升都有着重大影响，尤其是在师范院校的教育体系中，以其良好的思想素质、坚定的政治信仰、高尚的道德品质以及过硬的专业素质、心理素质等，实现对师范生的世界观、人生观和价值观的正确培养。但这样的力量仍然是不够的，从课程计划上看，高校中普遍对思想政治教育实行压缩机制，因此开发专业课教师的思想政治教育资源是十分重要的。专业课教师的渊博知识中，也必然包括思想政治教育内容，在后期进行思想政治理论教学能力上，存在很大的先天优势，能否将这些优势发挥出来就是一个关键。师范教育强调"为人师表"，如果专业课教师不注意人品、道德、敬业等方面的强化，是无法保障"教书育人"目的的达成的。

师范专业课中渗透思想政治教育的手段匮乏。党的教育方针是以促进人才的全面发展为目的，思想政治教育作为一种内在转化促进机制，对实现这一目标有着重大价值。然而，无论是思想政治教育专门课程，或者是专业课中渗透思想政治教育内容，都存在一个实现手段问题。互联网文化背景下，思想政治教育也面临着渗透对象、要素泛化的现实，究竟传递哪一种思想政治理念是正确的？该通过什么途径、什么方法去传递？这是专业课教师需要面对的问题。为了发挥思想政治教育的实效性，教师就需要通过科学有效手段，满足与专业课的深度结合，这不仅有利于相互渗透，也可以更好地解决学生在专业课学习中出现的思想政治疑问。而现实中，专业课教师往往对自身角色设定理解过于单一，加上对思想政治教育的目标理解不透彻，也就谈不上有效手段。

（二）师范院校自身存在着思想政治教育缺陷

首先，师范院校对专业课教学中渗透思想政治教育的重视程度不够。面对专业课教学存在的种种优势，师范院校忽略渗透思想政治教育的行为，实际上就是严重的资源浪费。专业课教师有着扎实深厚的理论和实践功底，并且基于科学文化技术的研究，对人文、社会、哲学、政治、道德等问题有自己独特的见解，这部分资源必须要充分地、有效地运用起来。

其次，师范教育主管部门的教师育人工作评价机制存在不合理性。中国高校发展存在很明显的不良趋势，强调科研成果、重视硬件建设、关心招生规模。毫不夸张地说，一些地区的高校正在转变成区域经济发展的重要组成部分，与市场经济体制结合得十分密切。在"一软一硬"两个教学指标作用下，师范教育主管部门在教师育人工作评价机制上出现了很多不合理之处。所谓"一软一硬"是指两个方面的考评要求，"软"就是"软件"，泛指精神文明建设，如定性规定下的育人要求、德育考核等。而"硬"则是泛指"硬件"或硬性标准，如师范院校评级对基础设施建设的要求、对设备引进的要求，或者对教学工作量、科研成果、论文数量等定量要求。相比较而言，前者比后者更难以实现，师范院校主管部门无法以最科学、最合理的方法进行评价，一些成绩甚至不易被察觉，这对于师范院校教师育人工作而言，是一种很不利的体现方法。相应的，硬件方面、硬性指标等由于采取"定量"的方式，更容易操作，评价机制也相对简单，这样就造成了"重硬轻软"的局面，恰恰不利于专业教师开展思想政治教育活动。例如，一些教师明明在个人品质、道德素质方面存在一些缺陷，然而又因为是学科带头人，或者有一些科研成果，照样在师范院校中担任要职，为人师表是一种潜移默化的表率影响，那么这样的教师容易在思想方面给学生带来不良的影响。

最后，师范院校在思想政治教育环境领域的投入、管理存在缺陷。教育学的一般原理阐释了后天环境对人的巨大影响，正所谓"人之初，性本善"，遗传对生理影响的作用大于心理，所以才会"性相近，习相远"，后天是在怎样的生存环境、教育环境中，就会展示出相应的成果，思想政治教育作用于人的精神、信念、希望、信仰，它必须在一个良好的环境中才能收到好的效果。所谓"良好的环境"并没有统一的标准，在主动构建的过程中，可以遵循人类不断完善社会环境的做法，不断改善师范院校专业课教学环境，为思想政治教育渗透开创良好条件。

（三）师范生课程结构与课程内容设计不科学

从课堂教学视角分析，影响专业课教学中思想政治教育渗透的主要的非人为因素，分别是课程结构和课程内容，尤其在师范院校环境中，"课程"是突出学校教育工作的核心要素，也是培养师范生综合素质的主要方法。一定程度上，师范院校的人才培养水平以及师范生质量好坏，取决于课程设计是否科学。其中，课程结构主要是专业课/非专业课，在表现形式上是必修课和选修课，而课程内容设计上则主要强调专业课内容、公共课内容、理论课内容、实践课内容等。主要存在以下两方面问题。

一方面，课程结构设计比例失调、组合机械。显而易见的是，专业课很大程度上都是必修课，其较强的专业性也体现在师范专业学生必须要掌握的知识上。当然，必修课和选修课的设计是否合理，直接决定了师范院校整体课程结构是否合理。近年来，由于我国社会环境的巨大变化，社会对人才需求的专业方向也发生了巨大变化，如计算机、英语等公共课程，由于不同的专业都需要学习，为了压缩专业教学产生的成本，就采取公共必修课的方式，采取集中、大规模、放养式教学。即便这样，也未必能够保证课程量足够，只能采取限制报选修课的方式，但仍然无法避免一二百人在大教室上课的情形。归根结底，这正是课程结构设计比例失调造成的，专业课中未必都要集中在"专业核心"，可以适当地纳入一部分与专业"偏离"的内容，对课程结构进行有效的调节，也可以避免专业课内容重复的问题。

事实上，从新中国成立以来，"思想政治教育"就一直向专业领域发展，从最早设立的"政治教育专业"到当前师范院校中广泛开设的"思想政治教育专业"，教育资源、教育方向、教育体系都是在不断完善的。中国近现代史、中国传统哲学、中国特色社会主义理论体系、社会学、法学等课程也逐步加入，这为思想政治教育资源的配合提供了优势条件。然而，由于学分限制，多数学生还是会选择专业课甚至专业课选修课，而不愿意涉及思想政治教育方面。

所谓"组合机械"，是针对专业课教学中渗透思想政治教育的理论、实践分离现象而言的。理论课程可视为课堂教学，实践课程可视为课外教学，两者开展的形式、执行时间和操作主体等也存在很大区别。理论课与实践课是不容分割的，思想政治教育所阐述的知识，绝大多数是规律的总结和经验的传递，如果这些东西没有通过实践课程的转化，学生是无法真正了解的。然而，我国师范院校的人才培养机制中，并没有针对实习给出特别的要求，这造成理论和实践的严重脱节。例如，大一、大二两年在校园学习，接触十分系统的思想政治教育，但在专业课教学中的渗透，并没有专业课实践的"伴生性"优势，直到大四外出实习阶段，师范生才开始进行理论和实践的结合，如尝试课堂教学、备课、钻研大纲和教材、实验、考试、批改作业等等，这种结合就比较生硬、僵化，机械感十分明显。

另一方面，课程内容设计深浅不一、流于形式。专业课教学中，只有教育对象自身的优势与某一学科存在结合点，学生才能产生学习的兴趣。无论是公共课还是专业课，课程只有专业领域"纵向"的内容深浅，而不存在横向比较，如讨论语文和数学哪个更容易学，或更容易教学，这都是没有意义的。但是，数学、语文等学科的纵深是很大的，不同阶段需要掌握的内容也不同。思想政治教育课程在师范院校中往往作为"基础课"，它是培养人才"德智体美劳"全面素质的必要课程，尽管必不可少但并非"至关重要"，与英语、计算机、大学语文等公共课程相比，内容相对浅显，绝大多数是一些概念、理论和经验规律描述，但同时，一些分析问题、总结问题的能力培养，又远超过一般专业教学培养要求，深浅不一造成课程内容设计存在大量缺陷。

第四节　师范院校专业课中渗透思想政治教育的策略

一、专业课教师的综合素质提升

（一）专业课教师的个人素养提升

1. 强化专业课教师的专业素质

所谓专业课教师的专业素质，狭义上说就是教师从事本职工作时应有的职业素质，通过专业课实施过程来反映出专业课教师的知识技能、经验经历、思想品质、习惯爱好等。客观上说，一个专业教师的专业素质优劣，直接决定了他作为教师是否合格，能否履行教书育人的责任。师范院校专业课教学中渗透思想政治教育，要求提升教师的专业素养，进一步提升教学中渗透思想政治教育的能力。

第一，掌握专业课基础性知识、基本技能。扎实的理论基础是保障教学质量的前提，也是进一步提升自我、举一反三的基础。专业教师只有将专业知识、技术熟记于心，才能信手拈来和灵活运用，并融入一些趣味性元素，才能在讲授的过程中使教学内容更加新颖和吸引学生。

第二，加强对所教学科发展脉络的了解。每个学科都有其发展的历史、发展的现状和发展的前景，教师应该加强对所学专业的系统了解，包括专业发展的推动力，对社会发展的价值，还包括其在社会实践中的表现形态。

第三，加强对专业课相关学科的了解。我们知道，任何一门学科都不是孤立形成、发展和存在的，高度分化与相互交叉是并存的。因此，专业课教师不仅要对专业知识熟悉，还要对相关知识、技术有充分的了解。事实上，所谓专业知识也是"相对的"，是人为设定的一个界定，相关学科之间的联系作用，有利于学生形成科学观点、概念和价值观，同时加强对专业课相关知识点的了解，还能够结合相关性质、逻辑关系、相似相异等特征综合性开展教学。

2. 提升专业课教师的思想政治素养

教师的职责是教书育人，一名合格的专业课老师除了应该提高专业素养外，还应该提高自己的思想政治教育素养，包括：（1）具备先进的教育理念。教师要具有热爱学生，忠诚党的教育事业，愿意终生从事教育工作的教育信念。（2）具备良好的教育能力。教师的教育能力是教师的基本能力，教师应该提高组织教学的能力、语言表达能力、书面表达能力、组织管理能力及与学生交流传递教育信息的能力和开拓创新的能力。（3）具备一定的研究能力。"纸上得来终觉浅，绝知此事要躬行"，教师只有具备一定的研究能力，才能解决教学实践中遇到的问题，才能更好地解答学生的疑问，实现专业向思想政治教育的培养转向。

（二）专业课教师的思想政治素质

1. 职前教师思想道德素养培养

加强对师范生思想道德素养培养，坚持用科学的理论武装人，帮助他们树立建设社会主义的共同理想，提高其思想理论水平和道德修养。在校师范生思想还未完全成熟，正确世界观、人生观、价值观的培养，有利于坚定正确的政治方向。师范院校是以培养教师为目的的专业型院校，所以对师范生的思想素质、政治素质、道德素质和职业素质的培养应格外严格，通过各种形式提高师范生的综合素质，进一步完善对师范生的思想道德素养考核，各学校应该根据学生的特点，采取不同的考核方式，除了必要的考试外，平时参加各种活动的出勤情况、积极性，上课期间的出席率、是否有迟到早退等现象都应该被纳入考核机制，这有利于督促学生从日常的点滴严格要求自己，培养学生关爱他人和服务社会的意识。

新引进的教师必须进行岗前培训，严格把控学校的进人关，引进教师时，除了学历职称、专业水平外，最主要的是看他们的思想政治品德和综合素质。对此应该形成制度，不仅做到学历职称有标准，也应该有道德品质的硬性指标，并作为引进教师的硬性条件。在经过严格考核允许其上岗后，还需要加强教师尤其是年轻教师的育人意识和学术规范教育，进一步强化职业理想和职业道德。

2. 职后教师思想道德素养培养

随着教师工作年限的上升很容易产生职业倦怠问题，而年轻教师的职业成长过程处在社会转型的时期，社会中出现的某些发展不平衡必然导致各种各样的矛盾和冲突，产生信仰危机，这对年轻教师的世界观、人生观和价值观有重要影响。

教师的引进过程中考核再严格，也不可能看到人的内心深层次，所以还必须加强师德的培训，进一步建立和健全全员师德培训制度。高校必须加强对教师的马克思主义信仰教育，马克思主义的信仰是形成正确世界观、人生观和价值观的基础，是形成高尚师德的基础，能促进教师作出正确的道德行为选择。高校应该加强对教师的人文关怀，做到业务上帮助教师，加大资金投入，优化科研环境，拓宽业务培训渠道，提高教师的地位，鼓励教师再学习和在职学习。生活上关心教师，解决教师生活中的实际困难，通过各种讲座和咨询排解教师的心理压力，通过周到、细心的工作，保持教师的心理平衡，为教师创造"有用武之地、无后顾之忧"的工作环境和良好的人际关系的氛围。政治上关心教师，在管理中，实现民主化、科学化的管理，加强高校民主政治建设，创新高校管理体制，行政与治学相分离，不以个别领导意志为转移，注重教师政治上的合理表达。通过具体的措施让教师感受到这种关怀，坚定马克思主义信仰。

3. 教师职业生涯的强化机制

"强化机制"确保师范院校人才培养产生终生教育的效果，通过树立典型，加强对专业课教师的师德培训，建设师德网站，开设名师专栏，举办名师讲座，充分利用教师节来开展师德主题教育。充分发挥优秀教师的示范、导向与激励作用，通过老教师对年轻教师的带动作用，强化专业课教师育人的责任感和使命感。完善激励政策，师德建设应该与出国进修、干部选拔培养、职位晋升挂钩，与奖金和津贴的分配结合，并作为重要的依据，把师德建设放到教育教学的首位，改变重业务轻师德建设的倾向。

二、新时期思想政治教育沟通的有效路径

师范院校是一个制度性和人文性高度集中的环境，有序的运转依赖严格的制度管理，而制度管理的关键又在于有效沟通。管理学认为，管理水平的竞争最终会聚焦在组织内外沟通有效性的竞争上。师范院校专业课教学中渗透思想政治教育，涉及两种不同的教育体系，同时又存在许多共性教育因素，"沟通"就显得尤为重要。为了得到全面发展的教育人才，师范院校提供了一个复杂的教学管理系统，存在着行政系统与学术系统两大部分。其中，行政系统是一个能运用现代行政管理理论进行教育管理的系统，学术机构主要负责学术研究。要实现这两大系统的有效运行必然离不开系统内部的有效沟通。师范院校专业课教学中渗透思想政治教育，不是专业课教师个人的事情，学校应为育人创造良好的氛围与条件。

（一）基于教育主体的沟通途径

1. 完善教育主体间的领导体制

师范院校内部应该加强思想政治教育工作的组织领导，进一步成立以党委书记或校长为组长的学生思想政治教育工作领导小组，发动全校教职工建立全校的联合协调机制，激发其进行思想政治教育的积极性。顺应师范院校思想政治教育的发展趋势，改革现有的教育沟通机制，调动专业课教师进行

思想政治教育的积极性。学校各个职能部门都应该积极配合，在人、财、物、力等各个方面给予支持，形成全方位多层次的教育管理网络。师范院校内部组织机构多，层次烦琐，进一步优化内部管理机制，减少信息传递的链条，避免结构的重叠，有利于加强各个部门之间的联系，保证沟通的实效性。加强管理培训，制订得体的培训方案，强化学校管理者的沟通理念，使其认识到沟通在学校管理与教学中的作用，能做到主动与下属交流，用心去观察、体会对方的心情与需求，获得对方需求的一手资料，减少职位级别带来的鸿沟。领导接待日制度、协商对话制度等都是有效的沟通方式。

2. 完善教育主体之间沟通的制度化

专职教师和行政后勤教师之间，不存在直接的隶属关系，是同一机构内部的不同职能部门，属于纵向的平衡，因此缺少实质的横向联系，没有形成制度化的沟通机制。建立这种沟通可以以校园文化建设为载体，例如，党政宣传部门与后勤的联系可以营造有利于德育建设的校园氛围。学工部与各个院系沟通，邀请知名专家学者来校宣讲，促进学生人文素质的提升。教学部门与相关思想政治教育关系密切的部门进行沟通，如后勤部门、图书馆等，为学生提供优质的学习、生活、娱乐保证。各部门包括教学部门、团委行政、后勤等部门，定期召开联席会议，定期对工作进行总结与汇报，保证沟通的双向性与互动性。通过各部门之间的沟通，把思想政治教育融入日常工作中，提高教育的实效性，通过以上的具体措施，促进教育主体之间沟通的长效化与制度化。

3. 促进教育主体间沟通渠道的多样性

师范院校中进行思想政治教育沟通时，往往以会议或者是文件的形式出现，这种沟通是单向的，缺少互动。近些年来，随着校园网络的完善，教育主体之间的育人沟通渠道也得以拓宽，一方面学校可以通过建设专门的网站，建立思想政治教育的专门育人系统，为育人主体之间提供了方便的电子平台，使育人职能部门能正确及时地了解有关育人的政策和工作的相关流程，是一种简单有效的、制度化的沟通。另一方面还可以通过电子邮件，博客，尤其是微博的普及为这种沟通提供了及时有效的平台，有利于利用其交互性的特点，形成一对一或多对多的沟通模式。师范院校在考虑沟通手段时，应该有选择地加以运用，会议文件沟通往往是单向的，却有一定的威信与庄严性，电子网络手段能有效做到双向互动，但是容易脱离沟通的中心，所以师范院校育人方面的沟通，应该采取适当的沟通方式，在不断回应与反馈的基础上，确定主导的沟通手段与辅助的沟通手段。对沟通环节适当地把握和控制，尽量减少沟通过程的繁文缛节，促进信息的快速传递。

（二）基于主体关系的沟通途径

1. 加强专业课教师与学生的沟通

以"爱"为基础，架起师生沟通的桥梁。建立和谐的师生关系，沟通师生之间的情感，必须要以爱心为基础，才能真正感化学生；要做到爱学生，就要尊重学生、晓之以理、动之以情。师生之间的问题关系有以下几种表现：（1）疏离关系。这种关系源于师生之间思想情感和教育生活的缺失，它隔离了师生之间的联系，双方在感情上存在不同程度的隔阂。（2）冷漠关系。这种关系的基本表现就是教师对学生的喜怒哀乐和学习状况毫不关心，学生在学习上、生活上遇到挫折困扰也不会与教师倾诉，二者是"最熟悉的陌生人"。（3）利用关系。这种关系表现为学生为了奖学金、入党、担任学生干部等与自己切身利益有关的事情，就会给教师施加影响，有些老师利用学生家长的关系谋取不正当利益。（4）对立关系。这种师生关系可以说是受市场功利主义作用与侵袭的结果，高校中也明显存在"我消费，你服务"的态度，学生的不积极，教师的不认真，彼此之间出现的冷淡、疏远、歧视也是可以理解的。（5）对抗关系。这是源于师生之间冲突的爆发，是学生公开发泄自己情绪的一种表现，教师往往会承受更大的舆论压力，甚至受到暴力的威胁。教师如果对学生没有爱心，就算不上是真正的教育者，以上的五种师生关系均是由于师生之间的不作为引起的，不难看出，当师生之间能进行有效沟通时，关系就会融洽，二者都会积极向上；反之，教师与学生之间会产生抵触的情绪，对彼此产生偏见。作为一名专业课教师，应该以一种朋友的身份与学生交流，了解学生各方面的情况，给予学生激励与鼓舞，教师动情，学生方能动心。

2. 加强专业课教师与思想政治理论课教师的沟通

不管是专业课教师，还是思想政治理论课教师，从本质上讲，二者都是教育者，都肩负着教书育人的职责，只是术业有专攻而已。在育人方面专业课教师需要与思想政治理论课教师进行有效沟通，一方面可以充分利用思想政治理论课教师的系统理论知识来完善专业课教师的理论修养，丰富专业课教师的知识；另一方面，通过沟通，思想政治理论课教师可以从专业课教师那里获得更多关于学生的信息，间接地加强与学生的沟通了解，能够在教学过程中，根据不同专业特点，不同年纪学生的各项特征，对症下药，采取不同的教学方法和教学手段，进一步加强思想政治教育的实效性。

3. 加强专业课教师与辅导员的沟通

高校辅导员的职责可以归纳为以下三方面：（1）教育。教师负有育人的职责，辅导员在教育过程中的工作是针对学生的思想工作而展开的。（2）管理。辅导员的管理对象为学生，有一定的强制性，以公平和效率为基本原则，最终目的是维护学校的稳定，促进学校的可持续发展。（3）服务。服务的功能是教育学生和帮助学生解决困难的过程，辅导员的服务是以学生提出的要求为前提，学生有自主选择的权利。这三大职责相互联系，其中教育是最核心的工作，管理和服务的最终目的是为教育服务。

三、提高师范院校专业实习有效性

师范院校的专业实习，能够锻炼师范生的教学工作、班队工作和教育工作的水平，提升师范生专业实践能力是沟通职前职后教师教育的重要通道。专业实习不仅仅是引导师范生将所学的基础理论、基本知识和基本技能，综合运用于教育教学实践，初步培养他们独立从事学生教育工作的能力，更重要的是通过专业实习中的思想政治教育，引导学生树立献身教育事业的志向，对他们进行师德教育，使其初步具备人民教师应有的品德素质，以适应新课程改革及发展的需要。

（一）精心选择专业课教师作为实习指导教师

专业课教师除担任教学任务外，还承担着非常繁重的科研任务。专业实习中，会出现指导教师时间不足、精力不济的情况，导致听课不及时、评价不客观等问题，影响实习的实效性。针对上述问题，为提高专业实习的实效性，高校应从本教学部选择合适的专业课教师作为校外指导教师，全程指导专业实习活动，促进学生思想政治素养的提高。

1. 确定专业实习指导教师标准

首先是专业知识过硬的专业课教师，如承担学科课程与教学论的教师；其次是要熟悉基础教育，最好选择和基础教育教师有合作课题研究的教师；最后，和学生的关系融洽，从教学部中选择学生评教成绩较高的教师。根据以上标准，将师范院校内选择的专业课教师，分配到各个实习学校，指导实习生的实践活动。

2. 明确指导教师工作

首先，指导教师应事先了解自己所带实习生的特点，实习前召开实习小组会议，就实习的相关情况进行交流，也可以由上届优秀实习生作实习经验介绍，全方面做好实习指导的准备工作。

其次，平时多和实习生联系，多进驻实习学校，加强学生思想政治教育。除了面谈之外，还可以与学生电话沟通，组建 QQ 群、微信群多渠道加强联系，让学生感受到教师无时无刻不在关心着他们。"学高为师，身正为范"，在与学生的联系中，要强调先学做人，后学教书。告诫学生，在与实习学校学生的相处中，时时刻刻要以一名教师的标准严格要求自己，应用实践理论专业课教学中所学的知识，并逐步内化为自己的素养。

最后，听完学生汇报课之后，要给予及时的评价。由专业课教师担任的实习指导教师，工作任务比较繁重，实习中要进行规划，协调好实习生展示课的时间。一般可以让学生提前 2～3 周与实习学校的指导教师沟通，定下大体时间，然后再与自己的时间协调。这样的过程也能够让实习生充分了解到，教学也是一门管理，也需要多人的协调。让学生既学会教书，又学会与人合作，增强其思想政治水平。

针对学生的汇报课评价，可以采取学生自评、小组成员互评、指导教师总评的方式。学生自评和小组成员互评，可以知无不言；指导教师的总评，可以提出缺点或者存在问题，但是建议以鼓励为主，让学生对教学充满信心。指导教师可与学生在专业学习试讲时的水平作对比，肯定学生在教学设计、语言组织和教态方面的进步，增强他们进一步做好教学的信心。

（二）规范师范生的实习活动

学生在进驻实习学校之前，内心是既期望又忐忑。期望的是能够早点见到自己的学生，把自己学到的理论知识付诸实践；忐忑的是怕自己不能胜任教育教学工作，怕不能和实习学校的指导老师处好关系。因此，教学部需要对学生正确引导。

1. 提前进行专业储备

专业实习需要师范生履行教师职责，承担教学与管理任务，对师范生个人素质提出了更高的要求。师范生在专业课学习的基础上，已经能够进行微格教学，但这只是在虚拟环境中的课堂教学，面对的是同龄的大学生。源于此，专业课教师要指导师范生尽快熟悉教材，全面了解学生的身心特点，并能够熟练地综合运用多种教学方法。

2. 做好心理辅导工作

在专业实习之前，教学部要开展实习的启动仪式，将实习的计划分发给学生，这也是为保障学生能够有针对性地去实习。在明确具体任务的前提下进驻实习学校，学生就不迷茫，做事有目标，增加学生内心的安全感。另外，事先对实习学校有所了解，可以让学生做到心中有数。此外，明确实习目标，向学生强调实习的目的是学习教学知识，发展教学能力。最后，告知学生，实习学校的老师，都是学校精挑细选出来的骨干教师，会耐心指导他们的实习，从而打消学生心理上的顾虑。

（三）师范生认真履行准教师职责

教师工作的主旨是教书育人。对于准教师来说，专业实习是难得的实践机会，是连接高校理论学习与职后工作的桥梁和纽带，对师范生的自我成长具有很重要的意义。师范生在实习中要能够做到以下几点：

1. 主动作为

在实习中，能够做到眼中有活，心中有事。要争取做到"心到""眼到""口到"。"心到"指有主动协助指导教师工作的决心，实习生和实习指导教师建立良好的关系，这有利于提高实习生的实习效果；"眼到"指能够及时发现学生之间出现的问题；"口到"一方面指虚心向指导教师求教，另一方面指能够通过自身努力，协调解决好学生间的冲突问题。

2. 学会反思

反思在提高实习生实习效果中有很大作用。第一，师范生要学会反思自己的教学设计。教学设计是实施教学前的预设。师范生要及时反思，自己的教学设计是否适合本班学生？是否能够达成教学目标？等等。第二，师范生要学会反思自己的课堂教学，也就是教后反思。这类反思，一方面可以反思教学中的优点，结合本组同学以及指导教师的评价，总结出课堂教学中的可取之处。另一方面，反思教学中的不足，并能够做好记录，争取下次不再犯同样的错误。

专业实习结束后，为确保专业实习的实效性，师范院校要进行认真的总结。可以安排每个实习学校的实习生作为一组，组长代表全体成员，总结一学期的实习收获。不但总结成功之处，还有总结实习中犯过的错误，尤其是在犯错、纠错中自身的成长。带队教师客观看待学生的成长，鼓励学生将自己的实习成果做成成长报告册。报告册包含优质课教案、视频、班级活动、校园活动等等。通过实习总结，可以达到实习虽然结束，但成长还在继续的效果。

第五章　中小学教师职前职后
一体化课程建设

第一节　中小学教师职前职后一体化

教师职前职后一体化，是指教师的职前培养和职后培训相互衔接、相互贯通、相互促进，实现教师队伍的一体化建设。"一体化"指教师在师范教育阶段所接受的教育内容、方法与专业技能等，在其进入教师岗位后，必须与其在职前培养阶段所学到的知识技能相一致，即经过一体化培训后才能适应工作岗位要求。这一概念的提出，为我国教师培训改革提供了理论基础和实践指导。近年来，我国学者在对教师职前培养与职后培训一体化问题进行了大量研究的基础上，提出了"一体化"教师培训模式。

一、教育目标一体化

教师的专业发展，既要在学校内部实现，也要在学校与社会之间实现。教师职前培养和职后培训要有明确的教育目标。从教师专业发展的一般规律来看，教师的专业发展是一个漫长、持续、渐进的过程。在不同的发展阶段，教师的知识、能力和素养结构会发生不同程度的变化。因此，教师职前培养和职后培训必须适应教师专业发展过程中不同阶段的需要，满足不同阶段教育目标的实现。从我国当前教师专业发展的现状来看，在师范院校的培养中，虽然明确提出了"教育"与"教学"相结合、"能力"与"知识"相结合、"技术"与"艺术"相结合等教育目标，但是在实践中并没有真正实现教育目标一体化。

（一）培养目标的"非此即彼"

目前，我国教师的培养目标基本上是"四结合"：知识与能力结合，知识与技能结合，理论与实践结合，师范与非师范结合。从根本上来说，这些培养目标并不是割裂的，而是有机地统一于教师职前培养和职后培训之中。但是，当前我国教师职前培养和职后培训在实践中并没有真正实现教育目标的一体化。

一方面是教师职前培养中过于注重"知识"和"能力"的培养，导致师范院校培养出来的学生只具备了简单的"教学知识"而缺乏教学技能。另一方面是教师职后培训中过于注重"技术"和"艺术"的培训，导致教师不能根据教育实际需要灵活运用教育技能，难以实现从"教学技能"到"教学智慧"的转变。因此，我国教师职前培养和职后培训应该在实现教育目标一体化的基础上，对两者进行统筹考虑、整合设计、一体实施，实现教师职前培养和职后培训的有机结合。

（二）培养目标与教师职业岗位的"脱节"

按照我国教师教育的标准，师范院校培养出来的毕业生必须具备"教育"和"教学"的双重能力。但是，在具体的教师培养过程中，往往偏重于"教育"能力的培养，而忽视"教学"能力的培养。在师范生培养的课程体系中，只开设了教育理论和教学技能两大类课程，教育理论类课程占有很大比重。而教师职业岗位上需要解决的主要是教学技能问题。教师是一种特殊职业，与一般职业相比，它具有很强的专业性。然而，师范院校培养出来的毕业生并不具备这一特点，因此其职业角色和专业发展也就呈现出明显的"脱节"现象。在教师教育实践中，也往往只重视教育理论与教学技能的培养，而忽视了对教师职业角色、专业发展阶段特征等方面内容的培养。

二、培养方案一体化

培养方案一体化是指培养目标、课程体系、教学模式等方面的一体化。

当前我国教师教育培养方案中，师范生教育教学技能培训与教师资格证考试是两个相互独立的体系。这一培养方案对于师范生的职业生涯发展存在着一定的局限性。基于此，我们需要探索"一体化"教师教育培养方案，加强职前培养和职后培训的衔接与融通，强化教师教育教学能力培训的基础性、先导性作用。同时，加强教师教育教学能力培训与中小学教师资格证考试之间的联系与衔接。

我们将中小学教师资格证考试与高校师范类专业招生考试有机地衔接起来，即中小学教师资格证考试可以为高校师范生提供职业生涯规划咨询服务，高校师范生在进入中小学工作之前应接受一段时间的师范类专业学习和教学实践训练；同时高校师范生在毕业后还需要经过一段时间的实习、见习等实践训练，从而使其更好地适应工作岗位的要求。

另外，我们也可以借鉴美国、加拿大、澳大利亚等发达国家在教师培养方面的先进经验。例如，加拿大教育部门的教师教育改革计划规定：在全国所有教师学院中，建立"一体化"教师培养体系；在高等师范院校中，将教育理论教学和实践教学两个板块整合起来；在高等师范学校中，将职前教育、职后培训和继续教育三个阶段整合起来。由此可见，"一体化"教师培养体系有助于实现职前培养与职后培训之间的衔接与融通。

综上所述，我们可以在明确"一体化"教师培养方案内涵的基础上，将其确定为：以师范生为本、以高校和中小学合作培养为依托、以能力发展为导向、以职前培养和职后培训衔接贯通为保障的教师培养模式。

三、课程体系一体化

教师教育课程是教师培养的核心，是教师职前培养与职后培训相互贯通的桥梁。现有的教师教育课程体系存在以下问题：

一是课程设置与培养目标缺乏衔接，不能满足教师职前培养与职后培训一体化的要求。

二是课程设置的学科结构不合理，课程内容缺乏时代针对性和示范性。

三是课程体系结构不完整，缺乏综合性、一体化和开放性。

四是课程设置与教师职业需求脱节，存在理论与实践脱节、专业理论与教育理论脱节等问题。

五是课程管理不科学，造成了教师教育资源的浪费。

建立科学合理的课程体系，需要重新整合各学科之间的关系，建构一种结构完整、功能协调、内容丰富、层次分明的学科课程体系。首先，要从学科本位出发，确定各学科课程在学校教育中的地位和作用；其次，要从中小学教师职业需要出发，根据其工作岗位设置学科课程；再次，要从国家和社会需求出发，确定各学科教学内容；最后，要从培养目标出发，确定各学科教学内容所要求掌握的专业知识、专业技能和专业素养等。

在综合考虑中小学教师职业需求的基础上，我国可以借鉴国际先进经验，以实现中小学教师"职前培养与职后培训一体化"为目标构建课程体系。在此基础上再根据各学科教学内容和培养目标确定各学科课程的结构与功能，形成适应中小学教育发展的、完整的、立体化的教师教育课程体系。具体而言，需要由国家层面统筹规划教师教育改革与发展规划纲要中确立的目标、任务和措施等内容。

（一）确立"一体化"教师教育课程目标

教师教育课程目标是教师教育课程体系的核心和灵魂，也是教师教育课程体系中各学科课程的根本依据。科学合理的教师教育课程目标可以保证不同层次和不同类型的教师都能接受到合适的教育，从而实现职前培养与职后培训一体化。为此，需要国家出台相关政策，以教师专业标准为指导，统筹规划各层次、各类型的中小学教师专业标准，以实现职前培养与职后培训一体化。

国家应制定统一、明确、具体和可操作的教师教育课程目标。在此基础上，由国家统筹规划、组织实施各层次、各类型中小学教师教育课程目标。具体来说，对不同层次、不同类型的中小学教师而言，其专业标准存在差异。对本科及以上层次中小学教师而言，其专业标准应体现师范性、学术性和专业性；对专科层次中小学教师而言，其专业标准应体现师范性和专业性。因此，在制定国家统一的师范教育课程目标时要考虑不同层次的中小学教师特点，尊重不同类型中小学教师专业标准要求的差异。这样可以为各层次、各类型的中小学教师提供有针对性和差别化的课程目标。在此基础上再根据各层次、各类型中小学对各类人才培养目标和要求确定各自的课程目标。同时，在制定各个层次、各个类型中小学教师专业标准时要充分考虑国家统一政策要求和地方政策规定。

（二）开发和优化"一体化"课程内容

"一体化"课程内容是教师教育课程体系的核心内容，其结构、功能、目标和方法都与其密切相关。课程内容是实现教师教育课程目标的重要载体，直接影响教师教育课程的质量，也影响着教师专业发展的水平。目前我国教师教育课程内容主要存在以下几方面问题：

一是缺少明确的培养目标，致使教师教育课程内容缺乏针对性。

二是缺乏专业知识和专业技能，导致教师教育课程内容理论性过强，缺乏可操作性。

三是部分课程内容脱离中小学教学实际，无法满足中小学教学实际需要。

四是理论与实践脱节，缺少实践性。

五是课程管理不规范，缺乏规范性。

在实践中，我们应该坚持以问题为导向、以能力为本位的开发理念和优化课程内容，突出专业素养和实践能力培养。

一方面要根据中小学教师工作岗位需要和教师教育发展趋势开发与之相适应的课程内容。另一方面要依据学科专业知识体系及其发展规律对学科课程进行重新整合与重组，建构一种以专业知识为主体、以能力培养为中心、以实践应用为特色的多元化课程结构。其中，学科专业知识体系包括学科专业知识、教学科学知识和学科教育学知识；能力培养体系包括课堂教学能力、班级管理能力、教育研究能力等；实践应用体系包括教育实习能力等。

在开发和优化"一体化"课程内容过程中，要注重凸显中小学教师的教学实践智慧和创新意识，着力培养中小学教师的教育科研意识和研究能力。"一体化"课程内容要围绕中小学教师职业实践问题，建立一个由理论与实践相互支持的教学内容体系。既要依据教师教育理论与方法体系对教师专业知识进行重新整合与重组，又要考虑到中小学教师工作岗位特点对教学理论与方法的实际需求；既要重视理论知识的学习与积累，又要注重实践知识和实践经验的获得；既要培养学生的专业基础知识和基本技能，又要注重提高学生的教育教学研究意识和创新意识；既要重视教师职业素质的养成教育，又要注重培养学生反思、研究和创新精神。

（三）建立科学的教师教育课程管理制度

为了保障教师教育课程体系的顺利实施，需要建立科学的课程管理制度。首先，应建立教师教育课程标准。教师教育课程标准应由国家制定，它是教师教育课程实施的依据和指导，也是教师教育质量评价的重要指标。我国应成立专门的教师教育课程管理组织，由国家教师教育领导小组负责领导全国的教师教育课程管理工作，负责制定全国教师教育课程标准，以及组织、协调和指导全国教师教育课程实施。

一方面，建立以促进学生全面发展为目标的综合评价制度；另一方面，要建立以促进学生专业化发展为目标的专业素质评价制度。其次，要建立评价主体多元、评价方法多样、评价结果全面和评价结果多元的多元评价机制。最后，应建立科学的反馈制度。科学有效的反馈制度不仅能够使教师了解自身专业发展状况和存在问题，还能进一步明确自己下一阶段专业发展目标和措施，从而增强教师专业发展的自觉性、主动性和创造性。

在中小学教师职前培养与职后培训一体化背景下，实现中小学教师专业成长是一个多主体、多阶段、多领域、多因素综合作用的过程，需要不断地调整、优化和完善。我国需要在借鉴国际经验的基础上，从提高中小学教师素质和促进中小学教育均衡发展的现实需求出发，以建立科学合理的教师教育课程体系为核心开展研究，不断总结经验教训，改进和完善我国中小学教师职前培养与职后培训一体化建设。

四、师资队伍一体化

师资队伍一体化是实现教师教育一体化的关键。教师职前培养和职后培训虽然相互衔接、相互贯通，但是在培训目标、培训内容、培训方法等方面仍然存在着不一致和不统一的问题。如教师职前培养注重培养未来教师的教育教学能力，而职后培训则主要注重教师专业知识技能的提升，二者的目标与内容有所不同；教师职前培养侧重于理论学习，而职后培训则强调实践操作；教师职前培养和职后培训的教学方法不同，各自适合不同群体、不同层次的学习需求；教师职前培养和职后培训的组织方式也不同。这些差异导致了教师教育中出现了一体化进程受阻、一体化目标难以实现等问题。

针对这些问题，应该采取相应对策来解决。例如：加强师范生实习基地建设，通过实习基地建设使师范生了解中小学教育教学实际情况，增加与一线教师交流的机会，为师范生提供参与教学实践的机会；加大对师范生培养投入，促进师范院校与中小学建立长期合作关系；鼓励师范生与中小学教师交流教学心得、共同备课、相互听课评课，使师范生与中小学教师共同提高业务水平；引导师范院校和中小学建立"见习—研习—实习"的一体化模式；鼓励师范生在校期间参加各种形式的教育实践活动，让师范生在实践中学习，在实践中成长；建立健全师范院校与中小学校的合作关系，保障师范生在实习期间能够获得良好的工作条件。

为了促进教师教育一体化发展，可以从以下几个方面入手：

一是加强教育行政部门与师范院校之间的联系。

二是加强师范院校与中小学之间的联系。

三是建立师范生培养过程中学校、教师和家长参与制度。

四是建立健全师范生实习基地建设机制。

五是加强学校内部管理工作，制定统一标准。

六是建立健全教师培养质量监控体系和评价机制。

七是开展"国培计划"等项目培训。

八是建立有效的激励机制，激发广大师范生参与教师培训的积极性。

九是建立中小学教师定期交流制度。

十是加强高校与中小学校之间的交流合作，提高双方在教学研究和科研方面的合作水平，实现资源共享、优势互补、共同发展。

教师教育一体化是我国教师教育改革的重要目标，也是教育公平和均衡发展的必然要求。尽管当前我国教师教育一体化取得了一定成效，但仍然存在着诸多问题。要解决这些问题，需要从教师职前培养和职后培训两个方面入手：一是教师职前培养应该更加注重学生实践能力的培养，引导师范生在教学实践中积累经验，掌握教学技能，不断提高教育教学水平；二是教师职后培训应该更加注重教师专业知识技能的提升，引导教师在理论学习和实践操作中不断积累经验，掌握教学技能，提高教育教学能力。

当然，任何一项改革都不可能一蹴而就。要真正实现教师职前职后一体化还需要经历一个较长的时期。对于未来的教师来说，他们既需要具备较强的教育理论知识和较高的教育教学水平，同时又要具有一定的教育教学技能；对于中小学教师来说，他们既需要具备专业知识技能和较强的实践能力，同时也需要具有一定的教育教学理论知识和较高的教育教学水平。这就要求我们在开展教师职前职后一体化工作时要认真思考：一是如何通过职前培养使师范生更好地适应未来教育改革的要求；二是如何通过职后培训使中小学教师更好地适应未来教育改革对教师提出的要求。

总之，要实现教师职前职后一体化发展还需要政府、高校和中小学共同努力。

一方面，政府应进一步加大对中小学教师培训的经费投入力度，制定相应的激励政策，吸引更多高校毕业生从事中小学教育工作；另一方面，高校和中小学校应进一步加强合作，共同为师范生提供实习基地和实习机会，帮助师范生更好地适应未来教育改革对教师提出的要求。

五、评价体系一体化

教师职前培养与职后培训评价体系的一体化，指教师的培养培训过程，包括培养目标、培养内容、培养方式等方面，要在职前培养与职后培训之间建立起具有内在联系的、连续的、一体化的评价体系。

我国的教师教育目前还处在传统教师教育体系向现代教师教育体系转型时期，在教师培养模式上，虽然在借鉴西方国家经验基础上不断创新，但还处于探索阶段，师资队伍整体水平不高。以大学为核心的教师教育体系，存在重科研轻教学、重理论轻实践等问题，与基础教育实际存在一定距离。因此，迫切需要建立以中小学教师为核心、以优秀一线中小学教师为主要对象的教师教育体系。

同时，在评价标准上，应该打破以统一考试成绩作为唯一标准的传统评价体系。注重过程性评价和发展性评价，在教师学习过程中的每一个阶段都要给予相应的评价。这样做一方面有利于促进中小学教师在整个学习过程中不断反思和改进自己的学习行为；另一方面也有利于促进中小学教师向高水平发展，进而为提升我国中小学教育教学质量提供人才支撑。

第二节　中小学教师职前职后一体化课程

在当前我国教育事业发展的潮流中，教师教育已成为教育发展中不容忽视的一环。构建教师课程一体化是加快教师教育改革最为有效的途径。所以，探索如何科学安排教师教育过程中每一阶段的课程，实现一体化，对于促进我国教育事业发展有着十分重要的意义。

一、教师教育课程一体化的内涵定义

教师教育课程一体化是以终身教育思想为指导，以教师专业发展为目的，对教师职前教育、入职培训和在职进修三个不同阶段的各个课程要素进行统一规划，使三个阶段的课程相互衔接、贯穿，形成一个既有各自侧重，又有内在联系的整体。其所包含的特征应有以下四点：一是针对教师培养而言的；二是基于人的主动意识进行的，同时是符合人的发展规律的；三是对教师教育的三个不同培养阶段中的所有相互之间有关联的因素来进行开展的；四是教师教育课程在不同层面上既是一个连续、有序的整体，又在各个不同阶段依旧葆有自身的特色作用。

二、教师教育课程一体化的必要性

在当下教育改革的大环境下，处在不同阶段的教师都面临着许多困惑。比如，新晋教师难以很快进入"教师"的角色，具有多年经验的老教师不能适应信息化教学的快速发展，不能够及时对新知识、新思想进行学习、消化……这一系列问题都可以通过构建教师教育课程一体化来解决。因此，实行教师教育课程一体化是十分有必要的，对于促进我国教育事业发展具有十分重要的意义。

（一）终身教育思想的具体实践

终身教育的思想由来已久，它的普及对教师教育发展产生了极大的推动作用，其原因主要有以下三个方面。

（1）连续性。以长期的宏观视野去规划教师教育课程培训，打破了传统的职前教育、入职培训和在职进修各行其是、互无关联的局面。通过考虑教师整个职业生涯的教育情况，确保教师在一生的每个阶段接受的教育课程都是连贯持续的。

（2）整体性。任何一名合格教师的成长过程都不是一蹴而就的，以终身教育思想为指导就是要求我们不能只是简单地将教师教育各个阶段联系起来，更是要对不同阶段的课程设置进行一个总体的考量，建立起一个前后一致、互相衔接的体系性教育。

（3）发展性。当下社会发展日新月异，教育事业也在不断地改革创新。终身教育思想强调以发展的眼光去看待教师的成长，进行课程设置。要深入研究教师的成长规律，通过对教师教育课程进行分阶段、分任务的针对性安排，来真正实现"赋予教师发展课程建设新活力"的目标。

（二）教师专业发展的客观要求

教师专业的发展也是时代发展的需要。在教师专业发展不同的阶段中，都有着不一样的侧重点和核心问题。比如，职前教育强调的应该是基础性，它在教师终身培训中起到的是铺垫作用，要长远考虑到教师整体职业发展，尽可能地为后两个阶段的进行扫清障碍。入职培训则是一个过渡阶段，它介于职前教育和在职进修之间，在教师终身培训中起到的是过渡作用。这一特殊的时间节点决定了入职培训必然要担负起承上启下的责任，帮助教师实现由理论到实践的转化。而在职培训是在教师终身培训中时间最久、意义最重的一个阶段，是一个持续加深、不断调整的过程。它不但需要长期巩固前两个阶段培训所取得的成果，更需要依据任教学校的实际需要和教师自身的发展特点进行有针对性的培养。把握住每个阶段的着力点，才能保证使每个独立的阶段融为一个新的整体。

以时间点为基准而划分出阶段性的活动并不能确保实现"一体化"。只有保证教育实践中最基本、最重要的要素——课程在不同阶段达到内在统一与连续，才能使教师教育成为一个相互联系又各具特色的整体。

三、教师教育课程一体化存在的问题

（一）课程结构不合理

在我国目前教师教育培养体系中，学科专业课一直占据着主导地位，而公共基础课、教育类专业课和教学实践课却没有得到足够的重视。这直接弱化了师范院校学生的教师特色，使其很难拥有从事教师行业的专业技能，无法快速地适应教学的实际需要。

首先，我国师范院校一直存在着重学科专业轻教育基础的现象。公共基础课地位过低，所占学时仅为总课时的20%～25%。这有限的课时很难将人文学科和自然学科的各方面覆盖到，不足以培养出师范院校学生扎实的文理综合知识面，导致师范院校毕业生在职业发展过程中后劲不足。

其次，教育类专业课在师范院校培养计划中地位不高，这也是影响教师能力培养的重要因素。大多师范院校都只开设教育学、心理学和学科教学法这三门传统课程，而且所占学时不足总学时的10%。开始的课程门数少、学时比例低，导致师范院校学生接受的教育类专业理论不能形成完整的体系，没能突出与普通高等院校毕业生在教育领域的区别。

最后，师范院校学生的教学实践时间过短、过程流于形式、时间过于集中，都对其自身专业能力发展形成了阻碍。没能把所学的理论知识和教学技能及时地应用于实践，无法实现理论与实践的完美结合。

（二）课程设置不连续

教师的职前教育、入职培训和在职进修的实施单位往往不是同一学校。所以，在课程设置上，都是根据自身的办学要求进行设定的，并没有建立起从教师自身发展长远角度考量的培训规划，直接导致职前教育、入职培训和在职进修出现断层。课程设置不是重复，就是互不相关，造成教师教育做了许多无用功，耗时、费力却又不见成效，没能发挥出预期的作用。

（三）课程内容不科学

当前，教师教育中所用的教学教材虽然隔几年就会更新，但大多都是小修小补，并没有实质性的突破和进展。这就导致课程内容陈旧，观点老套，事例过时，与时代严重脱节，已不能同社会的科技信息同步，无法适应当下日新月异的发展新形势。同时，缺少综合性课程的开设，也是导致课程内容不科学的主要因素。大多师范院校都不太重视人文学科、自然学科和社会学科之间的相互关联，往往过于强调专业知识的培养，导致师范院校毕业生知识结构过于单一，涉猎研究范围不全面，综合理论常识较匮乏。当下教师教育的课程内容与教学实践联系并不密切，存在脱节现象。如何以前瞻性眼光去进行教师教育的课程设置，使其跟得上社会的发展和实际的需要，是当下教师教育研究者要面对的首要问题。

四、教师教育课程一体化的构建探索

（一）合理规划结构

教师教育课程结构规划的目的是让教师学习到比较全面的教学技能和理论知识，进而具备专业的教师素养。在教师教育中，各院校必须改变以往以专业学科课程为主的现状，以选修课的形式大幅增加教育类基础课的比重，以强调教师教育的师范性。同时，增开基础学科课程。无论文理专业，都要将自然科学学科、社会科学学科和人文科学学科作为专业必修课程，以增加教师教育的广博性。此外，还要合理规划实践课程，让理论充分与实践结合，通过分阶段、分学期的实践课程，通过参观考察、试讲观摩等方式培养教师的操作能力和创新意识，让新教师能及时地把课堂所学应用于实际教学中，形成自己独有的教学风格，体现出教师教育的应用性。

（二）加强阶段联系

师范院校毕业生所受教育在其职前教育阶段就已与普通高等院校毕业生有所区分。师范生最直接的优势就在于其接受的成体系的教育类专业学习和跨学科类的综合性课程的学习。而教师教育课程能否一体化，很大程度上在于入职培训和在职进修与职前教育的衔接上。职前教育侧重基础和理论，入职培训和职后进修侧重提高和实践。如何准确找到两部分的契合点，实现完美的无缝衔接，既保证各阶段的特色，又能构建一套成型的教师教育体系，是教师教育课程一体化实现的关键。这需要两者共同作出调整。

首先，职前教育需要在重视理论的基础上，加强实践锻炼，使师范生所学理论能及时在实践中得到印证。如此，既加强了对理论知识的理解，又为入职培训和在职进修做好了铺垫。其次，入职培训与在职进修也需要增加教师教育中理论学习的比重。让教师随着教学实践不断更新专业知识，随着社会发展不断更新教育理念，使教师教学不至于与教育发展脱节。最后，要保证课程内容的关联与变化。职前教育、入职培训和在职进修既不能出现课程重叠的情况，又要保证课程内容一体化。入职培训和在职进修的课程内容可在职前培训所开课程的基础上进行展开，使课程内容随各阶段的进行有一个螺旋式的上升。

（三）完善评价体系

在教师教育课程评价体系里，首先需要确定的就是评价的主体。当下，各院校应以国家教育发展大方向为主体，以教育研究者的意见、所属院校的需求和教育接受者的反馈为辅助，充分体现出课程设计关照的全面性。其次，评价方式与手段也是评价体系中重要的一环。各院校要坚持分阶段分目标的评价方式，要充分认清当前水平，制订切合实际的阶段目标，并根据实施的情况不断进行调整。同时也要丰富评价手段，通过考试对教师的理论知识进行考核、通过调查问卷来让学习者对教师的教学效果进行反馈、通过督导专家团听课来对教师课堂表现进行打分。只有评价手段多样化了，评价的结果才能更切实有效。最后要考虑到评价体系的周期性和滞后性。教师教育课程评价是一个漫长、循序渐进的过程，不能光以眼前的效果为参考，要充分考虑到其自身存在的滞后性。只有将周期性和滞后性考虑进去而形成的评价体系才是一个成熟的评价体系。

总之，教师教育课程的改革和发展事关基础教育的兴衰，教师教育课程一体化是教师教育改革的必经之路。只有将关注的重点放在教师教育上，大力推进课程一体化的实施，才能加快促进我国教育事业上升到新的高度，实现新的突破。

第三节　中小学教师职前职后一体化课程虚拟教研室

虚拟教研室是信息化时代新型基层教学组织建设的重要探索。加强基层教学组织建设，全面提高教师教书育人能力，是推动高等教育高质量发展的必然要求和重要支撑。中小学教育专业重点培养语文、数学等学科教师，专业课程的教学在人才培养中起着至关重要的作用。与中小学合作，联合一线教师开展教学研究，跨学科、跨专业、跨学校开展教学研究，利用网络组建中小学教育专业课程教学团队，不仅能承担教学研究工作，还能拓展学术研究的时效性，辐射到更广阔的范围。

一、明确建设目标

（一）构建新型教师教研模式

充分利用虚拟演播室、远程教研系统实验室，利用教育技术优势，构建

"线上 + 线下"结合的虚拟教研模式。构建大学教师、中小学骨干教师、教研员交互平台,强化协同教研,构建真实场景与虚拟场景相结合、线下与线上相结合的混合式教研模式,推动以自主、合作、探究为主要特征的教师教育专业教学方式变革,促进师范生协同发展,提高人才培养质量。

深化教学团队建设,有计划、分阶段地提高教学团队的教学水平和人才培养的质量,完善双师型教师队伍建设,创建良好的教学团队文化,强化团队激励措施,增强持续学习、相互学习、共同工作的愉悦和幸福感。

(二)加强课程教学改革研究

依托虚拟教研室加强对课程实施、教学内容、教学方法、教学手段、教学评价等方面的研究探索,充分发挥大学教师、中小学骨干教师、教研员在师范生培养中的重要作用,师范生与大、中、小学教师共同成长,同时带动区域教师教育综合改革,全面提升教师培养培训质量。

(三)共享共建优质资源

协同共建教学计划、教学大纲等教学资源,建成优质共享的教学资源库。充分利用实体资源开展虚拟教研工作,通过虚拟演播室、远程教研系统实验室、录播教室等,高质量完成虚拟教研室建设,达成实体实验室线上共享。充分发挥精品课程、开放课程的引领示范作用,促进一线教师专业发展和教学能力与水平的提升。

二、凝练建设特色

虚拟教研室建设应该确保出色完成创新教研形态、加强教学研究、共建优质资源、开展教师培训方面的试点建设任务,特色应依据国家的教育方针和相关政策确定,对接国家人才培养标准确定。

(一)师德师风建设强

在团队建设中,选择思想政治理论课教师进入团队,结合小学教育专业的特点选择一线名师、特级教师加入团队，使相关课程、资源、力量与思想政治理论课同向同行，形成协同效应。推进课程思政研究，深化思想政治教育的重要路径和有力抓手，梳理专业课程所蕴含的思想政治教育元素和所承载的思想政治教育功能，融入课堂教学各环节，实现师范类专业思想政治教育与知识体系教育的有机统一。

（二）参与专业覆盖面广

小学教育专业课程虚拟教研室团队中有小学教育专业课教师、课程论教师、心理学教师、教育技术学教师、思政课教师，涵盖教师教育和虚拟建设的相关专业。课程主讲教师全部参加虚拟教研室建设。团队与基础教育密切结合，课程中的实践由专业引领，在教研过程中，大学与小学文化不断交融，大学教师与小学教师深度合作，小学真实的教育教学情境成为教育科学研究的有源之水，基于小学教育实践的应用型研究具有了现实的土壤，教育学科的建设和发展在与基础教育对接的现实情境中得以实现。

（三）虚拟与实体结合新

虚拟教研需要技术支撑，教育技术专业教师参与，为虚拟建设保驾护航。虚拟教研室需要实体教研室支撑，小学教育专业课程实体教研室可以选择在小学科研室，以大学与小学教师的合作、大学与小学文化的融合构成共同的研究基础，通过大学与小学的深度协作，对小学教育专业课程的教育教学改革进行总体设计，建立适应课程改革需要、适合区域经济社会发展、具有专业特色的课程体系，持续推进课堂教学改革、学习方式变革，着力打造大学与小学融合的新型学校文化，建设特色鲜明的创新型虚拟与实体教研室。

（四）课程目标定位优

课程目标依据专业人才培养要求，坚持目标导向，以学生为中心，持续改进，课程目标应体现践行师德、学会教学、学会学习、学会育人，课程目标有效支撑毕业要求的达成和培养目标的实现，注重知识、能力、素质协调发展。优化课程论内容，凸显教师教育专业特色，优化学习论内容，形成以学生为主体的学习方式，优化学习共同体，实现协同育人。为达成课程目标，在课程设计中应创新联合授课，转变教师教育认知范式，开发高校教师、教研员、一线教师联合授课教学案例，为教师教育专业学生学习服务，同时也可以为社会学习者（如一线教师）完善理论体系服务，实现教师教育认知论范式的转变。

三、确定课程内容

（一）课程与教学改革要解决的重点问题

1. 探索师范类专业课程的"课程思政"的课堂教学改革

推进习近平新时代中国特色社会主义思想进教材、进课堂、进学生头脑，梳理课程所蕴含的思想政治教育元素和所承载的思想政治教育功能，实现师范类专业思想政治教育与知识体系教育的有机统一。

（1）构建师范院校课程思政教育教学体系

推进课程思政建设，构建教育教学体系，深化思想政治教育的重要路径和有力抓手，形成全员育人、全程育人、全方位育人的"大思政"教育格局。

（2）探索师范类专业以"思政课＋课程思政"为目标的课堂教学改革

使师范类专业各类课程、资源、力量与思想政治理论课同向同行，形成协同效应。梳理师范类专业课程所蕴含的思想政治教育元素和所承载的思想政治教育功能，融入课堂教学各环节。实现师范类专业思想政治教育与知识体系教育的有机统一。

（3）构建师范类一流专业

与"工作坊"培养，"实践取向"职前职后一体化培养培训等成果相结合，构建具有新时代特色的师范类专业。

（4）打造师范专业课程思政的"金课"

将课程思政与精品课建设相结合，充分开发在线开放课程的网络优势，落实"互联网＋教师教育"创新行动，拓展师范领域的影响力。

（5）建强师范类专业教师队伍

优化课程设置，加强教材研究，完善教学设计，加强教学管理，引导师范类专业教师以德立身、以德立学、以德施教、以德育德。

2. 探索实施"工作坊"式学习，转变教师教学行为和学生学习方式

工作坊是教师教育专业学生架构理论知识与教育实践的第三空间，是高校、教师进修学院、中小学校联动培养职前优秀教师协同机制的探索。工作坊以真实空间和虚拟空间为场域，师范生与大、中、小学教师和教研员为学习共同体，让学生学习改进与教师专业成长共进。具体指师范生在大学专业课教师、教研员、中小学一线优秀教师联合指导下，自主地、有创意地进行深读文本、教学设计、模拟课堂教学和同课异构，旨在培养师范生职业情感、教学实践能力，使之成为未来优秀教师。

（1）有利于提升教学质量，培养未来优秀教师。构建大学教师、中小学骨干教师、教研员、师范生四方交互平台，强化协同育人，构建真实场景与虚拟场景相结合、同步指导与异步指导相结合、线下指导与线上指导相结合的混合式培养模式，推动以自主、合作、探究为主要特征的教师教育专业教学方式变革，促进师范生协同发展，提高人才培养质量。

（2）有利于加强教师教育学科建设，构建职前职后一体化教师培养培训体系。从高校教学改革的角度落实教育部《教师教育振兴行动计划（2018—2022年)》中协同育人的指导思想。以工作坊为支撑，创新教师教育模式、探索"互联网＋教师教育"形式，在高水平教师教育基地建设行动、教师教育师资队伍优化行动、教师教育学科专业建设行动方面进行探索，实现教育学科"既是科学的，又是生动的"建设，高校与中小学融合共生，协同发展。

（二）课程内容与资源建设及应用

课程内容体现与时俱进。课程内容建设紧贴中小学教学前沿，教学资源体现丰富多样，尤其是一线名师利用自己的教学案例进行教学，充分体现思想性、科学性与时代性。借力中小学骨干教师培训资源，助力课程建设，建结合小学教育本科生"三习"，特别是研习中建设的中小学教学案例库，微格教学资源库。

1. 课程教学内容及组织实施

实践教学以微格教室为实践平台，帮助学生积累教学经验，领悟教师职

业，增加教育情感；通过试讲使学生发现自己在学科知识、教材分析、教学方法、教态、语言表达等方面的不足，进一步内化专业知识，锤炼教学技能，发展语言表达能力，提升学生招聘考试试讲部分的适应力。

课程的组织实施突出学生中心地位。创新教与学模式，在教学中充分发挥联合授课优势，理论与实践相结合，高校教师侧重理论，教研员测重教学与教研，一线教师侧重实践教学。在协同育人背景下的师生之间、学生之间交流互动，资源共享，知识生成。

2.课程成绩评定方式

针对教学目标、教学内容、教学组织等采用多元化考核评价，过程可回溯，课程教学活动主要是开展合作学习、案例研讨、研究性学习等活动，主要评价学习者在学科知识、教材分析、教学方法、语言表达、组织教学等方面的能力，注重过程性评价，进一步内化专业知识。

实践教学主要是开展试讲活动，重点评价学习者在独立钻研教材内容的基础上撰写教学设计，在微格教学环境下开展试讲训练的能力，评价教师素养如教态、板书、教学语言、教学生成处理等情况。

四、重视实践研究

第一，贯穿培养全程的实践教学体系。实践教学前后衔接、阶梯递进，实践教学与理论教学有机结合、相互促进。实施高校教师与优秀中小学教师共同指导教育实践的"双导师制"，为师范生提供全方位、及时有效的实践指导，强化师范生教学基本功和教学技能训练与考核。推进教育实践全过程管理，做到实习前有明确要求、实习中有监督指导、实习后有考核评价。遴选建设实践教学基地，在师范生教育实践和专业实践、教师教育师资兼职任教等方面建立合作共赢长效机制。

第二，全方位协同培养机制。建设高等学校与小学协同开展培养培训、职前与职后相互衔接的教师教育改革实验区（教师专业发展学校），着力推进培养目标、课程设置、资源建设、教学团队、实践基地、职后培训、质量评价、管理机制等全流程协同育人。

第三，体现教师终身学习的理念，融职前职后培训一体化，多维互动，多角度互为补充，整合多方力量，达到中小学教育教师全方位发展的效果。中小学教师通过研究和学习，清晰、明确地意识到每个教学活动的教育意义，并使其付诸实施和得以实现，使在职教师逐步形成专业化的职业生活方式；同时，中小学教育专业学生全程参与各项活动，亲身经历教师专业化成长的全过程，从而实现职前与职后教师一体化发展的教师专业成长的全新路径。

第四，小学教育专业课程虚拟实验室的建设应明确建设目标，凝练建设特色，形成基于基础教育现实情境的应用型研究课题，实现教育科学研究与小学教育教学实践的现实对接。除此以外，在建设内容的确定上、建设规划的实施上也应该根据目标和特色进行设计，应紧扣学生中心的理念，提升课程的高阶性，突出课程的创新性，增加课程的挑战度。多维度推进教师教育信息化教学服务平台建设和应用，丰富学生理论知识与教育实践的空间，实现培养质量的整体提升，更大程度发挥虚拟教研室的作用，拓展教研的空间，建设成高质量的小学教育专业课虚拟教研室，从教研的角度推进教育教学综合改革，实现职前与职后教师一体化发展的教师专业成长的全新路径。

第四节 "小学数学课程与教学论"课程虚拟教研室建设
——以河北科技师范学院为例

一、课程简介

"小学数学课程与教学论"课程是小学教育专业的核心课程，适合小学教育专业的学生，也适合小学数学教师的职后学习，促进专业发展。河北科技师范学院开设时间为2010年至今，授课对象为小学教育本科专业学生。该课程2013年被评为校级重点课程，2019年被评为河北省精品在线开放课程，2020年被评为国家一流本科课程。

本课程针对小学数学学科特点，具体研究小学数学课程与教学中的数学课程与教材、教学设计、教学实施和教学评价等内容，从而使学习者形成学科素养，提升教学能力，由理论知识学习向教学实践能力转化。

课程教学团队中两位全国优秀教师、小学特级教师，一位高校名师，一位高校教学骨干，构建了高校教师、一线教研员、小学教师、师范生"四位一体"的工作坊育人模式。

虚拟教研室带头人作为"小学数学课程与教学论"第一主讲人，连续十年校教学质量评价优秀，获全国职教师资培养院校青年教师教学基本功竞赛二等奖，校青年教师教学基本功大赛一等奖，先后被评为"省教学标兵"、"省高等学校优秀共产党员"、国家级一流本科课程主持人、省教学团队主要成员、省精品在线开放课程主持人、省教学成果奖三等奖主持人、省优秀教学团队主要成员；秦皇岛市优秀知识分子、优秀教师、优秀青年教师、教学标兵、教坛新秀、151人才库后备人才、三次授予"市师德标兵"称号；被授予教学名师、优秀教学奖、教学十星、教学骨干、优秀论文指导教师等。2010年被省教育厅聘为河北省中小学教师全员远程培训学科专家组组长，团队被评选为省级优秀专家团队，2014年被教育部聘请为"工作坊"高端研修项目负责人，2015年获评优秀工作坊坊主，教育部"十四五"国培专家。

二、运行概况

依托"名师工作室认知课程"实施，深入调研了解成员所处教育教学环境，提炼个性化成长需求，引领成员共同梳理提炼工作室发展目标。主持人基于工作室构成状况，指导成员迅速熟悉工作室活动特点及工作形态，增强成员的团队归属感。

构建主题活动化课程，提升指导与观察质量。指导工作室成员以本土教学教研需求为动力，主动参与工作室研究；以工作室研究为源泉，及时反哺本土教学教研；以本土教学教研实践为根基，丰富工作室研究内容与形态，增进工作室研究与成员本土教研环境的结合。

学科研究与管理研究同行。以工作室年度研究主题框架为基础，指导并支撑结合本土教研状况进行"小团队"教研活动设计与实践，依托任务驱动，拓展"小队"活动策划视角，提升管理质量。

教学管理和师德师风建设。落实有关教学工作的文件和通知精神，制订完备的学年、学期工作计划；教学准备与教学实施。进行教学设计、组织教学实施和考评总结工作；教学评价与检查，做到常规教学检查与阶段教学检查、检查与指导、评价与建设相结合；教学研究与培训。每月进行一次教学研究活动，开展多种形式学习交流活动，做好教师进修、培养工作，不断提高教师的学术水平和教学水平。

三、教改成果

教改项目：近五年主持河北省高等教育教学改革与实践项目五项："师范类专业'课程思政'建设的实践研究——以小学教育专业为例"；"教师专业发展学校的理论与实践研究"；"'后评估'时期高校以评促改工作实践研究"；"基于教育天赋和专业化培养的卓越职前教师成长研究"；"基于工作坊的应用型教师教育专业人才培养模式创新研究"。

教育规划项目：教育部全国教育科学重点规划课题"中小学生态文明校园的构建策略研究"被评为优秀课题；主持河北省教育科学研究"十三五"规划重点资助项目"地方政府、高等学校、中小学'三位一体'的教师专业发展学校建设模式研究"鉴定优秀。

教学成果奖：《应用型本科"双师型"人才培养模式研究》获第六届河北省高等教育教学成果一等奖；《应用型本科专业人才培养改革与实践研究》获第七届河北省高等教育教学成果一等奖；《实践取向小学教育专业人才协同培养模式的探索与实践》获河北省第八届高等教育教学成果三等奖；《师范专业书写技能培养"三三三四"模式研究实践》获河北省第八届高等教育教学成果三等奖；《构建骨干教师教研"互助网"》获河北省基础教育教学成果二等奖；《基于名师工作室教师发展共同体建设的实践研究》获河北省基础教育教学成果三等奖；《卓越师范生研究团队助力师范生研究素养提升的教育探索》获河北省高校校园文化建设优秀成果三等奖。

精品课程建设："小学数学课程与教学论"课程入选国家首批一流本科课程，该课程也是河北省精品在线开放课程，课程案例《"三位一体"协同育人的职前职后一体化教师教育培养模式创新探索——以河北省继续教育在线精品开放课程〈小学数学课程与教学论〉为例》入选 2019 中国高校远程与继续教育优秀案例库。

四、建设可行性

虚拟教研有基础。带头人担任河北省中小学教师全员远程培训学科专家组组长，承担全省小学数学学科教师的远程培训，所在团队被评选为省优秀专家团队，团队成员均参加过"国培计划"小学数学骨干教师培养与培训工作；带头人还主持教育部骨干教师高端研修网络工作坊项目，承担河北省小学数学工作坊坊主的培训，被评选为教育部"国培计划"工作坊项目优秀坊主。

实体教研有支撑。实体教研室为河北省于艳小学数学名师工作室，于艳老师为"小学数学课程与教学论"课程主讲教师。该工作室自主创建于 2005年，2012 年成立秦皇岛市于艳小学数学名师工作室，2017 年 7 月成立河北省于艳名师工作室。此外，教研室的何金花老师也是河北省何金花名师工作室的负责人。

教学研究重思政。"师范院校专业课教学中渗透思想政治教育研究"获评河北省社科优秀课题，主持河北省高等教育教学改革项目"师范类专业'课程思政'建设的实践研究——以小学教育专业为例"。带头人为河北省高等学校优秀共产党员，三次获评秦皇岛市师德标兵。团队中配有一名思政课教师。

资源要素有保障。课程所在专业有虚拟演播室、远程教研系统实验室、录播教室等专用实验室；建有国家一流本科课程、河北省精品在线开放课程网站；有小学案例教学资源库；国培计划、省培计划小学数学骨干教师"学员课堂"教学案例库；教育部骨干教师高端研修"蓝天工作坊"项目、河北省中小学教师全员远程培训小学数学学科"磨课坊"教学资源。

五、建设特色

建设特色依据国家的教育方针和相关政策确定，对接国家人才培养标准。

能确保出色完成创新教研形态、加强教学研究、共建优质资源、开展教师培训方面的试点建设任务。具体如下：

（一）师德师风建设强

一是教研室中有两位全国优秀教师、两位河北省优秀共产党员、一位省德育工作先进个人，引领示范作用显著；二是思政课专业教师的参与使教研活动从理论层面得到提升。

（二）参与专业覆盖面广

虚拟教研室团队中有小学教育教师、课程论教师、心理学教师、教育技术学教师、思政课教师，涵盖教师教育和虚拟建设的相关专业。

（三）理论与实践结合维度准

一是与基础教育结合非常密切，4位教师来自基础教育一线；二是由实践研究有专业引领，由高校师范生教学能力指导与训练中心执行主任组织实践教研活动。

（四）虚拟与实体结合新

团队强强联合。省小学数学名师工作室为实体教研室，名师工作室两个主持人参与虚拟教研。

（五）虚拟教研基础实

一是虚拟教研有技术，教育技术学专业教师参与，为虚拟建设保驾护航；二是虚拟教研配合好，名师工作室的两个主持人2010年开始参加了河北省中小学教师全员远程培训小学数学专家团队，虚拟教研室带头人为小学数学专家团队组组长，一起远程教研多年，专家团队被评为省优秀专家团队；另外两位基础教育教师为教育部"国培计划"高端研修项目小学数学网络工作坊主持；网上教研前期配合基础牢，效果好；三是实体实验室配置高，虚拟演播室、远程教研系统实验室、录播教室等，能高质量完成虚拟教研室建设。

（六）课程主讲教师全

"小学数学课程与教学论"国家一流课程五位主讲教师全部参加虚拟教研室。

（七）课程目标定位优

一是优化课程论内容，凸显教师教育专业特色；二是优化学习论内容，形成以学生为主体的学习方式；三是优化学习共同体，实现协同育人。

六、建设目标

（一）构建新型教师教研模式

充分利用虚拟演播室、远程教研系统实验室，利用学院教育技术学专业优势，构建"线上＋线下"结合的教师教研模式。完成河北省教育科学研究"十三五"规划《地方政府、高等学校、中小学"三位一"的教师专业发展学校建设模式研究》重点资助课题研究并推广。

（二）强化课程思政研究

完成河北省高等教育教学改革项目"师范类专业'课程思政'建设的实践研究——以小学教育专业为例"研究，形成"小学数学课程与教学论"课程思政案例库，建设完成一门课程思政典型示范课。

（三）加强课程教学改革研究

依托虚拟教研室和省名师工作室，加强对课程实施、教学内容、教学方法、教学手段、教学评价等方面的研究探索，完成河北省高等教育教学改革项目"基于工作坊的应用型教师教育专业人才培养模式创新研究"并推广。

（四）深化教学团队建设

有计划、分阶段地提高教学团队的教学水平和人才培养的质量，完善双师型教师队伍建设，创建良好的教学团队文化，强化团队激励措施。增强持续学习、相互学习、共同工作的愉悦和幸福感。

（五）共享共建优质资源

协同共建教学大纲等教学资源，建成优质共享的教学资源库。充分利用虚拟演播实验室、远程教研系统实验室等资源开展虚拟教研工作，达成实体实验室线上共享。

（六）多维度参与教师培训

继续提升团队成员在小学骨干教师培训中的作用，深化职前职后一体化小学教育专业人才培养模式，充分发挥国家一流课程、省精品在线开放课程的引领示范作用，促进一线教师专业发展和教学能力与水平的提升。

七、建设内容

（一）课程与教学改革要解决的重点问题

1.探索师范类专业课程的"课程思政"的课堂教学改革

推进习近平新时代中国特色社会主义思想进教材、进课堂、进学生头脑，梳理课程所蕴含的思想政治教育元素和所承载的思想政治教育功能，实现师范类专业思想政治教育与知识体系教育的有机统一。

2.探索实施"工作坊"式学习，转变教师教学行为和学生学习方式

结合省高等教育教学改革项目"基于工作坊的应用型教师教育专业人才培养模式创新研究"，采用联合授课的方式，组建高校教师、教研员、一线名师、本科生四位一体工作坊，强化协同育人，学生在工作坊学习中经历发现问题、提出问题、分析问题、解决问题的全过程，推动以自主、合作、探究为主要特征的教师教育专业教学方式变革，促师范生与大学、小学教师共同成长。

（二）课程内容与资源建设及应用

课程内容体现与时俱进。教学团队中两位小学特级教师，一位高校名师，一位高校教学骨干，课程内容建设紧贴小学数学教学前沿，教学资源体现丰富多样，尤其是全国优秀教师和名师利用自己的教学案例进行教学，充分体现思想性、科学性与时代性。

资源建设与应用方面：借力小学数学骨干教师培训资源，助力课程建设，并结合小学教育本科生、研究生"三习"，特别是研习中建设的小学数学教学案例库，微格教学资源库。

（三）课程教学内容及组织实施

课程教学内容包括小学数学课程与教材，主要有数学课程改革和课程标准、小学数学教材、小学数学教学设计；小学数学教学实施、小学数学教学评价等。实践教学以微格教室为实践平台，帮助学生积累教学经验，领悟教师职业，增加教育情感；通过试讲使学生发现自己在学科知识、教材分析、教学方法、教态、语言表达等方面的不足，进一步内化专业知识，锤炼教学技能，发展语言表达能力，提升学生招聘考试试讲部分的适应力。

课程的组织实施突出学生中心地位。创新教与学模式，在教学中充分发挥联合授课优势，理论与实践相结合，高校教师侧重理论，教研员侧重教学与教研，一线教师侧重实践教学。在协同育人背景下的师生之间、学生之间交流互动、资源共享、知识生成。

（四）课程成绩评定方式

针对教学目标、教学内容、教学组织等采用多元化考核评价，过程可回溯，课程教学活动主要是开展合作学习、案例研讨、研究性学习等活动，主要评价学习者在学科知识、教材分析、教学方法、语言表达、组织教学等方面的能力，注重过程性评价，进一步内化专业知识。

实践教学主要是开展试讲活动，重点评价学习者在独立钻研教材内容的基础上撰写教学设计，在微格教学环境下开展试讲训练的能力，评价教师素养如教态、板书、教学语言、教学生成处理等情况。

八、预期成果

第一，通过虚拟教研室的建设，不断推进教育教学改革，形成适应课程改革需要、适合区域经济社会发展、具有教师教育特色的教学模式。建设完善一门国家一流本科课程、一门省级精品在线开放课程。

第二，探索将思想政治教育渗透到专业课教学的全新路径，形成《师范类专业"课程思政"建设实践研究报告》，总结师范类专业"课程思政"建设经验和建设成果，建设完成一门课程思政精品课。

第三，发挥虚拟教研室对职前与职后教师一体化发展的教师专业成长的作用，带动区域教师教育综合改革，全面提升教师培养培训质量。2年内培育省教学名师 1 名，省教学团队 1 个。

第四，凝练基于基础教育现实情境的应用型研究课题，实现教育科学研究与小学教育教学实践的现实对接。完成省高等教育教学改革实践项目 2 项，省级科研课题 2 项。

第五，依托小学建设教师专业发展学校，通过 2 年的建设，持续推进小学教师课堂教学改革、小学生学习方式变革，着力打造大学与小学融合的新型学校文化，建设特色鲜明的新型学校。探索职前与职后教师一体化发展的教师专业成长的全新路径。

第六，深化成果推广与应用，形成研究报告，发表成果论文，2 年内出版著作 1 部，为我省的小学教育研究、教师教育专业建设与发展、职后教师培养提供有益借鉴。

第五节 "小学数学课程与教学论"三位一体化精品课程

为进一步深化课程与教学论的教学改革，提升教师的教学研究能力和专业发展水平，通过"三位一体"课程团队建设模式，即高校教师、教研员、小学教师组成的"三位一体"团队，基于教育理论与实践的融合，通过教学研讨、课例分析、模拟课堂等活动，实现高校教师和教研员的专业引领与小学教师的实践体验相结合，打造专业化的课程与教学团队，推动课程与教学论课程体系建设和新时代基础教育质量提升。

一、"三位一体"的课程团队

高校教师：主要由高校高级职称教师组成，他们承担"小学数学课程与教学论"的理论研究工作，在小学数学教学和课程建设中发挥着重要作用。

教研员：主要由区域教研员、小学数学教研组长组成，他们承担着对区域内小学数学教学工作的指导工作，以"教研"为载体，开展小学数学教学改革和课程建设研究，促进区域内的教师专业发展。

小学教师：主要由来自各地的一线小学教师组成，他们作为一线实践者，能够更加清晰地理解一线教师的教学实践中存在的问题，具有较强的指导能力。

通过"三位一体"课程团队建设模式，高校教师、教研员、小学教师相互配合、协同工作，实现高校与小学一线教师的"零距离"接触，让高校对小学数学课程和教学中存在的问题有更深入的认识与了解，同时能够针对一线教师的教学实践开展针对性指导，推动区域内课程与教学论课程体系建设和新时代基础教育质量提升。

二、高水平的专业教学团队

课程与教学论专业建设的核心是师资队伍的建设。课程团队以培养专业基础扎实、实践能力强、善于沟通合作、综合素质高的卓越教师为目标，从师德师风、理论功底、教学经验和教育教学研究等方面提出了具体的培养目标。

每一位成员都要有明确的知识体系，有扎实的理论基础，了解并掌握与教育相关的基本理论，具有较强的教学实践能力；要有较强的教育科研能力，熟悉小学数学课程与教学研究和小学教育研究领域的新成果、新方法，能在课堂教学中有效地将理论与实践相结合；要有一定的专业实践经验，能够根据自己的专长和研究领域，结合基础教育发展实践开展相应课题研究，并将研究成果应用到实际教学中；要具有较强的组织协调能力、语言表达能力和一定的教学经验，能根据不同对象和不同内容设计不同形式的课堂活动；要具有良好的科研创新意识和较强的教育教学研究能力，能够在专业学习、教育研究等方面不断提高。

（一）加强师德师风建设

（1）注重学习培训。每学期定期组织教师学习教育教学理论，定期进行集体备课活动，通过邀请专家学者进行讲座、开设教学研究课程、观摩教学活动等形式，不断更新教师的教育教学理念。

（2）完善师德考核。建立了师德考核档案，对每位教师的师德表现进行定期检查，将师德表现作为考核教师的重要内容。

（3）建立激励机制。为每位成员建立了学习交流平台和网络平台，鼓励他们在日常学习与工作中积极交流经验与心得。

（二）注重教育科研能力的培养

课程建设的目的是为基础教育培养卓越教师。课程的建设是一项长期的工作，课程团队成员需要根据自己的研究方向，通过各种途径、各种方式提高自身的教育科研能力。"小学数学课程与教学论"课程团队成员通过参加教育科研相关活动，不断提高自身的教育科研能力。

（1）积极参与国家及各级教育主管部门组织的课题研究，撰写相关论文、出版专著，并将研究成果应用到教学中。

（2）积极参加各级各类学术会议，提高自身学术水平。

（3）积极参与各级各类培训和讲座，掌握最新的小学数学教学研究成果。

（4）积极参加各种教研活动，了解教研动态，收集最新的教研信息，努力提高自身的教研水平。

（5）积极参与课程与教学论专业相关课题研究，以科研促教学。

（三）加强教育教学实践能力

教师的教育教学实践能力是教师在教育教学过程中的运用所掌握的理论知识，指导自己的教学行为，解决实际问题，并不断反思改进的能力。为了提高课程团队成员的教学实践能力，课程团队利用网络资源建立了专业技能训练平台。这样既有利于教师反思自己的教学实践，也有利于教师将研究成果应用于实际教学中。此外，为了增强教研活动的有效性和针对性，课程团队还开展了"公开课""示范课"等活动。

三、推动课程体系改革和新时代基础教育质量提升

课程团队以"小学数学课程与教学论"课程为基础，结合新时代基础教育改革与发展的要求，重点研究如何从课程目标、课程内容、教学过程、教学评价等方面构建新时代小学数学课程体系。通过一系列的课例分析、模拟课堂等活动，加强高校教师、教研员与小学教师之间的互动交流，实现高校教师与小学教师在研究与实践中的互动发展。

课程建设不仅可以提升高校教师对小学数学学科的研究水平和教学能力，促进高校教师更好地为小学教育服务；而且可以帮助教研员进一步理解和把握新时代小学数学学科发展趋势，及时更新教育理念和教学方法，不断提升教研员的专业水平和教育实践能力；同时可以帮助小学教师更好地理解课程目标、课程内容、教学过程、教学评价等方面的内容，更好地把握小学数学学科的核心素养及教学要求；最后，可以通过高校教师、教研员和小学教师三方合作，建立对课程与教学论学科发展的认识和共识，促进新时代基础教育质量提升。

通过对课程体系进行全面研究，一方面可以帮助教师理解和把握新时代基础教育改革与发展的要求，促进教师更好地把握新时代基础教育改革与发展的趋势，及时更新教育理念和教学方法，提高教师的专业化水平和教学能力；另一方面可以帮助教研员更好地理解和把握新时代基础教育改革与发展的要求，及时更新教育理念和教学方法，提高教研员的专业水平和教育实践

能力。对新时代基础教育改革与发展要求进行全面研究，可以帮助高校教师更好地为小学教育服务。

课程团队以"小学数学课程与教学"课程为基础，开展了一系列的课例分析、模拟课堂等活动，促进高校教师、教研员和小学教师在研究与实践中的互动发展。该课程团队开展了一系列的课例分析、模拟课堂等活动，包括：（1）针对某一节课进行教学设计、教学实施、教学反思的课例分析；（2）针对某一节课进行教学设计、教学反思的模拟课堂；（3）针对某一节课进行说课、评课、说教学设计、评课的说课模拟课堂；（4）针对某一节课进行课例分析或模拟课堂，分析其中的问题，寻找解决问题的方法或策略。

开展这些活动，可以帮助高校教师更好地了解小学数学学科课程的核心素养及教学要求；帮助教研员进一步理解和把握新时代小学数学学科发展趋势；帮助小学教师更好地理解和把握新时代小学数学学科核心素养及教学要求。

四、实现"三位一体"课程团队建设与基础教育改革发展的良性互动

"三位一体"课程团队的建设，不仅是高校教师、教研员和小学教师之间的专业引领，也是高校教师、教研员与小学教师之间的实践体验，是高校教师共同发展的平台。该课程团队通过课题研究、教学研讨等活动，充分发挥高校和小学教师各自优势，促进教学实践与研究能力的共同提升。"三位一体"课程团队建设为高校和小学提供了一个合作平台，通过开展教学研讨、课例分析、模拟课堂等活动，可以有效解决基础教育教学中存在的问题，促进小学教育教学质量提升。该课程团队成员积极参与实践教学研究、培训活动以及中小学教育教学改革实践活动，通过亲身参与课堂观摩、学科教研活动以及校外实践基地学习等方式，充分感受一线教师的工作状态和学生学习状态，总结和反思教育教学工作中的不足，为进一步提升教育教学质量提供帮助。

第六节　师范院校专业课中的创新创业教育

一、课程与教学论课堂教学模式创新实践研究

课程与教学论是高等师范院校本科教育类专业的核心课程之一，是培养教师教育教学能力和实践能力的重要课程，也是高师院校学生教育类专业知识和技能的重要组成部分。传统的课堂教学模式已经不能满足时代发展对高等师范院校教师教育类专业学生知识、能力和素质培养的要求。在当前我国课程与教学论课堂教学模式中，要培养学生的创新意识和创新能力，教师需要树立新的课程观、教学观、学生观，不断探索新的教学方法与手段，转变教师角色，提高教学能力。

（一）理论教学与教育实践相结合的实践基础

从本质上看，课堂教学模式是由理论教学和教育实践两部分组成的，这两个方面相互渗透，共同组成一个有机整体。在传统的课堂教学中，理论教学占据着绝对主导地位，主要以讲授为主，学生主要是被动接受知识，没有主动参与的意识；教育实践则处于一种被忽视的地位，仅是作为理论教学的补充。这种"重理论轻实践"的传统教学模式难以培养学生的教育实践能力。因此，要改变传统的课堂教学模式，就需要建立一个理论和实践相结合的新型课堂教学模式。

在课堂教学过程中，教师通过问题情境设计、案例分析、小组讨论等多种形式来调动学生积极参与课堂活动，让学生主动参与到问题的分析和解决过程中来。同时，在课堂上开展小组讨论等方式让学生充分表达自己的观点和想法，让学生在课堂上充分展示自己。其次，在教育实践过程中，教师也不只是旁观者、记录者的角色，而是要积极地参与到学生教育实践过程中来。通过实践活动让学生学会分析、判断和解决问题。最后，在教育实践结束后对所取得成果进行总结和评价。通过理论与实践相结合、课堂与教育实践相结合、教育与社会实践相结合等多种方式来提高学生的教育实践能力。

1. 理论与实践相结合

课程与教学论课程的主要特点是实践性较强，而学生的实践能力培养需要一个长期的过程。因此，教师在教育实践中需要采用多种教学方法，让学生在教学过程中得到锻炼，以提高他们的教育实践能力。在传统课堂教学中，教师在课堂上主要是讲授理论知识，而学生则处于被动接受知识的状态，缺乏学习的主动性和积极性。这种教学模式下，学生的教育实践能力得不到有效的锻炼和提高。因此，教师要转变观念，改变传统的教学模式。首先，教师要加强与学生的交流互动，让学生积极参与到课堂活动中来；其次，教师要增加对学生教育实践能力培养的重视程度。比如：在教育实践中需要掌握哪些理论知识？如何采用有效的教学方法进行教学？如何正确评价学生的学习成绩？如何与学生建立良好的师生关系？等等。

在理论教学中，教师要充分利用身边的资源，充分调动学生学习积极性。比如：在教学过程中可以采用一些视频资料来辅助课堂教学。教师可以在课前准备好相关资料并在课堂上播放给学生看。此外，教师也可以通过制作PPT课件等方式来帮助学生更好地理解和掌握课程与教学论知识。

通过理论和实践相结合的课堂教学模式培养学生对课程与教学论知识的学习兴趣。同时，这种课堂教学模式能够让学生把学到的理论知识应用于实践，从而提高他们的实践能力。同时，这也是一种促进理论与实践相结合、培养人才的有效途径。

2. 课堂与教育实践相结合

课程与教学论课程具有很强的实践性，而课堂教学是一种理论与实践相结合的教育实践。因此，在开展课程与教学论课程的教学活动时，既要重视课堂上的理论知识讲解，也要重视课堂下的教育实践活动，把课堂与教育实践活动相结合。在开展课程与教学论课程教学时，可以根据不同的课程内容选择不同的案例来进行分析讨论。如《小学语文课程与教学论》一节课主要是以学生为主体，通过阅读教材、分析课文、讨论课文等方法来研究教材中各个单元的知识点，并通过对课文的分析来巩固所学知识。教师可以在课堂上提出一些问题，让学生们围绕问题展开讨论，并把课堂上讨论的结果写成一篇小论文。在课堂结束后，教师再把小论文交给学生进行评阅。在评阅时教师可以对学生们的论文认真地批改、点评和修改，并提出一些中肯的建议。另外，教师还可以邀请一些家长来听课、参与评阅等活动。这样不仅能够锻炼学生们解决问题的能力，还能够锻炼他们与家长沟通的能力。在教育实践活动中，教师除了可以通过课堂上的讨论来完成教学任务外，还可以组织学生到小学进行教育实践活动。通过与小学教师交流来了解小学教育教学活动中所存在的问题并进行分析，为今后如何更好地开展教学提供一定的理论依据和实践指导。通过这种课堂与教育实践相结合的方式来培养学生们解决实际问题和进行教育实践活动的能力。

3.教育与社会实践相结合

当前，社会发展日新月异，这对人才培养提出了新的要求。在传统的课堂教学中，教育实践是作为理论教学的补充而存在的，学生在课堂上只是被动地接受教师讲授的理论知识，很少参与到课堂教学过程中来。而社会发展对人才的要求越来越高，学生必须具备较强的综合素质才能适应社会发展的需要。教师在课堂上所讲授的知识不是孤立存在的，而是与社会发展以及个人发展息息相关。教师可以利用网络等信息技术建立"互联网＋"教学模式，将学生的学习与社会发展以及个人发展结合起来。通过教育与社会实践相结合的方式来培养学生具有较强的综合素质，从而满足社会对人才的要求。

（二）课程与教学论的课堂教学模式

传统的课堂教学模式中，教师是知识的传授者，学生则是被动接受者，教师在课堂教学过程中起主导作用，学生处于被动地位。这一模式并没有体现出教师在课堂教学过程中的主体地位，学生只是被动地接受知识，难以发挥其主观能动性。高师院校教师教育类专业的课程与教学论课堂教学模式则强调以学生为中心，强调学生在课堂上的主体地位和作用，强化学生在教学过程中的主动性和积极性。这一模式强调以问题为导向、以实践为基础、以创新为核心，既要通过创设问题情境来引导学生发现问题和提出问题，也要通过开展实践活动来培养学生发现问题、解决问题的能力和创新精神；既要发挥教师的主导作用，也要调动学生的主观能动性。

1. 以问题为导向，培养学生的问题意识

教师教育类专业的课程与教学论课堂教学模式强调以问题为导向，学生的问题意识培养是这一模式的重要内容之一。在问题的创设过程中，教师要提出有一定难度和挑战性的问题，让学生在课堂上提出问题，引导学生探究、思考。这种情境创设能够激发学生的学习兴趣，让学生通过观察、分析、思考、解决问题来获取知识、发展能力。

2. 以实践为基础，提高学生的综合能力

在课程与教学论课堂教学中，学生必须参与到实践活动中，通过实践才能提高自身的综合能力。为此，课堂教学模式要改变传统的"教师讲、学生听"的方式，引导学生主动参与到教学实践活动中，通过参与实践活动来提高自身的综合能力。在教师的指导下，通过对教学实际问题的调查和研究，学生能够更好地认识教学实际和课程设置方面存在的问题。此外，教师要积极引导学生参与到实际教学活动中去，鼓励学生进行课题研究或撰写论文等。只有通过参与实践活动，才能加深对所学理论知识的理解，从而更好地将理论知识运用到实践中去。通过参与实践活动，学生才能将所学的知识应用到实际教学中去，提高自身的综合能力。

3. 以创新为核心，激发学生的创造意识

课程与教学论课堂教学模式是以学生为中心的一种教学模式，注重学生能力的培养，突出创新意识和实践能力的培养，强调学生在学习过程中的主体性和创造性。课程与教学论课堂教学模式以创新为核心，强调在课堂教学过程中要发挥学生的主观能动性，鼓励学生大胆创新。这一模式在实施过程中通过多种形式来激发学生的创造意识，比如，通过设置情境让学生主动提出问题、提出方案并展开讨论；通过组织实践活动来培养学生发现问题、解决问题的能力；通过开展模拟课堂活动来培养学生的创新意识等。这一模式既有利于促进学生创新思维和创新能力的发展，也有利于培养学生独立思考、敢于质疑、勇于探索、敢于实践的精神。

二、师范专业课程教学与创新创业教育融合的研究与实践

在经济全球化背景下，创新创业人才越来越成为经济社会发展的重要支撑力量。师范生作为未来教育的主力军，承担着培养创新创业人才的重任。在师范院校从培养研究型人才转向培养应用型人才的过程中，应将创新创业教育融入师范教育中，通过创新创业教育促进师范生的全面发展和自我成长。

（一）创新创业教育融入师范专业课程教学的必要性

1. 促进师范生的全面发展

创新型人才不仅需要具备扎实的理论知识和实践技能，还需要有较强的创新思维和创造能力。创新创业教育可以改变师范专业学生"重理论、轻实践"的现状，将创新创业教育融入到师范专业课程中，可以培养师范生的创新精神和创业意识，提升师范生的综合素质。创新创业教育是一项综合性的实践活动，将其融入师范专业课程中，一方面可以使师范生在实践中学习和掌握专业知识，提升专业技能；另一方面，创新创业教育有助于师范生的综合素质的提升。

2. 发展师范生的实践能力

创新创业教育需要通过理论学习和实践训练来提升师范生的实践能力。首先，师范生在学习创新创业理论知识时，教师应引导他们关注前沿科技动态和国家经济社会发展的新形势，培养他们的创新意识。其次，师范生在实践训练中，教师应让他们接触真实的教育情境，提升他们的创新思维能力。此外，教师还应通过实践活动来引导师范生感悟、体验、研究、实践和探索教育教学规律，通过实践活动锻炼师范生的实践能力。

3. 助推师范生的自我成长

创新创业教育与师范生的自我成长之间存在密切联系。教师在教学过程中要不断地反思自己的教学行为，反思学生的学习行为，并根据学生学习过程中出现的问题，不断地改进自己的教学方式和方法，以提高自身的专业素养和综合能力。同时，教师要引导师范生通过实践活动来培养创新创业意识和能力，并通过实践活动来检验自己所学的理论知识是否真正掌握了。在这

一过程中，教师要有意识地培养师范生发现问题、提出问题、分析问题和解决问题的能力，这种方法可以有效提高师范生解决实际问题的能力。

4.促进区域教育的发展

创新创业教育作为一种新兴教育理念和模式，具有极强的创新性。传统师范院校应不断加大对师范院校教育教学改革力度，积极推进师范院校与地方政府合作建立实践教学基地，为地方基础教育提供大量高素质、高技能人才。与此同时，创新创业教育也可以促进地方中小学教师的专业化发展，帮助他们更好地适应现代教育教学需求。

（二）师范专业课程教学与创新创业教育融合的路径

1.加强师资队伍建设，提高教师创新创业教育能力

创新创业教育主要是培养学生的创新精神和实践能力，而教师作为教育教学的主体，其创新创业意识和实践能力都会直接影响学生的创新精神和实践能力的培养。开展创新创业教育可以有效改变教师传统教学观念，提升教师自身创新创业意识和实践能力。此外，开展创新创业教育还可以促进教师在教学过程中不断总结、反思自身的教学理念、方法和手段等，并在此基础上不断改进自己的教学内容和教学方法。

为加快创新创业教育师资队伍建设，提高教师创新创业教育能力，学校应加大对教师创新创业教育的培训力度。鼓励教师参与教师培训活动，了解创新创业相关知识。学校可以邀请具有丰富创新创业经验的企业家或成功创业者来学校授课，通过培训使教师对创新创业有更加全面的认识。鼓励教师参与大学生创新创业大赛，并对获奖团队和个人进行奖励。通过多种形式的培训活动提高教师创新创业教育能力，促进课程教学与创新创业教育融合。

2.优化课程体系，打造创新创业课程教学特色

（1）调整课程设置

学校应结合地方经济社会发展实际和地方院校办学特色，调整师范专业课程设置，增设创新创业教育类课程。在师范专业课程设置中增加创新创业教育内容，如将创新创业教育内容纳入基础学科教学，增加创新创业实践教学课时。

（2）完善课程体系

学校应构建基于师范生职业能力培养的课程体系，如开设"师范生教学技能训练""教师职业道德与法律法规"等。针对师范专业学生开设的创新创业教育类课程要注重理论与实践相结合，培养学生的创新精神和实践能力。

（3）积极开展课堂教学改革

采用多样化的教学方法，提高课堂教学效率，如可以将案例教学、项目化学习、翻转课堂等多种教学方法有机结合起来，开展翻转课堂、案例教学等课程教学改革；还可以将实践操作能力的培养与理论知识学习相结合，鼓励学生进行项目化学习和自主创新创业实践，开展"产学研"结合教育实践活动。

（4）加强校内外资源整合利用

学校应充分利用校内现有资源和校外资源，为学生提供良好的实践机会，鼓励教师到基础教育学校实践锻炼。学校应鼓励学生积极参加各级各类创新创业大赛，并对获奖团队和个人进行奖励。

3. 以学生为中心，开展项目化学习

项目化学习是以学生为中心、以学生的问题为中心，以学生完成项目任务为目标，在教师指导下，在真实情境中以项目学习的方式进行学习的一种学习模式。项目化学习的实施过程包括问题情境设计、学习资源准备、小组合作、实施计划、项目汇报、成果展示等环节。在项目化学习实施过程中，教师需要引导学生分析问题、发现问题，并提出解决问题的方案和建议。学生根据教师提出的问题进行自主探究和团队协作，并最终完成项目成果。在项目化学习过程中，教师需要给予学生足够的时间进行独立思考、自主探索和合作交流。教师应鼓励学生独立思考和充分交流，及时发现学生的创新思维，并提供指导和帮助。

师范专业课程教学与创新创业教育融合也可以采取以教师为中心、以学生自主学习为主的教学方式。学校鼓励教师在教育教学过程中采取多样化教学方式，开展项目化学习。教师可以根据课程内容的不同采取不同的教学方式，如案例教学、任务驱动式教学等。教师采用案例作为引导材料，通过对真实问题进行分析和探究，帮助学生掌握相关知识和技能。也可以利用一系列的任务将学生引向特定主题，教师可以在课堂上设置一个或多个具有一定难度和挑战性的任务，让学生在解决问题过程中学会使用多种学习资源和策略。

4.完善考核体系，激发学生创新创业热情

师范院校要加强课程教学与创新创业教育融合，除了要系统规划、加强顶层设计以外，还要坚持以学生发展为中心，紧密结合师范生自身特点，有针对性地加强课程教学与创新创业教育的融合。传统的课程考核体系，主要是以期末考试成绩为导向，采用"一考定终身"的方式，而创新创业教育不应该采取这样的考核方式。学校应制定合理的创新创业考核评价体系，将学生平时成绩、课程作业、课堂表现、实验操作、竞赛获奖、课外科研项目等多方面内容纳入考核范围，将创新创业教育的考核贯穿于课程学习和毕业设计（论文），从而激发学生学习兴趣和热情。同时，学校应积极引导学生参与各类创新创业竞赛活动，并将其成绩纳入课程考核体系，充分调动学生参与创新创业竞赛活动的积极性。另外，学校应建立和完善创新创业平台建设机制，为学生提供创新创业实践机会和发展空间，使其在创新创业活动中不断提升创新创业能力。

第六章　中小学骨干教师远程培训

第一节　"学员课堂"培训模式

　　学校是教育发生的地方，课堂是教师成长的地方。中小学骨干教师是区域和学校教育教学的核心，没有高水平的骨干教师队伍，也就没有高质量的办学水平。河北科技师范学院作为中小学骨干教师培训基地，承担了河北省小学数学、语文、信息技术、幼儿园骨干教师的培训任务。学院立足骨干教师需求，创造性地实施基于"学员课堂"的现场教学活动为载体的培训方式，着力改变传统的培训模式，使培训从入耳到入心，从经验分享到深度学习，从注重结果到关注过程，以研带训推动骨干教师教学能力和教研水平的专业化提高。

一、"学员课堂"培训方式的内容

　　经过几年的实践，"学员课堂"培训方式通过开展现场教学活动，发现它既能发挥骨干教师的引领与示范作用，又通过团队研修的方式提升整体的专业水平，能有效地增强培训的效果。

（一）"学员课堂"的概念

　　"学员课堂"是指在中小学骨干教师集中培训中，依据培训主题、培训时间和学科教学进度选定一线教学内容，经过全班聊课，分组磨课后由骨干教师进入中小学校现场授课，通过教后说课、集体评课等方式进行反思，以交流提升骨干教师教学能力和教研水平为主要特征的一种研修方式。"学员课堂"的开展分为五个环节：选课（依据培训主题、培训时间和学科教学进度选定一线教学内容），聊课（全班交流，思维碰撞），磨课（分组备课，微格试讲），上课（现场教学，全班观摩），思课（教后说课，集体评课）。

从学员课堂的环节看，"学员课堂"不是传统意义上的公开课，不是教学水平的展示，也不是为了比赛评奖，是为了解决骨干教师在实际课堂教学中存在的问题，依靠团队的力量使每一个教师个体实现专业化的成长。在此过程中，学员开展课堂教学活动，在各个环节的推进过程中提升教学教研水平，并在团队合作中感受培训的快乐、教学的快乐和教研的快乐。

（二）学员课堂的主要特征

"学员课堂"将培训中的骨干教师作为课程资源进行开发，使骨干教师在培训中发现并提出真实的教学问题，在团队合作和专家引领下分析并解决问题，同时将培训中的理论学习与聊课、磨课、上课、思课等教学教研实践相结合，在此过程中，主要体现以下四个特征。

1. 实践性——骨干培训与日常教学融合

传统的教师培训过于注重理论知识的传授，认为培训是专家讲授、传递教育教学知识的过程，参训学员只是被动接受各种教育教学理论，个别的案例分析也是听取专家的分析，这样的培训导致骨干教师缺乏在实践中检验培训中所学理论知识的机会。

在"学员课堂"中，各环节实施的过程就是教师实践的过程，也是骨干教师培训的过程。培训的过程不再是专家学者对培训者的单向知识的传递，而是培训者与专家学者、培训者之间双向互动的过程。常规培训教师多被动参与，而学员课堂强调骨干教师的主动参与。"学员课堂"通过设置骨干教师到中小学课堂授课的形式，给骨干教师充分的实践空间，让培训成为一个主动建构的过程，让教师在实践中检验所学理论，从而获得真正的发展。

2. 主体性——为骨干教师的发展研修

骨干教师集中培训是一种特殊的交往活动，这种交往培训的目标就是促进参训教师教学和教研水平的提升，在这个活动中交往的主体是骨干教师。

学员课堂是围绕"课"进行的，这与骨干教师听报告、经验交流、外出听课不同。"学员课堂"将参训学员作为培训的主体，通过选课、磨课、聊课、上课、思课等形式让学员全过程参与到实践活动中。它具有经验、理论、实践相互融合的特征，是个体基于以前经验的实践，与培训中的教学教研行为发展成为新经验的过程，是骨干教师自身对群体活动中的他人经验进行分析转化为自身经验的过程，也是自主地将外部理论和专业知识主动建构的过程。这样的培训方式为参训学员的主体性发展提供了良好的环境，无论是课前还是课后所有成员的研讨交流，还是骨干教师自身的独立思考，都离不开个体积极主动的参与，能充分调动骨干教师的主体性和能动性。

3. 合作性——同伴互助、民主和谐的培训文化

学员课堂强调形成学习共同体，在民主和谐的文化氛围中，独立思考、合作交流、同伴分享。"学员课堂"在选课、磨课、聊课、思课四个环节的实施中，采用不同的形式和途径让骨干教师相互协作，针对发现的问题进行研究，经历发现问题、提出问题、分析问题、解决问题的全过程。通过班级、小组等不同层面的交流加强合作，使培训中的骨干教师的教学与教研紧密结合，个人提升与团队发展相互融合。

"学员课堂"将每一位骨干教师视为培训中的资源，为教师搭建合作交流、集体反思、相互学习、共同提高的平台。在活动过程中，教师希望自己的思考能够得到团队成员的认可，同时也期待在与同伴的交流和互动中获得发展，所以每个骨干教师都积极参与其中，在和谐的氛围中提高培训的效率，形成骨干教师培训中新型的团队培训文化。

4. 开放性——培训资源的积累与共享

"学员课堂"培训方式改变了原有的以"封闭"为特征的培训思路，实现培养方式和培训空间的全面开放。第一是授课内容的开放，学员课堂授课内容的提供依据中小学一段时间的教学进度选择不同的课程供学员选择；第二是培训形式开放，"学员课堂"采用全班聊课、小组磨课、微格试讲、现场授课等多种形式，多角度、多维度开展活动，将"学员课堂"活动的开展融入骨干教师培训的全过程；第三是培训空间开放，学员课堂打破了传统"耳听笔记"的培训方式，将培训由专家讲堂转向骨干教师熟悉的教学现场，使骨干

教师能够很好地把实现理论与教学实践相结合，在实践中完善理论，提升水平，同时也将骨干教师培训引入一线，将培训资源与中小学校的教研相互融合，借助培训资源推动区域教育发展。开放的"学员课堂"搭建了教师培训与一线教学的"立交桥"。

二、"学员课堂"培训方式的实施

"学员课堂"是直面中小学课堂教学真实问题的研修，利用骨干教师培训相对集中的一段时间，将学员置身于真实的教学与教研氛围中，各个环节中每一位骨干教师不但是实践者，还是学习者和研究者。在学习中研究，在研究中实践，在实践中交流，在交流中思考，实现骨干教师个体与群体的协同发展。

（一）选课环节

"选课"是指培训组织单位首先依据培训主题、培训时间和学科教学进度选定一线教学内容，在集中培训第一天发布授课课题，分组选择；其次就是课题选定后，组内集体研讨教材内容，交流想法，学员主动申报，集体研究确定授课教师；最后是集思广益，团队协作，形成初步的教学设计。

（二）聊课环节

"聊课"是由授课学员将拟定的授课教学设计在培训班进行交流，各组分别就教学设计进行评析并提出建议，取长补短、完善教学预设的过程。聊课的方式能活跃培训的氛围，创建一个轻松愉悦的教研氛围，给参训学员一个自由交流的空间。在聊课的过程中学员的学习方式自主地发生了转变，由传统的接受式学习转化为主动参与到学习的过程中，由传统的分析问题、解决问题转化成自主的发现问题、提出问题，再分析解决问题的过程。

（三）磨课环节

"磨课"是以组为单位，利用微格教学设备，由本组授课教师进行模拟试讲，反复打磨，实战演练的一种形式。此环节利用微格教室全程录像，第一阶段由授课教师"教前说课"，重点说怎么讲，为什么这么讲，组内人员在此阶段不发言，重点是思考授课教师的设计。第二阶段是模拟讲课。组内教师模拟学生回答问题，配合授课教师完成试讲。第三阶段是组内评议。组内各成员对试讲情况作出评价，提出建议和意见，重要的是查找不足。针对授课教师的风格反复雕琢、打磨，针对具体细节通过视频回放的方式进行研究，提出改进意见，授课教师做好记录。第四阶段是授课教师根据大家的建议修改教学设计，对于记录不清楚的地方，可随时调阅视频资料，修改设计后再次微格试讲。

（四）上课环节

"上课"是根据培训课程的安排，到中小学借班上课，以日常课堂教学的形式现场授课。学员参与听课，做好听课记录，重点结合培训的主题进行观察，如教学预设的达成，教学生成的处理，学生主体地位的体现，学生核心素养的养成等。上课环节全程录像，形成视频资源，为教师发现问题、积累经验、进行反思提供真实可靠的依据。此环节除讲课所在中小学参与听课外，也邀请其他学校教师参与活动。

（五）思课环节

"思课"环节重在"反思"教学，在授课后进行。重点反思课程的亮点，体现了新课程的何种理念，遗憾在何处，如何修改等。授课教师结合课堂教学进行"教后说课"，各组派代表进行评课，培训专家点评。这一环节重在通过授课教师、参训学员、听课一线教师、高校专家的深层次对话，使一线教师在实践中提升理论水平，高校专家获得实践的经验，这样参与的主体都能从中获得专业发展。

三、"学员课堂"培训方式作用的思考

经过几年的国培计划和省培计划的培训实践，"学员课堂"培训方式在

学院中小学骨干教师培训中取得了较好的培训效果，得到了骨干教师的赞扬，成为历次培训中骨干教师评价中打分最高的课程。

（一）紧贴一线教学，创新培训方式

多年的培训调研和实践告诉我们，骨干教师最希望的是通过培训提升自己的教学教研能力。"学员课堂"通过现场授课的方式开展教研活动，由于授课的内容是依据教学进度进行选择，与传统的公开课相比，更接近于常态课，而全班聊课、分组磨课能充分调动参训学员的积极性，学员参与度更高。中小学骨干教师培训的重要目标就是提升他们的教学水平，学员课堂设计了五个环节，其中组内互动、全班交流、专家点评等形式，能提升骨干教师的教学设计、教学实施、教学研究的能力。与传统的专家讲座相比，学员课堂综合性强、参与面广、学用结合，注重教师实际教学能力的改善和提升，将培训学习内容内化为教师的教育理念和教学技能。学员课堂的融入拓展了培训的方式，拉近了培训课程与骨干教师一线教学的距离。

（二）关注实践课程，强化问题引领

在中小学骨干教师集中培训中，实践课程具有不可替代的作用。专家的理论传授只有通过个体的亲身实践才能内化吸收，这种内化的条件就是实践，通过实践才能将理论转化为学员的个体知识。此外，骨干教师的教育教学中存在的问题也只有在教学实践中才能外显出来，学员在实践中发现问题，在交流中提出问题，在合作中分析问题，在反思中解决问题，经历了一个问题解决的全过程。可以说，实践课程是知识的有效性与教学的有效性进行沟通的桥梁。

（三）提高教研能力，促进专业成长

通过磨课，学员课堂可以创设民主开放的研讨环境，给参训教师一个独立思考、互相学习的空间。在微格教学中，参训者不仅有机会登台面对本组学员讲课，表达自己对课程、教材及教法的想法，还可以在观看和相互观摩中吸取其他骨干教师的创新意识和教育教学的经验，同时通过参与对他人的评价，总结经验。在课程反思环节，参训者针对上课的情况进行探讨、研究和分析，与授课教师进行专业的研讨，根据自己采集的课堂观察的信息，提出基于新课改理念的教学改进的意见和建议，围绕自己感兴趣的主题，撰写反思报告。学员课堂的实践可以让参训骨干教师反思自己的教学，吸收培训中的他人的经验，并通过个体、集体研修的方式进行教学研究，由理论到实践，参训教师的教研能力得到很好的提升，促进教师专业成长。

（四）注重团队合作，促进资源共享

深度合作深度备课，是骨干教师培训的核心理念，有深度才能有高度，有合作才会使教师由封闭走向共享，从孤立走向团队，从职业走向专业。"学员课堂"培训方式将骨干教师依据教学任务组建学习共同体。在团队合作中，骨干教师针对问题进行分析，发表自己的见解，其他骨干教师在认真倾听中分析自己的教学中是否存在类似的问题，并假设自己面临问题时如何解决，在解决问题、分享经验中体验同伴互助的快乐，提高每一个团队成员的专业水平。"学员课堂"通过现场授课的方式，将骨干教师资源引入中小学，将培训资源共享，成为高校培训与中小学沟通的纽带。此外，高校还可以将师范专业学生的见习实习与培训中的学员课堂相结合，让师范生参与到学员课堂的全过程，借力培训资源，助推学科专业发展和人才培养。

附：2015年河北省中小学农村骨干教师教师培训"学员课堂"感悟。

学习　实践　反思　成长
——一次难忘的讲课经历

2014年9月，我考上了青龙的教育岗位。由于我家在抚宁，考虑路途问题，我选择了离家近些，距青龙县城较远的花果山小学任教。该学校地处山区，人口稀少。现在校人数共65人，在职教师5人。

去年我教的六年级仅有7名学生，今年教四年级，共9名学生。由于交通不便等原因，新入职的我很少有外出学习的机会。所以平时讲课主要靠自己对教材的理解和对孩子负责的心态完成教学。我深知，虽然已在教师的岗位上，但距成为真正的"教师"还差很多。所以这次领导安排我参加这次为

期 20 天的 2015 年"国培计划"河北省农村小学数学骨干教师培训活动,我是既兴奋又激动。

2015 年 11 月 6 日培训开始了,每天的讲座都非常精彩实用。我每天都认真听讲、记笔记、录音等,生怕错过什么。不仅如此,我发现身边的每位老师都很优秀,所以休息时间,我经常向她们讨教教学经验。虽然很忙碌,但很充实很快乐。

直到 11 月 8 日,"噩梦"开始了。秦文老师给我们班分成了六组,要求每组选出一个人讲课,两个人说课,两个人作微报告,两个人评课,一个人做简报。其实这是我第一次听说"微报告""简报",这两个名词。心想,又长见识了,我们这么多优秀教师,每个任务都会出色完成。小组讨论的时候,我们组都很积极,除了讲课这一项任务,别的任务很快被她们"抢"走了。但谁讲课啊,大家都在互相推荐,但都用很充分的理由拒绝。最后大家都看我,说:"这次讲课是一次锻炼,会有很大的提升,并且咱们组讲二年级的'7 的乘法口诀'这一课,你这么年轻,最适合了。""可是我刚任职一年半,经验少,又没有接触过二年级的孩子,怎么讲啊?"我既吃惊又紧张的回答。"没事,我们帮你备课,给你指导,这是一次难得的机会,你肯定行的。"听到机会我有些犹豫了,"小妹你就讲吧,就咱们组的这几个人听,讲不好也没关系的;再说还有这么多老师帮助你,肯定没有问题。"她们接着说。我说:"行,我试试看吧。"顿时掌声响起。可是我的心跟打着鼓似的,咚咚咚地跳。因为说完我就后悔了,心想太冲动了。但是既然选择了,就要做好。

下课后,我发现别的组讲课的老师都是骨干教师,瞬间信心全无,不知所措。我把我的心理活动告诉了媛姐,她说:"没事,正是因为你年轻,所以不要有压力,只要按照教材把课顺顺利利地讲下来你就成功了。"我使劲点头。回宾馆后,媛姐帮我找到了电子教材,并在网上下载了一个教学设计,让我先去研究一下。那天晚上我睡得很晚(可以说,从那天起,到讲完课,我睡得都很晚)。

第二天,王姐给我拿来了教材和参考书,娜姐给我拿来了教学案例实录的杂志。这也是我第一次看这么专业配套的教参和杂志。课间的时间我找到于艳工作室的丹凤姐、计姐,并把昨晚的教学设计给她们看。她们看后意见是：市里的孩子，其实都已经掌握了7的乘法口诀，你再这样一点一点地讲，就没有意义了。也就是说，这个教学设计不行。晚上带着丹凤姐和计姐的意见，我找到了卢龙的五位老师，重新进行备课。先分析教材，然后对每个环节进行分析，讨论。最后我把讨论的结果一一记了下来，几乎是庞姐说一句，我写一句。回到宿舍，看到崔姐（有丰富的教学经验，曾参加过省级课，不是我们组的老师）还没有休息，我就轻轻地问了句，能不能帮我看看。话音刚落，她说："行！"然后拿起了我的稿子改起来，一句一句地看。她几乎把每一句话都变得很精练，让我又感激又佩服。改完后，我又看了一遍，看来真的得"背"课了，因为这都是别人的想法。

第三天，我拿着教学设计给秦皇岛的王姐看，她的意见和丹凤姐和计姐的观点很相似。她说孩子对这部分知识已经掌握了，你应该多"放手"。然后就课堂中的语言，她结合二年级学生的特点和她的经验对这篇教案进行了指导。她说话很有趣，也很有针对性，我尽可能多地记住了她的话。"张蕊，差不多今晚就得把设计定下来，大后天就要试讲了，你还要做课件，时间挺紧的。"丹凤姐说，计姐补充道："课是你的，别人的都是建议，尊重你自己的想法。"我说："嗯。"可是我没有想法啊。下午放学后，新区的常老师找到了我，要看看我的教案，看后她说："用'七星瓢虫'引入你感觉怎么样？"我顿时眼前一亮，"我觉着很好，我最初的想法就是用七星瓢虫引入，可是大部分老师说要尊重教材。"她说没关系的。就这样，晚上我找到了常老师，几乎是重新备课，这次不同的是，我的很多想法得到了常老师的肯定。不知怎么的，我不断迸发出新的想法，例如，制作七星瓢虫卡片，当作礼物，最后让学生计算得到七星瓢虫的只数，以及斑点数等。就这样新的教学设计生成了。虽然这次研讨到很晚，但我浑身充满了能量，没有一点倦意。并给她们大致地串讲了一下，因为这次很多都是我的想法（在常老师的鼓励下生成的）。那晚我很高兴，做梦都是七星瓢虫。

第四天上午，我们来到开发区一小听徐长青老师的课，坐到教室里，我突然有个疑问，我是不是也要在这样的环境下讲课啊？媛姐说："是的，你不知道吗？"当时我的脑袋嗡的一下，本来就讲不好，还要面对这么多骨干老师，完了，这下死定了。"没事的，多好的锻炼机会啊，这么大的场面其实只要你敢站在那你就已经成功一半了，要相信自己没问题的。"可是我的心情还是很沉重。

下午，我把新的想法和丹凤姐，计姐沟通了一下，丹凤姐说："老教材用的就是七星瓢虫导入的，新教材换成七巧板，肯定有它的意图，最好尊重教材。"我的心瞬间又凉了，怎么办？晚上我又找到常老师，常老师说，她们说的也在理。就这样我们又开始改，最后把七星瓢虫放到习题里了。但是我不甘心，也有疑问，由于我自己对七巧板并不熟悉，就认为孩子们也不熟悉，但又要尊重教材。就这样带着纠结焦虑，那晚我失眠了。

第五天，我把我的想法告诉了王姐，她说你不必担心这个，市里的小孩基本上都玩过，孩子接受起来没问题的。并且又告诉了我许多组织课堂教学的经验，可是我从来都没有面对过这么多的学生，即使已经告诉我怎么处理，我也把握不好啊，主要是我一下子记不住啊。明天就要试讲了，我该怎么办啊？晚上我又找到了常老师，按照新的想法又串讲了一次。常老师说可以，你要对自己有信心。可是我还是没有把握，回到宿舍，把新的教学设计做成了课件。本来回来得就晚，再加上之前从未做过课件，那晚我忙到一点半。

第六天，来到微格教室，看着这么先进的设备，我更加紧张。拿着不熟悉的教学设计，开始了试讲，讲到一半我实在讲不下去了。看着大家失望的眼神，回想之前的努力，觉着很委屈；再看看曾经帮助我备课到深夜的老师们，还有即将到来的讲课的日子，我感到很无助。这种前所未有的挫败感，让我不知所措。她们看到了我的失落都来安慰我，常姐说："昨晚说得挺好，今天怎么了？"我说："不知道，我什么都记不起来了。"她们想让我再试试，再改改教案，可是我真的不想再改教案，我想见学生，我想看看有六七十个孩子的大教室是究竟是怎样的，他们是有多活跃，十多天没有讲课的我，面对这冷冰冰的教案，实在是一点感觉都没有了，我实在改不下去了。这时秦文院长进来了说："一切尊重你的意愿，别人的都是建议。"有了秦文院长的支持，我更坚定了自己的想法。并且在娜姐的帮助下，允许我试讲一节。这回真正意识到自己的不足，找到了改正的方向。

回来后，我心情大好，开始了新一轮的备课。这次是大家一起研讨的，核心的内容没有变，只是更加细化了，把每一句过渡语都进行了完善。（其中有一半的设计，是我试讲的时候讨论的，并且庞姐一句一句的帮我记了下来，我真的很感动，我暗下决心，一定要把它讲好！）接下来就是背了，她们说要想成为自己的东西，就得背得特别熟，可以一遍一遍写，记得又快，思路又清晰。我大概誊写了四遍，每抄一遍我都有新的体会，也有改动。距离讲课越来越近，由于白天要参加培训，工作都是晚上完成的。感觉时间过得特别快，我也越来越紧张，怕辜负了大家的成果、怕中途"忘词"、怕孩子太调皮，控制不了课堂，总之心情很复杂。

11月17日上午，我第一个讲。刚开始，还有些紧张，而且有一个小环节，弄错了，但我马上补救了回来。渐渐地我进入了状态。顺利地讲完了这节课。伴随着下课的铃声和掌声，环顾一下周围的老师，看到了他们肯定的笑容，我也笑了，不管是好还是差，至少我做到了。我们组的姐姐们对我的表现也很满意。

其实在备课的时候，我曾幻想过n种讲完后轻松的心情。可是真的讲完后，才发现那不叫轻松，叫充实。我认为我的收获并不是最后大家给我的掌声，而是为了这次课，那一波三折的经历以及在经历的途中收获的那一份份纯洁的友谊。对于那些帮助过我的老师和领导，对他们的感激之情，无以言表，但我会把你们教给我的经验和技能，全部带回我的学校，用在我的实际教学中。

现在回想起那节课，各个环节仍历历在目，很多细节还有待完善。我想这就是我的进步吧！在不知不觉中学会了反思，在反思中不断地成长。

一次美妙的体验

讲公开课，特别是大型的公开课，是许多老师向往的。然而备课过程中的艰辛，又让许多老师望而却步。我曾经讲过几次区级的公开课，留给我的虽有喜悦，但更多的却是惧怕。所以我便有了这样的观念：公开课能不讲就不讲。这恐怕也是大多数讲过公开课的老师们的共同的想法。然而今年在秦皇岛"国培"期间，我意外地讲了一节公开课，却是一次美妙的体验，彻底让我改变了对讲公开课的想法。

我们这次"国培"一共是20天，小学数学班的一共有80多人，分别来自唐山、秦皇岛和沧州。主管培训的秦文老师把我们分成6个组。这次培训同以往的培训确实不一样，学员不但要学理论，而且要参加讲课、评课、说课、微报告等实践活动。这些活动中最艰巨的就应该是讲课了。因为备课时间只有一周，而且要根据秦皇岛当地小学的进度，讲规定好的内容。所以各组在分配任务的时候，几乎没有老师出来主动要求讲课。我们唐山二组分到的是三年级的一节课。其他的任务都尘埃落定了，只剩下了讲课的任务。我们组里只有我和丰润的王艳慧老师在学校讲过三年级的课程，所以全组成员一致决定，我们两个人当中必须有一个人讲课。说实话，当时我的心里非常矛盾，既担心这个任务落在我头上，内心深处却又觉得落到我头上也不错。为什么这么说呢？如果你真的去讲的话，这一个星期一定是很煎熬的。吃不香，睡不好，还要不断地修改教学设计，制作课件。可是反过来想，秦文老师反复强调，这不是什么评比课，没有好坏之分，同时全组的成员都会帮助你备课。这应该是一次讲省级课的机会，而且不存在任何功利性，错过了，恐怕这一辈子就不会再有了。这样的矛盾心理，加上我内向的性格，我并没有主动争取这个任务。后来，丰润的另一位老师说，王艳慧老师曾经参加过市级课的比赛，所以组长决定由她讲课。我长长地舒了一口气，又多少有一点遗憾。然而意外就在第二天早晨突然发生了。组长把我叫到一边，告诉我，王艳慧老师的家里出了一些意外情况，无法集中精力备课，只能由我讲课了。我并没有怎么犹豫就答应了，不过心里的压力陡然增加了，当然还有一些小小的窃喜。

领了任务之后，就要经历所谓的"痛苦煎熬期"了。研读教材教参、制订教学目标、思考教学流程、精心设计习题、制作教学课件，所有这些工作虽然说有组员帮忙，但主要还是由自己完成。在忙碌的这几天里，我确实感觉身体有一些累，可心里的感受却同以往有所不同。以往的公开课多多少少让我感到无奈，心中有些自认为很好的想法，往往不符合"上级"的意愿而夭折，我所演绎的往往是别人眼里的精彩。正是这样，我才越来越怕上公开课，因为那里没有真的自我。所以在准备的过程中是身体累，心更累。而这次完全不同，没有人束缚你的思维，没有人提醒你要夺得好名次，你想怎么讲就怎么讲。这次的讲台，就是自我展示的舞台。身体上的劳累，完全被心里的充实、自由甚至愉悦所同化，这就是一次非常美妙的体验！

在正式讲课之前，我们到河北科技师范学院的微格教室，进行了一次试讲。试讲的时候，我的心里是紧张的，但是也是激动的。当把我的教学思路展示给同组的老师们之后，他们真诚地指出了需要改进的地方。我当时真实的想法就是："真心感谢你们，我越来越有自信了。"因为我看得出来，老师们的建议都是发自内心的。他们的目的很简单，就是让这节课越来越好。这样的"磨课"，我以前是没有经历过的。以往在讲公开课之前，也需要多次这样的"磨课"。虽然很多时候我也有收获，但在那样的情境里，我有时真的就成了被"指导"的对象，往往越"指导"越自卑，甚至产生放弃的念头。而在如今这种宽松、融洽、自由、平等的氛围中，我们都是幸福的。这就是一次非常美妙的体验！

2015年11月16日，秦皇岛开发区第一小学。这个时间，这个地点，对我来说是刻骨铭心的。我走上了向往已久的，属于自己的讲台。在这节课中，我敢于把自己称作"齐天大圣"，让同学们哈哈大笑；在这节课中，我敢于使用曾经被"批评"过的夸张动作；在这节课中，我敢于把话筒直接放到孩子嘴边，搞突然袭击，尽管他可能没有举手；在这节课中，我敢于把习题设计得超有难度，哪怕只有几个同学能懂；在这节课中，我敢于随时和孩子开句小玩笑，以保持他们的兴奋度，尽管这曾经被一些"严谨"的人称为废话；在这节课中，我敢于……尽管这节课还有很多的不足，但这是我第一次在没有"家人"的监护下，完全释放了埋藏已久的情怀。那种酣畅淋漓，那种激情澎湃，那种随心所欲，那种甚至不敢在自己的班展现的疯狂，在这个异地的、陌生的讲台，我终于体验到了！这就是一次非常美妙的体验！

这节课讲完了，而我激动的心情却久久不能平静。这次培训搭建的平台，给了我们一线教师一次非常好的展示机会。这个平台真真正正的是单纯的研究学问，是我们一线教师最需要的。

第二节 "骨干教师工作坊"培训模式

随着中小学教师"国培计划""省培计划"的实施，教师培训已经成为当前教师专业发展和终身学习的重要路径。骨干教师在基础教育课程改革中发挥着引领和示范的作用，骨干教师的发展直接影响着一所学校的教学质量，中小学骨干教师培训是进一步提升骨干教师教育教学水平的重要途径。"骨干教师工作坊"培训方式注重培训的过程，强调教师的参与，促其教育教学能力和教研水平的提升，从而推动骨干教师专业成长，由优秀走向卓越，形成骨干教师常态化培训模式。

一、"骨干教师工作坊"概述

（一）"骨干教师工作坊"培训方式

骨干教师工作坊培训是由高校专家、教研员和骨干教师三者共同构建，参与人员在研修的过程中依据实践教学中的问题开展对话与沟通、集体思考、调查分析，结合实践开展研究，构建一个有系统的过程，营造一个宽松和谐的氛围，互助互动的培训方式，是一种新型的学习形式。

高校的专家主要负责主题式培训的理论支撑，对理论研修的过程进行必要的指导和提升；教研员承担学科教学的实践支撑，重点对课程、教材尤其是教学设计进行指导；骨干教师提供教学案例，提升理论水平，完成"学员课堂"的开发和整理。

（二）"骨干教师工作坊"培训的主要特征

1. 实践性

只有来自实践的问题，才是真问题，骨干教师已有的实践经验是开展工作坊研修的基础，挖掘骨干教师日常教育教学经验隐藏的理论和思考，提升其理论水平，促进其行为由自发走向自觉。

挖掘学员成功经验，探究经验背后的思想和心理，提升行为的自觉性。

总结一个人的经验会使这个人增强自信、提高集体观念，激发大家深度交流的愿望。在学习经验的时候，往往注意了具体方法和过程（模式），忽视产生经验行为的内心思考，追问思考才会获得智慧。

2. 参与性

骨干教师工作坊研修注重参训学员的参与性，合作学习与自主学习相互结合，使骨干教师经历发现并提出问题、分析和解决问题的全过程，使参训教师全方位、多维度地主动融入培训的全过程。协同过程确定问题，协同促进对问题的深度汇谈，协同激发了深度汇谈中的个人与组织的"融智创新"，协同是汇集、是整合、是再造。确定真问题进行实践研究，在新的经验探讨中，提升理论与实践能力是学习的根本目的。只有来自实践的问题，才能突出需求的针对性，针对性才是激发研究自觉性的关键。

3. 合作性

网络学习具有开放、共享、快速、高效的特点。工作坊研修通过合作的形式构建学习共同体，开放时间和空间，营造和谐共享的团队研修氛围，将专家的理论、教研员的教研、骨干教师的实践有机融合成一个整体，搭建相互学习、取长补短、教学相长的平台，将参训者作为培训课程资源予以开发。实践能力只能在实践中习得，活动中的"课程引领、实践交流"，传统培训的内容（课程）是培训者预设的，学习者被动接受，学习过程失去了使学习者学习、创生、升华的过程，活动才能体现主体性学习。活动是体验过程，体验是有效学习的基本特点。

（三）"骨干教师工作坊" 研修方式

（1）在线学习与线下实践相结合。通过网络进行课程资源的学习与建设、研修活动的发布与组织、教学问题的讨论与研究；将线下研修活动开展嵌入项目实施过程，通过设计与网络研修相配合的实践任务，指向真实教学情境，实现教师教学能力的提升。

（2）主题研修与自主选学相结合。主题研修确定学员研修规定动作，设定项目实施基本框架和方向，确保各工作坊活动的有序推进；通过自主选学满足各工作坊学员的个性化研修需求，为工作坊的特色发展提供保障。

（3）专家引领与协作研修相结合。通过专家引领对研修活动进行顶层设计、组织及指导，为学员的研修活动提供条件与支持；通过坊内和坊间的协作研修，在不同研修主体间建立连接，促进多点沟通，实现协作发展。

（4）问题解决与行动研究相结合。从教育教学工作中值得研究的实际问题出发，强化学员对理论与技术工具的理解、掌握和应用，在行动研究中解决实际问题，不断改进教学实践，提高研修的针对性和实效性。

（5）案例研讨与成果分享相结合。通过案例研讨实现经验的发现、提炼、传播和示范，促进学员结合日常教学工作开展网络研修；基于成果分享，促进生成性资源的动态更新和优化，实现研修资源的深度应用和推广。

（四）"骨干教师工作坊"研修内容

1.注重以问题为中心的设计理念

鉴于教师培训的实践性、情境性、参与性等特点，各类培训指导性文件中都明确提出培训内容应"以学科为基础，以问题为中心，以案例为载体"。然而怎样才能将其落到实处？问题与案例是什么关系？如何开发出能够回应教学实施难点问题、重点问题的培训内容？这是解决一线课改倦怠、培训倦怠的关键。

（1）教学内容的选择以核心问题为中心

教师培训课程必须源于课堂实践，培训课程开发的第一要务是梳理"核心问题"。"核心问题"不能是琐碎问题，而是对教学实施中常见误区、现象的典型概括，要尽可能将教学实际中的典型问题与课程标准中相应的重点、难点问题结合起来。

每个课程模块可依据课程标准和教学实际提出若干个"核心问题"，由"核心问题"带动理论阐释与案例评析。问题的梳理源于课程开发团队数年的积累及学前调研，这些基础研究是课程开发的起点，确保问题选择不是由概念而产生。

培训内容的设计能够充分体现当前教学实施的特点，做到正确的导向性、问题的针对性。模块内容的选择体现课标修订精神，但又不是只谈理念，而是结合教学研讨课标为什么会有这样的变化，从而达到切实提高学员对学科教学的认识水平的目的。

选择"核心问题"要考虑到"以学科为基础",并不是编写教科书,不是将大学学科知识体系的内容重新讲一遍或是查漏补缺。因此,不求人为系统性,不必面面俱到,但求对学员有所获,针对性是很强的。以问题为核心的教学内容更能让学员抓住学习的重点。正如学员所说,专家引领中理论加案例分析让我们教师能学到真正的知识以促进教学,解开自己一直迷惑的问题,专家对新课程中重点问题的梳理和解释开阔了我的思路,让我重新理解了新课程教育理念。

(2)视频内容的呈现以问题为单元逐步推进远程培训以收看视频为主要学习方式,相对于集中面授很容易出现注意力不集中的现象及疲惫感。为了提高可视性和综合收视效果,保证视频课程既实用又易于接受,视频内容呈现形式必须丰富多彩。视频课程一般要求每个"模块"须分为若干个"专题",每个"专题"可由案例、案例研讨、问题聚焦、专家讲解、主持人小结等元素构成。部分学科模块还采用了主持人制,由主持人研讨课程方案、设计模块内容、讲授重点问题、连线课程专家、搜集相关案例等。大多数模块穿插专家采访、讨论、插入视频案例及 PPT 等多呈现形式。

2．工作坊研修内容设计的主体

一线教师最喜欢的授课专家是属于学者型或者专家型的教师,主要原因有两个。首先,理论上,上述两种类型的教师对中小学教育教学规律非常熟悉,且亲自在实践过程中深刻领悟了新课程改革的理念与精神。其次,这两种类型的教师掌握了许多真实生动的教学案例。因此,从理论与实践两个层面来说,上述两种类型的教师在担任培训者的过程中,能够提供非常有效的指导。远程教学培训过程中,既要求有符合真实且有针对性的教学案例,也要求开展专家讲座等形式的教学研究活动。当同一学校的学科教师在相互合作时间越来越长时,其相互间的默契也会越来越好,同时很可能会对新教学理念与新教学方法都产生相同的看法,形成类似的认知,而这也会对新理念和新方法的学习产生不利影响。

教师工作坊研修应按照模块或专题设计研修内容,包含研修主题生成、案例分析、主题研讨、交流分享和学员作业等,要按照必修内容与选修内容相结合的原则组织实施。主要研修内容如下。

围绕骨干教师教育教学能力提升，设计一系列研修主题供教师选学。相关教育教学能力包括教学设计能力、教师组织实施能力、教学评价能力、信息技术与课堂教学融合能力、教学研究能力等；围绕一线教研员和兼职培训者的培训能力提升，设计一系列研修主题供教师选学。相关培训能力包括培训的设计能力、培训教学能力、区域性教师培训项目的设计与实施能力、网络研修指导能力、教师工作坊主持能力等；围绕一线教师的培训能力提升，设计一系列研修主题供教师选学。相关培训能力包括培训需求调研和分析能力、校本研修的规划和主题设计能力、校本研修的组织和实施能力、校本研修的评价能力等；围绕教师工作坊坊主的主持引领能力的进一步提升，设计一系列研修主题供坊主选学，相关主持引领能力包括教师工作坊研修主题的设计能力、研修主题的引领和指导能力、研修的组织和管理能力、坊内学员参训积极性的调动能力等。

3．教师工作坊资源

培训机构为学员提供充足的优质课程资源（按 Moocs 方式建设），满足学员不少于 20 学时的必修课程的学习，课程资源须进行碎片化加工（原则上不超过 15 分钟），能够通过及时问题测评和作业互评监控学员学习过程；培训机构为学员提供充足的选修课程资源，聚焦课堂教学前沿问题、核心问题、焦点问题，能够回应和解决一线教师的实际困惑，具备较强的引领性、针对性、实效性；工作坊坊主要在培训机构的支持下，通过自主开发和坊主推荐相结合的方式，围绕教师教育教学的重难点问题提供不少于 20 学时的研修资源，主要表现为教育教学反思、课堂教学实录、教学案例、微课等；通过学员个人开发与小组开发相结合的方式，形成高质量的有效生成性资源。每位学员开发的生成性资源不少于 2 学时，表现为围绕研修主题形成的教学设计、实施案例、教学评价和教学反思分享等。对于生成性资源，60% 的坊内学员和 30% 的坊外学员评价为"优秀"的可视为该学员获得 1 个研修学时。

（五）"骨干教师工作坊"实施流程

1．平台与资源准备

培训机构按照项目办的要求，检查优化平台，并根据资源的碎片化和过程考核要求完成研修资源建设。

2．坊内学习团队构建

培训机构按照教师工作坊研修项目要求，做好研修专家团队组建、教师工作坊坊主和坊主助理的组建和参训学员分组等环节的工作，并生成各类账号进行下发。原则上按照区域形成坊内学习小组，选拔坊主助理，协助坊主做好工作坊研修各项准备。

3．主题研修

培训机构采取选修和必修相结合的方式，制订切实可行的主题研修实施计划，组织各工作坊学员完成20学时的必修课程和足够数量的选修课程；通过坊主组织学员完成不少于60学时的主题研修，其中至少包括一次集中的实践交流活动，满足坊主与学员的面对面交流需要。

项目办在工作坊研修实施过程中监控各机构工作坊的研修过程，每两月反馈一次研修监测结果，及时公布各机构工作坊学员注册和登录率、在线学习情况、研修活动开展情况和研修效果等信息。

4．总结评优

培训机构要按照国家相关要求，认真做好培训总结评优工作，初步形成教师工作坊研修的有效运作模式，按时向项目办和教育部报送培训总结报告、工作坊评优评先结果等总结材料。

5．绩效评估

采取网络匿名评估、专家在线调查和第三方评估相结合的方式对培训机构工作绩效进行考核。绩效考核内容主要包括研修实施方案执行情况、学员满意度、研修效果、经费使用管理情况等，考核结果将及时反馈给培训任务承担机构，并作为资源调整、任务分配的重要依据。

（六）"骨干教师工作坊"职责分工

工作坊坊主负责工作坊研修主题的设计、筛选，坊内研修小组的组建、研修过程中对坊内学员的指导、管理和评价，提供不少于20学时、适合一线学员研修的研修资源。坊主助理负责协助坊主组建研修小组、督促和管理组内学员按计划参与主题研修，协助坊主对组内学员的研修结果进行评价。

二、"骨干教师工作坊"的组织

项目办负责项目组织实施的具体协调和管理工作,建设项目监测与管理平台进行信息收集、整理、发布和支持服务工作;教育行政部门负责学员选派和管理工作,对项目实施工作进行指导、监管和评估,并按时报送工作总结报告;县级教育部门负责本地项目组织管理工作,主要职责包括管理地方教师研修工作坊坊主的工作和参训学员的学习,做好本地项目的总结评优工作,应将参训学员学习情况纳入教师考核体系。

培训机构负责按照项目实施相关要求,组建研修专家、研修工作坊团队、管理与技术服务团队,做好研修设计、研修指导、研修过程质量监控、技术支持与服务工作;会同各地教育部门做好地方教师工作坊团队的管理工作;建立学员学习档案,对参训学员学习情况进行全面评价。

(一)工作坊的组织结构

每个坊原则上由 1 名一线小学数学教师、1 名小学数学研究员、1 名高校教师组成作为坊主,每个工作坊有 100 ～ 300 名学员,每坊划分为若干个研修小组,每个小组由坊主指派 1 名小组长(即坊主助理角色)。

(二)坊主队伍的构成与责任分工

教师工作坊"三人行"中,高校教师、教研员、小学教师在研修工作中身份均为坊主,三位坊主相互协作,在坊主助理的协助下,引领学员完成工作坊研修的各项工作。

三位坊主的总体分工。高校的专家两项核心任务:一是提供研修专题的理论指导,二是指导必修的研究过程。地方教研员三项核心任务:一是学科教学与校本研修指导,二是组织完成"学科思维和学科思想教学分析,三是各册书的单元教学设计思想、思路"。一线教师核心任务是完成骨干的"优课"指导和实录课整理;地方行政部门根据工作需求提供必要帮助,对课例提供整理和经验推广给以人力物力的组织保证。

1．坊主队伍的工作职责

坊主承担工作坊研修的研修方案设计与实施引领工作，包括前期准备、研修实施、考评总结三阶段。

坊主工作职责。工作坊的准备工作：包括确定工作坊的名称，确定工作坊内各个小组的组长，并将研修信息及时告知组长执行，安排建立本坊QQ群。工作坊研修的专业指导工作：以本坊课例研修知识点为基础，确定6次课例研修的具体课程，及时发布课例研修活动，点评学员成果，原则上每周至少查看50%组长推荐的骨干教师日常研修的情况（研修日志、调查问卷、校本与区域研修、课堂笔记、论坛交流，并进行点评与推优，原则上每个活动栏目推优比例不超过10%）并指导组长合理有效批阅、点评学员的作业、成果、交流的问题。检查学员实际研修状况：不定时查看所有学员的研修情况，直接取消组长不符合要求的点评和推荐。研修资源分享：每坊至少组织3次视频答疑或者专题讲解作为坊主资源上传至平台，原则上3位坊主的资源不少于20学时。工作坊工作简报，每月1期，在月底前上传至研修平台。研修成果的归纳、总结、评优、提升。整理每个工作坊的成果。包括知识点课例研修资源包，本坊工作的3个系统（工具系统、效果系统、评价系统）以及工作坊文化特色。

2．坊主助理的工作职责

坊主助理（也叫组长）是工作坊协作组的具体工作的承担者，负责本组的研修工作。协助坊主督促本组学员完成网上破冰工作，对本组已经完善的信息进行审核，对于未上线学员、信息不全学员进行督促，督促学员按照研修进度参与调查问卷填写与研修活动，按照考核要求完成相关任务。组长需每周及时批阅学员提交的各种作业、教学成果，并推荐优秀作业、优秀活动成果、优秀日常研修活动栏目内容、优秀资源给坊主做点评（原则上不超过相应作品比例的10%）；在自由讨论区设置主题帖，组织本组成员有针对性的交流。主题帖命名规则：组名＋主题；建立本组QQ群，及时进行交流沟通；评选年度优秀学员，总体比例不超过本组学员总数的20%。

（三）学员研修要求

教师工作坊研修学员主要包括两个方面的研修要求。总结反思日常教学类活动：包括研修日志、反思笔记、校本作业、调查报告、案例分析、区域研修、工作坊主持的内容发布。积极参与工作坊内研修活动：包括参与全员的研修活动、工作坊活动、进行课程学习、视频答疑、主题研讨点评、资源上传、研修作业成果、自由讨论区，鼓励各位学员利用个人工作室自发开展小组协作活动，教师工作坊研修平台将提供全面支持服务。

工作坊用组织职能和组织机制保证成员获得"融智创新"的环境和条件。坊内的深度汇谈，将"同伴互助"的个人行为，转变为团队对每一个人的需求提供经验支持、智力援助的组织意志，体现出用组织的力量成就每一个人的成功，每个人都进行自己要解决的问题且获得团队的帮助。在自选的基础上归纳一个共识的问题，是帮助每一个人站一个更高的视角思考自己提出的问题，提高思考的方法论。共识下的每一个具体研究，都为他人的研究提供思考、经验，自选课题的研究形成群体攻关。成功与成长和谐同步。坊内的活动过程，不仅为一个人的成功提供了智慧能力的帮助，而且在叙事、汇谈、研讨中生成新的思考、获得新的发现、产生新的感受，形成新的态度情感价值及心理的结构性调整。

指导工作坊要把握两个基本要领："协同研修"和"确定问题"，保证学员获得情境体验式的学习体验。"协同研修"是说工作坊团队的研修过程具有组织机能；"确定问题"是说研修的问题是真问题，是共识的急需解决的。

实施过程要突出两个要领的运用过程。协同研修，协同是"融智创新"的基础条件，是提高学员学习、创生、培元的能力。学员在活动中的整合不断总结能力贯穿培训始终，提升创新能力。确定问题，实施过程要突出对相关问题现状的调研。调查是前提（真问题），研究是关键（真办法），在研究中获得共识，研究与分析差异。

三、"骨干教师工作坊"的实施

骨干教师工作坊将日常教育教学中的个人行为，转变为工作坊对一个人的需求提供理论支撑，教学研究的集体行为，将每个工作坊凝聚成不可分割的整体，每个人都进行自己要解决的问题且获得团队的帮助，体现出用组织的力量成就每一个人的成功，实现团队学习的效益最大化。通过深度交流，不同层次的思想碰撞激发创新的火花，构建学习共同体，工作坊研修在坊内成员自选的基础上归纳一个共识的问题，帮助坊内每个成员站在一个更高的视角思考自己提出的问题，而工作坊中的每一个具体研究，都为其他成员的研究提供借鉴和思考。坊内的活动过程，不仅为一个人的成功提供了发展和成长的动力，而且在描述、交流、探讨中生成新的思考、获得新的发现、产生新的感受，形成团队友谊和和谐共享的文化氛围。主要有以下形式。

（一）破冰活动

通过破冰活动初步了解即将参与的学习活动，任务与要求，通过认识组员、推选组长、确定组名、设计组徽、提出组训、完成海报、小组展示等活动组建工作坊，选出坊主，完成班级管理与服务团队建设。

附：在河北省工作坊高端研修项目主持蓝天工作坊坊主寄语和破冰活动工作单。

蓝 天 寄 语

于千万人之中，遇见所遇见的人；于千万年之中，时间的无涯荒野里，没有早一步，也没有晚一步，刚巧赶上了，那也没有别的话可说，唯有轻轻地问一声："噢，你也在这里吗？"

亲爱的朋友们，欢迎大家加入蓝天工作坊！感谢教育部骨干教师高端研修项目，让我们有缘相聚在这春暖花开的"一坊蓝天"！蓝天在这里问候你、问候你们："噢，你也在这里吗？"

网络研修并不是新生事物，但此次骨干教师的高端研修让我们每一个人都充满了兴奋与期待。视高端研修为一种机缘吧，它能让我们改变自己的价值追求，提升自己的专业素质，获得生命的充实和自我的超越。

借智慧：学习的最佳途径就是向最棒的人学习，站在高人的肩膀上我们才能走得更快，才能走得更远。专家的讲座就是最好的思想引领，同行间的交流就是最美的火花绽放。

做研究：带着研究的心态来学习，认真准备每一次研修活动，做到凡事预则立不预则废。边教学、边研究、边改进，让我们的研究成果真正具有生命力和移植能力。

摆问题：行成于思，会思考的人才会学习。带着问题来学习，带着问题走进课堂，我们会发现工作其实并不累，而是很有趣。如此我们才能真正体味职业所带来的成就感和满足感。

出成果：教而不研则浅，研而不教则空。文字是对流年最好的纪念，唯有文字可以录下彼时的心情心境。一篇研修日志、一段教学故事、一个案例分析、一份反思笔记……都将成为你成长路上最坚实的基石。

传经验："学如弓弩，才如箭镞，识以领之，方能中鹄。"只有在教学实践、校本研训、学术论坛中用我们的思想、见识引领学习到的知识方法，知识才不会僵化，才会让我们的思想生根、发芽。

一花一世界，一叶一菩提，懂得欣赏是一种智慧；

倾尽胸中墨，桃李自成蹊，甘愿付出是一种豁达；

春蚕吐丝尽，蜡炬成灰干，矢志不渝是一种感动。

这些，都曾是我们教育生涯的诠释。今天，我用它来诠释我们的研修，只要我们用爱、用永不言弃的信念去守望，就会感受到我们所参与的学习有花、有果、有香、有色。

蓝天工作坊的朋友们！这一年，我们将携手并肩去感受学习的辛劳、成长的快慰和收获的喜悦。在这样一段旅程中，我们一同欢笑，一起赏"花"，吃"果"，闻"香"，品"色"！一起描绘蓝天上的骄傲与自豪！

坊主破冰活动工作单

教师工作坊研修活动工作单			编号	
省份		坊名称	方案设计人	
活动主题	坊主破冰活动			
活动时间				
要求发布时间				

（续表）

参与人员		本省全体　本坊全体　本坊第_____组（组编号）特定人员（全体坊主）
活动形式		活动工作单形式　坊主沙龙形式　磨课形式
活动栏目与内容		
原始栏目	修改栏目	核心内容
活动详情		各位老师，欢迎您来参加教师工作坊研修工作。教师工作坊研修是骨干教师再发展的一种形式。每一个工作坊有本省的三位专家作指导，专家包括一位本省的小学特级教师，一位本省的高校教师，一位本省的教研员。同伴都是来自本省的骨干教师，很可能有自己熟悉的同学、老师、朋友甚至亲密伙伴。为了让大家更充分自然的交流，请大家参加网上破冰活动。活动要求：请坊主指定组长，由组长督促组员完成下列工作。本活动有四项工作：一是完善个人信息并上传个人照片，二是提交个人发展规划，三是提出自己教学中最希望解决的1～2个问题，四是对于网络研修的期待。现在就一步一步来吧。
确定主题	我的研修需求	请各位参与研修的老师，倾诉您的需求，提出自己教学中最需要解决的问题，以及对于网络研修的期待。
主题研讨	我的成长规划	要求每位学员提交一份"我的成长规划"，并浏览不少于5位同学的"我的成长规划"，点评不少于2位同伴的成长规划。成长规划为200～500字的Word文档。
必修课程		学习准备的视频短片和PPT
选修课程		不需要
活动作业	完善个人信息	修改密码，完善个人资料，并上传照片。
活动成果	个人简介	文件命名规则：省坊组姓名
视频答疑		年　月　日　时　分答疑开始，答疑持续　分钟
自由讨论区		自由讨论
小组小结		各位组长务必要督促本组学员完成上述工作
坊主小结		坊主提交本坊的登录率、资料完善率、成长规划的提交比例，并对于成长规划进行综述，归纳出本坊五项需求和五个问题。提交到坊主小结栏目。
考核评价		本活动只计入活动次数考核。
活动管理		

(二)主题论坛

工作坊交流汇总出共性的问题通过论坛的方式尝试问题解决,工作坊梳理出的重难点问题以主题论坛的形式解决。确定主题,工作坊坊主梳理出的共性问题和教师需求,通过讨论确定研讨主题;活动导入,以任务单的方式,明确主题论坛的活动主题、活动形式与要求;活动组织,工作坊坊主将活动主题分解为若干问题,分别进行交流,并对重难点问题重点研讨;活动开展,研讨开始,坊主代表本坊参与坊间问题深度汇谈。

确定主题,工作坊三位坊主结合形势需要和教师需求,通过讨论确定研讨主题。活动导入,以视频或文本的方式,告知主题研讨的活动目标、活动内容、活动方式、活动成果、活动要求。活动组织,工作坊坊主将活动主题分解为若干问题,并将若干问题分别放入各组中研讨交流。活动开展,研讨开始,组长发主题帖,组员跟帖,围绕本组问题深度汇谈。活动成果汇总,组长整理本组研讨内容后提交工作坊坊主。坊主集成全班研讨精华,一方面提交项目组,一方面编入工作坊简报供大家分享。活动成果优化,项目组再次整理研讨内容,提交项目专家或课程专家。活动成果交流,项目专家或课程专家利用学情会进行活动成果交流和活动生成资源解析,生成资源解析成文挂网。

"有效备课中的学情把握与教材研读"主题活动导入

老师们:

大家都知道,备课是教学的前期准备工作,是教师从事教学的基本功。有效教学的前提是实施有效备课。为了让师生共同建设更精彩的生命课堂,教师就要在上课前做好充分的准备,其中关键的有两点,一是学情把握,二是教材研读。因为只有适合学生实际的教学策略才能行之有效;只有将生活和书本知识融为一体的教材运用才能深化理解。如果把学生与教材比作两个不同的世界,教师的职责就是在二者之间架设一座桥梁,让学生借助您精心设计的平台,收获"知识与技能、过程与方法、情感态度与价值观"的丰硕果实。教师应据此形成有个性、有亮点、有创意、有拓展的教学设计，并在此基础上有效地开发和整合课程资源，优化备课方案。现在，我们就一起做一个有效备课的主题活动。

一、活动主题

有效备课中的学情把握与教材研读

二、活动目标

1. 通过本次活动的研讨交流，帮助学员提高有效备课的认识，切实把有效备课当作落实新课程三维目标的重要环节。

2. 通过本次活动的经验分享，帮助学员进一步掌握新课程理念下学情把握与教材研读的有效方法，提升课堂教学设计的能力。

3. 通过本次活动的成果集成，整合、优化有效备课的优质资源，逐步建设起有效备课支持课堂教学的资源库。

三、活动内容

"有效备课中的学情把握与教材研读"这一主题分解为四个问题，四个问题研讨交流的内容、方式如下表：

序号	研讨题目	研讨方式
1	备课中的学情分析应关注哪些内容	深度研讨＋经验分享
2	备课中的学情分析应采取哪些方法	深度研讨＋经验分享
3	备课中如何联系实际活用教材资源	深度研讨＋经验分享
4	备课中如何适度开发创生教材资源	深度研讨＋经验分享

四、活动方式

1. 活动组织。辅导教师将本人负责的网络班级划分为 4 个小组并选出组长，组长负责本组学习研讨活动。

2. 活动开展。项目专家将活动主题分解为 4 个问题（见上表），辅导教师将 4 个问题分别放入各组中研讨交流。组长发主题帖，组员跟帖，围绕本组问题深度汇谈。

3. 活动成果汇总。组长整理本组研讨交流内容后提交辅导教师。辅导教师集成全班研讨精华，一方面提交项目组，一方面编入班级简报供大家分享。

4. 活动成果优化。项目组再次整理研讨内容，提交项目专家。

5. 活动成果交流。项目专家利用学情会进行活动成果交流和活动生成资源解析，生成资源解析成文挂网。

五、活动成果

1. "有效备课中的学情把握与教材研读"经典荟萃。

2. "有效备课中的学情把握与教材研读"案例分享。

（以上两种成果均按四个小组研讨交流结果分类编辑）

六、活动要求

1. 主题活动强调时间管理，辅导教师要督促各组按照预定时间段定时上网开展深度研讨交流，确保组内成员积极参加，有效互动。

2. 本次活动要为网络研修社区协作组活动奠定基础，各组要主动积累小组学习活动经验。

七、有关说明

1. 本次活动要将网络班级分为四个组，其中两个组研讨"有效备课中的学情把握"，另外两个组研讨"有效备课中的教材研读"（具体题目为上页表中）。

2. 各组研讨可在 QQ 群中的讨论组进行，也可在班级论坛中进行（班级论坛要有组别标签）。

3. 本次活动为"主题活动课程化"的尝试，倡导网络研讨交流活动的有序进行、深层研讨和成果分享，希望参与活动者在活动过程中主动献策，助力达标。

关于"课堂教学中的多媒体运用"班级主题研讨活动的报告

本次国培计划远程培训按照"主题活动课程化"的要求开展，现研讨活动已基本结束，现将本次研讨活动的开展情况报告于后：

一、活动组织操作流程

本次活动于 2016 年 9 月 17 日 19：30—21：30 举行。两个班次除了极个别因网络故障或其他缘故未按时参加外，其他都如期参加了本次研讨活动。9 班跟帖、回帖计 370 多条，10 班跟帖、回帖计 260 余条，两班本次研讨跟帖、回帖共计 630 多条，整个研讨气氛热烈、踊跃。

本次研讨活动的具体组织、操作流程是：

（一）建立班委机构，学员分组

组建班级后，首先组建班委、建立学习小组，落实班委、组长的职责与任务。

（二）公告、通知，明确研讨主题

提前一周左右时间，把主题研讨活动的时间、主题、要求等通过班级公告、班级 QQ 群，通知到各小组及所有学员。

（三）分解、落实小组研讨问题。

由于本次研讨每个小组研讨的问题不同（以前两次的研讨没有分小组，都围绕一个主题讨论），所以，特别通过 QQ 群特别说明，通过小组长电话一一通知学员并作研讨分组及每小组研讨不同问题的说明，让每个学员都明确自己研讨的问题，把每个小组研讨的问题分解在 QQ 群上予以公布，要求学员只参加本小组的研讨，只就本小组的研讨问题讨论、交流。

（四）小组长发帖，组织开展研讨

在 9 月 17 日晚上的约定时间，班主任、班委、组长、全体学员纷纷上线，组长在 QQ 上召集本组学员进入本组讨论区开展讨论。

（五）辅导教师巡视、指导

辅导教师也提前进入 QQ 群，指导各组、学员进入讨论，并不断进入讨论交流区，巡视讨论情况，并在 QQ 群及时引导，提出要求，务须围绕本小组问题讨论。个别未到的学员，分别打电话通知学员及时参与，最大限度地保证尽可能多的学员参加研讨。

（六）小组汇总、整理研讨情况

研讨结束后，各小组组长整理本组研讨帖子，编辑小组简报，供编辑班级简报之用。

二、主要成果与问题

本次研讨活动的主要成果是：

（一）学员参与面广，几乎所有学员都参与了研讨活动（个别当时因故未参加的，之后及时补跟帖、回帖）。

（二）学员讨论热烈，积极踊跃，两个班跟帖、回帖 630 多条。

（三）通过讨论，学员对多媒体运用于教学有了更深、更丰富的认识，对正确使用多媒体以及如何使用多媒体以提高教学效益，有了更客观、更全面的认识。

（四）小组整理、编辑了小组研讨简报，班级汇编第三次班级主题研讨专题简报。

研讨中存在的主要问题：

（一）讨论看起来很热闹，大家也很踊跃，但是，深入性还有欠缺。

（二）少数学员没有围绕本组问题研讨。

三、问题成因分析

造成以上问题，归因起来大致有：

（一）大家都在农村学校，由于学校条件及老师本身运用现代教育技术手段的能力参差不齐，造成在实际的数学课堂教学中使用多媒体技术的频率比较低，大家对多媒体的感性认识不多，思考、反思的少，还有不少老师家里没有电脑，仅靠老师在学校的时间和设备是不够的。

（二）学科特性因素。多媒体应用于数学文课堂教学的各个环节的频率和角度可能有差异。

（三）老师们对于远程培训学习的认识不够，一方面是不少老师是被动参培，积极性不高，作业、研讨应付；另一方面是本次研讨的主题细化成 4 个问题进行研讨，有的老师还不习惯。究原因可能有二：一是老师们在语文课堂教学中，多媒体应用少，还比较陌生，实践积累还不够；二是研讨真实问题的内驱力不够，认真、深入思考不够，少数学员参加研讨完全是碍于"情面"或者是出于应付完成任务。

（四）绝大部分老师来自农村学校，部分老师电脑、多媒体使用还比较陌生，尤其是农村学校年龄偏大的老师。

四、思考与建议

一方面，由于本次注册、开始学习是在暑假（8 月 20 日）中开始的，开学工作又繁忙，我县迎接国家义务教育均衡检查，造成老师"疲于应付"，学员思想认识不统一；另一方面，参培教师的选拔、报送也是在暑假中进行的，不少老师对此不知情，有怨言，加之学校对参培的教师没有选拔、推荐程序，也是应付完成送培任务，造成参培教师素质、能力重参差不齐。为此，建议如下：

（一）严格选拔、认真组织参培教师。教师任职学校，应根据培训任务、培训方案的要求，选拔学习能力、进取心较强的教师，并对参培教师进行"辅导、培训"，明确参加教师职责与任务，激发教师活力与参培欲望。

（二）精心选定培训时间，让学校、参培教师不至于在非常繁忙之时；参培教师在参加远程培训之前最好安排集中面授培训，一方面统一思想，提高认识，另一方面，领会要求，明确任务。

（三）从组织、政策层面界定主管部门、送培学校、参培教师的职责，各司其职，有效落实线下的层级管理并切实发挥作用。

（四）培训机构应充分了解基层学校教师需求，精心设计培训课程，切合一线教师需求。比如本次"多媒体在课堂教学中的运用"细化的4个问题（对应教学的4个环节），理论上可使讨论更科学、有序、更具体、更深入。但是，由于前述原因，农村学校教师深入"解剖"的能力可能"有限"，因此，可否增加一些提升农村教师信息化能力的手段。

（三）案例研讨

工作坊成员用自己教育教学案例与大家分享，分别提出自己在教育教学中面临的亟待解决的问题，成员集思广益，充分发表建议或意见，这一过程通过案例分析的方式对自己的日常教育教学进行反思，澄清模糊认识、生成智力资源。一方面通过交流解决自身专业成长面临的突出问题，一方面实现资源共享，同伴互助，共同发展。

制定一个行动计划的活动，工作坊要把对问题的分析转化为一个清晰的行动方案，具体需要以下工作：一是为每一个需要解决的问题找到目标——目标是相关的、可行的和可以被衡量的；二是将每一个目标细化为必须采取的步骤——谁做什么，什么标准，并考虑可能的障碍和绕开它们的方式；三是开始安排活动；四是衡量一下可利用的资源及所需要的资源。

工作坊活动：基于教师能力提升的课例研究——正比例和反比例

平台栏目	核心内容
研修活动详情	活动背景：课例研究是教师成长的抓手，课例中沉淀着主体的教育智慧，通过课例分析与研究可以找出自己与案例主体在教育智慧上的差距，明确自己的努力方向 活动目的：促进骨干教师通过课例指导他人
研修活动主题	基于教师能力提升的课例研究——正比例和反比例（副标题为一个知识点）
主题研修——课程确定与定位	根据知识点确定具体的课程，把握知识点与单元、本册教材、整个小学数学的关系（结合专题报告等内容，小组内固定时间在自由讨论区讨论，分组提交在作业栏目，相互点评，坊主推荐，完成一份1500字学习报告）
主题研修——教材分析	分析理解相关知识点的教学要求与不同版本教材的呈现，完成一份1500字分析报告
主题研修——学情分析	分析学生学习该内容的状况和实际困难，搜集并提交学生学习表现（创造性的理解、学习中出现的错误等），教师教学反思，学员微课点评等。可组织有针对性的专题讨论（结合坊主报告等内容，完成一份1500字学习报告）
主题研修——信息技术呈现	编制出普通的板书和多种媒体运用的板书设计方案（1000字方案报告）
研修作业	所有成员作业（必做）： 1. 针对本坊研修知识点，完成教学设计模板的要求内容； 2. 针对本组课堂实录的课例，进行课后反思与点评。 分组作业：（4选2） 1. 课程定位分析作业； 2. 学情分析作业； 3. 教材比较作业； 4. 媒体与板书呈现作业。 作业命名规则：作业名称 - 坊名组名姓名 　　示例：教学设计——蓝天工作坊4组×××
自由讨论区	课例研究与自身专业成长的作用是什么？ 选择课例的原则是什么？ 分析课例的思想方法是什么？ 每个月每坊的研修知识点主题帖
小组课堂实录	坊主助理（小组组长）根据小组案例研讨交流情况，点评并上传3～6套资源包 资源包包括：课堂教学设计、课堂实录、课后反思与点评 资源包命名规则：坊名组名 资源包命名示例：蓝天工作坊4组
坊主小结	工作坊坊主根据小组提交的资源包进行点评与推优，每坊2个资源包

（四）课题研究

在骨干教师工作坊中高校专家的引领下，组织工作坊成员进行课题研究，并按照科学研究的规范完成调研、选题、申报、答辩等流程。通过以科研促教研，以课题为牵动，促骨干教师向专家型教师转变，课题应反映理念创新和实践探索的研究成果，培训结束回到实践岗位后继续完成研究。

<h2 align="center">小学数学思想方法调研问卷</h2>

老师，您好！

非常感谢您参与这次问卷调查。

《国家数学课程标准（2011 年版）》的一个崭新变化，就是"四基四能"的提出，它把数学基本思想方法与数学基本活动经验与传统的"双基"放在同等重要的地位。为了解目前在小学数学教育教学领域的一些现实状况，并为未来新课程实施效果准备对照数据，我们对小学数学教师关于基本数学思想方法的掌握和理解情况进行调查。

为保证获取的信息的可靠性，本次调查选取 10 个地区共 50 余所小学，地区覆盖了从经济发达的大城市到相对落后的偏远地区，学校类型覆盖了大城市、县镇、农村等多种情况。从各项目合作学校收到的测验数据将由课题组按学校类别进行汇总，汇总时将隐去学校名称，因此各学校的测验结果不会通过任何途径与学校的评价产生关联，请项目参加者放心。

真诚地感谢您的支持！

<h3 align="center">小学数学基本思想方法调查</h3>

您的基本情况：

性别		年龄		学历	
职称		教龄		每周课时量	
任职学校所在地（城市、县镇、农村）		任职学校			

一、选择，在您认为符合的情况前画"√"，没有标明的，均为单选。

1.哪些是您认为小学数学中有的思想方法？（多选）

□抽象概括 □数形结合 □推理（归纳、演绎） □数学模型

□化归 □变中不变 □统计与概率 □均衡 □符号化

□集合 □分类 □方程与函数 □几何变换 □极限（逼近）

□假设 □对应 □列举筛选 □类比 □等量代换

□逆推 □递归 □猜想验证 □特殊化 □简化与优化

□随机 □量化 □观察与比较

2.您认为小学数学最常用的思想方法有哪些？（不超过3种）

□抽象概括 □数形结合 □推理（归纳、演绎） □数学模型

□化归 □变中不变 □统计与概率 □均衡 □符号化

□集合 □分类 □方程与函数 □几何变换 □极限（逼近）

□假设 □对应 □列举筛选 □类比 □等量代换

□逆推 □递归 □猜想验证 □特殊化 □简化与优化

□随机 □量化 □观察与比较

3.您认为哪些思想方法是小学数学最基础的思想方法？（不超过3种）

□抽象概括 □数形结合 □推理（归纳、演绎） □数学模型

□化归 □变中不变 □统计与概率 □均衡 □符号化

□集合 □分类 □方程与函数 □几何变换 □极限（逼近）

□假设 □对应 □列举筛选 □类比 □等量代换

□逆推 □递归 □猜想验证 □特殊化 □简化与优化

□随机 □量化 □观察与比较

4.您认为小学生应该知道哪些数学思想方法的名称？（多选）

□抽象概括 □数形结合 □推理（归纳、演绎） □数学模型

□化归 □变中不变 □统计与概率 □均衡 □符号化

□集合 □分类 □方程与函数 □几何变换 □极限（逼近）

□假设 □对应 □列举筛选 □类比 □等量代换

□逆推 □递归 □猜想验证 □特殊化 □简化与优化

□随机 □量化 □观察与比较

5. "圆面积公式的推导"中渗透了哪些数学思想方法？（多选）

☐抽象概括　☐数形结合　☐推理（归纳、演绎）　　☐数学模型

☐化归　　　☐变中不变　☐统计与概率　☐均衡　　☐符号化

☐集合　　　☐分类　　　☐方程与函数　☐几何变换　☐极限（逼近）

☐假设　　　☐对应　　　☐列举筛选　　☐类比　　☐等量代换

☐递推　　　☐递归　　　☐猜想验证　　☐特殊化　☐简化与优化

☐随机　　　☐量化　　　☐观察与比较

6. 您认为适合对小学生正面教授数学思想方法吗？

☐是　　　　☐否

7. 您是否在某一次课上，专题讲过某一数学思想方法？

☐是　　　　☐否

8. 您在课堂上明确说过，××是哪种数学思想方法吗？

☐讲过　　　☐没讲过

9. 您认为可以在哪一种场合讲解数学思想方法？（多选）

☐在平时的数学课堂上　☐在练习课上　☐在课外兴趣小组　☐其他

10. 您认为哪一种场合最适合讲解数学思想方法？

☐在平时的数学课堂上　☐在练习课上　☐在课外兴趣小组　☐其他

11. 您认为应该对什么样的学生进行数学思想方法教学？（多选）

☐全体学生　☐数学学习学有余力的尖子生　☐兴趣小组的学生

☐数学学困生

12. 您认为小学生适合在几年级开始学习数学思想方法？

☐一年级　☐二年级　☐三年级　☐四年级　☐五年级　☐六年级

13. 您认为数学"学困生"是否适合学习数学思想方法？

☐是　　　　☐否

14. 您在备课时是否有意识地进行设计，以展现某一数学思想方法？

☐是　　　　☐否

15. 您在什么情况下会关注数学思想方法教学？

☐新授课　☐练习课　☐复习课　　☐公开课教学

16. 您是否参加过区级或区级以上层面的数学培训？

□还没有　□1～2次　□3～5次　□5～10次　□10次以上

17.您是否参加过有关数学思想方法的培训或专题研讨？

□是　　　　□否

18.您是否在报刊上发表过有关数学思想方法的文章？

□从未发表　□1～2篇　□3～4篇　□5篇及以上

19.您认为小学生需要通过什么方式学习数学思想方法？

□教师讲授　□自主探索　□活动教学　□感悟，不正式讲解

20.您希望得到有关小学数学思想方法哪方面的培训？（多选）

□正式学习《小学数学思想方法》知识　□介绍教学策略

□观课磨课　□其他

二、问答

1.您认为小学阶段应该学习哪些数学内容？

　　＿＿＿＿＿＿＿＿＿＿＿＿＿＿＿＿＿＿＿＿＿

　　＿＿＿＿＿＿＿＿＿＿＿＿＿＿＿＿＿＿＿＿＿

2.您在小学数学思想方法施教过程中遇到的最大困惑或问题是什么？

　　＿＿＿＿＿＿＿＿＿＿＿＿＿＿＿＿＿＿＿＿＿

　　＿＿＿＿＿＿＿＿＿＿＿＿＿＿＿＿＿＿＿＿＿

（五）学员课堂

在集中培训期间，根据当地中小学学科教学的进度，选定教学内容，工作坊成员利用课余时间自行设计与研究，形成教学设计，通过坊内辩课、试讲说课，进入中小学现场教学，再通过现场观摩、教后反思等环节深化认识，重点关注教学目标与教学实施的达成度，课堂生成的处理，学生的兴趣和发展等，推动骨干教师的教学水平提升。学员课堂为教师的成长提供了理实一体化的发展环境，让培训更贴近一线教学。

"以课例为抓手促进教师能力再提升"活动工作单

省份		坊名称		方案设计人	小学教师组
活动主题			以课例为抓手促进教师能力再提升		
活动时间					

（续表）

要求发布时间		
参与人员	参训人员	
活动形式	坊主沙龙形式、磨课形式、课例形式	
活动栏目与内容		
原始栏目	修改栏目	核心内容
活动详情		活动背景：课例研究是教师成长的抓手，课例中沉淀着主体的教育智慧，通过课例分析与研究可以找出自己与案例主体在教育智慧上的差距，明确自己的努力方向 活动目的：促进骨干教师通过课例指导他人
确定主题		以课例为抓手促进教师能力再提升
活动流程		1. 先了解被指导人的教学形状； 2. 根据需求针对性选课或做课一起研究课例； 3. 提炼课例的特点，感悟成功背后的思考； 4. 引导教师自我反思，根据反思结果提交一节课的设计和课堂实录到研习小组（协作组）； 5. 研习小组进行研讨交流（提倡线上线下结合开展活动）； 6. 每组在研讨交流的基础上推优1个课例到工作坊；坊主点评并推优若干个课例到项目组； 7. 项目组组织专家团队对推优作品进行评选，评选结果及项目活动综述挂网
必修课程		一套课程名称：针对性的优秀课例 二套课程名称：相关的理念学习 坊内课程名称上传方式：自己上传
选修课程		一套课程名称：课例 二套课程名称：工作坊专业课程 坊内课程名称上传方式：自己上传
活动作业		作业题目：就某一教学环节感悟他人教学智慧 作业提交要求：文本和微课堂实录
活动成果		成果名称：1. 感悟他人教学智慧成果；2. 优秀微课堂实录 成果提交形式：文本和视频 成果提交时间：
视频答疑		年　月　日　时　分答疑开始，答疑持续　分钟
问题思考		1. 课例研究与自身专业成长的作用是什么？ 2. 选择课例的原则是什么？ 3. 分析课例的思想方法是什么？
小组小结		研习小组组长根据小组案例研讨交流情况进行点评与小结

（续表）

坊主小结		工作坊坊主根据小组推优案例展示交流情况进行点评与小结
考核评价		评优激励
活动管理		研习小组、工作坊、项目组分别建立成功案例档案； 项目组对工作坊推优案例分类梳理后入生成资源库

（六）网络研修

教师网上研修的基本动作是信息传输、坊间研讨、成果汇总等。集中研修开始，建立网上工作坊，学员完善个人信息，熟悉网上工作坊的流程，构建网络空间，通过线上线下的协同运作，形成全方位的工作坊研修体系。

网络研修课程（专业理念与师德）

维度	模块	专题培训
专业理念 与师德	师德修养	震撼心灵的最美女教师
		师德教育
		小学学业评价中的师德理念与多元智能理论
		爱岗敬业精神确立的基本问题
		德育工作与师德修养
		新师德与教师教育（第二版）
		教育的艺术——怎样做个好老师（第二版）
		师德教育
		爱国守法是师德修养的基础
		爱岗敬业是师德修养的出发点
		关爱学生是师德修养的灵魂
		教书育人是师德修养的核心
		为人师表是师德修养的关键
		终身学习是师德修养的时代要求
		教师职业道德的自我修养
		师德报告会
		师风传扬与师德美誉
		师爱的智慧
		师德情怀与教育责任（微型课程）

（续表）

维度	模块	专题培训
专业理念 与师德	师德修养	和谐教师关系的构建
	专业理念	《教育部关于深化中小学教师培训模式改革 全面提升培训质量的指导意见》的理解与应用
		提升教师的职业幸福感
		中小学生创新素质培养的基本原理、策略与方法
		基于新课标的课堂教学改革
		"育人为本"教育理念的实践深化
		教师专业发展的两次蜕变
		《小学教师专业标准（试行）》解读

（七）坊主沙龙

坊主沙龙借鉴世界咖啡屋的形式开展，操作步骤要求按照小组进行多轮深度汇谈，每轮汇谈的组织者继续留在本组，其他组员重新搭配，达到融智创新的目的。

工作坊研修是一种新形势下适应骨干教师专业发展的研修形式，在运用中充分将参训骨干教师作为课程资源予以开发，参训教师既是学员，又是培训教师，这样的角色定位调动了骨干教师的积极性，通过培训骨干教师回到本校后，还可以将工作坊的研修方式运用到日常校本教研中，从而进一步扩大培训的时效性与延展性。

四、工作坊的考核与评价

（一）传统评价的主要问题

1. 评价方式较为单一

从当前远程培训的实际情况来看，评价方式存在极大的问题。远程培训受限于时间与空间，因此学习是在一个极为宽松的环境下进行的，更多的是依靠学员的主动性和积极性来完成课程。同时，在培训过程中，考核的方式也相对宽松，评定方式一般被分为两个部分，分别是网络学习评价和在岗实践评价。所谓网络学习评价，就是根据学员在网络上的表现，如学习时间、论坛发帖、作业完成情况以及学员在网络上参与的实践活动等，通过多方面因素的综合对比对学员的实际学习情况进行评价。而在岗实践评价，指的就是学员在完成培训课程，进入岗位工作后，定期将所学知识与工作实践相结合的经验、问题制作成电子档案，如 Word、PPT，然后发送到指定邮箱。导师会根据电子档案中学员进行的情况以及心得对其在岗工作进行评价，从而了解学员实际学习成果。这两种评价方式的结合应用，既考虑到了培训成果的评价，同时也考虑到了培训过程，既检测学员的理论知识，又检测学员是否能够实际应用。然而，这两种评价方式作用的完全发挥是建立在学员愿意并且能够持续性学习，如果学员的学习自主性存在问题，那么无论是网络学习评价还是在岗实践评价都无法达到真正的效果，也无法检测学员的实际学习情况。由于时空的限制，学员的报告可能是抄袭或者编造而来的。因此，可以说在这样的情况下，培训效果是不能够保证的。

例如，某市针对中小学教师的培训考核中，就存在这种情况。当时评价结果的方式是以 60 分作为分界线，学员只需取得 60 分或以上便为合格。同时，在整个评价过程中，对学员整体学习成果的评价因素包括了学习时间、学习日志、工作总结、日常作业、工作案例以及论坛发言等多个方面。然而，在实际培训过程中，部分学员只是简单地将页面停留在网络平台上赚取学习时间，同时论坛发言也存在与培训学习无关的情况，更严重的是部分学员从互联网上摘抄他人成果。

从以上两个例子我们可以看出，远程培训在其绩效评价方面还存在不足，最主要就是无法监督学员的学习，也无法确定学员的学习是否独立完成。因此，针对远程培训而言，首先需要解决的是监督管理问题。针对这一点，可以从三个方面入手，首先是确保课程的吸引力，保障课程内容，这样才能够让学员通过学习获得更多的知识，同时也需要定期更换课程案例和作业内容，做到与时俱进。其次，导师需要采取个性化教学，杜绝千篇一律，要针对不同学员的问题采取针对性教学，这样才能有效提升学员的学习质量。最后，就是从后台程序出发，研发新的检测软件，通过技术手段杜绝作弊手段的出现，一旦出现作弊情况就要严格惩罚，这样才能对学员产生威慑力，让他们能够自主投入培训学习当中。

2. 教师学习的主动性不足

远程培训要求培训学员有一定的积极自主学习的能力。然而，从当前远程培训的实际情况来看，部分学员并没有重视远程培训课程，对课程的学习往往抱有轻视的态度，没有充分应用网络学习平台进行学习。除此之外，监督手段的缺乏以及学员日常工作中同样面临繁重的工作压力，导致部分学员并没有按照培训要求进行学习，从而影响了学习的进度与效率。同时，在任何培训活动中，与人沟通交流都是极为重要的，但是在远程培训中，能够做到积极与其他学员或导师交流的学员并不多，使得互联网社区优势没有充分发挥出来。

自从 20 世纪 90 年代，商业网络的出现使得互联网得到了飞速发展。当前，通过互联网人们能够检索到大量信息，然而，信息的轻松获取为人们的学习工作带来便利的同时，也出现了新的问题。那就是海量信息下，对信息的分析和学习变得极为肤浅和表面。在远程培训中主要体现在学员的论坛回帖以及报告当中，相同信息反复出现，很明显是直接从网络复制粘贴。更让人哭笑不得的是，部分回帖中的复制粘贴甚至会出现关键词的标记，不禁让人怀疑学员是否认真阅读信息。虽然目前可以通过一些技术手段来预防复制粘贴现象的出现，然而要完全杜绝这种情况的发生，仅仅依靠技术手段是没有用处的。众所周知，任何思想、观念的产生，都是经过沟通与交流，在碰撞中发现思想的火花。如果学员只是简单的复制粘贴，那么完全无法起到培训学习的效果，久而久之也会让学员丧失自主思考的习惯。因此，在远程培训中，导师必须要采取不同的方式减少这种情况的出现。除此之外，学校以及培训机构也需要了解，在开展教师培训工作之前，需要做好教师的思想工作，让他们了解到培训的重要性，这样才能让教师主动参与到培训工作中，提升学员之间互动的积极性，从而有效提升培训效果，加强学员的学习质量。

综上所述，在远程培训当中，最关键的问题在于学员的学习积极性。而学员缺乏积极性的原因主观上有三个：第一是本身并没有学习的兴趣；第二则是培训需要收取一定费用；第三是部分学员的计算机水平有限，很难适应远程培训学习。在客观上，阻碍学员积极性提升的有两个：第一是学员日常工作压力较大，很少有足够的精力投入新的学习当中；第二是因为部分培训机构存在问题，抱着营利的目的只追求通过率，使得学员在培训过程中有浑水摸鱼的机会。因此，要想提升学员的学习积极性，就必须要解决主观和客观上存在的问题。

（二）创新远程培训的考核与评价

在培训过程中，考核评价只是督促学员完成学习任务的一种手段，确保培训能够达到理想的效果，因此，在培训过程中，要不断完善培训评价，使其充分发挥作用，这样才能进一步提升培训的效果。根据相关调查，目前远程培训中考核评价主要分为两个部分，分别是对培训过程的考核评价与对实践活动的考核评价。这样的考核评价方式，能够改善卷面考核评价单一、片面的缺陷，激发学员的学习积极性，让他们可以主动参与培训活动当中，从而提升培训效果，帮助学员在未来能够取得更加良好的教学成果。

而除了新型的考核评价方式以外，同样还可以采取一些远程监督技术手段，以此收集学员的学习信息，对学员的学习过程以及实际学习情况进行详细的分析，了解学员的学习现状。这样不仅可以给予学员公正的评价，同时还能够及时了解学员在学习过程中存在的问题，帮助导师采取更有针对性的措施进行培训教学，从而提升培训效果和质量。

培训考核还可以将校本教研纳入进来，也就是说让学员的单位对学员的培训学习进行评价，这样可以激发学员的学习积极性，让他们积极参与到培训学习当中，同时还可以刺激学员将培训知识与实际工作相结合，从而有效提升教学质量。除此之外，学校也可以对学员在培训平台上的留言以及任务完成情况进行评价，这样能够更有效监督学员日常学习任务的完成度，让学校充分了解到学员受训过程中的学习情况与学习态度，对消极应付式学员产生压力，让他们能够自主投入学习当中。因此，在学校的日常管理工作中，也需要将培训学习纳入到教师的日常考核当中，从而督促学员认真对待培训学习，杜绝消极怠工的情况出现。

1．构建形式多样、方法多元的评价体系

相较于传统培训机制而言，远程培训的特点就在于无论是在管理还是支持方面，都是由多个同级别或者不同级别的系统组成。因此，针对远程培训管理评价方案的制订，也应当遵循多级别特点，采用上级系统对下级系统进行评价的管理方式，这样才能保障远程培训的顺利开展，同时确保培训效果。在培训过程中不仅要对培训结果进行评价，更重要的是要对培训过程进行评价。通过对过程的评价，能够及时改善学员的学习方式，养成良好的学习习惯，从而提升培训的效果和质量。除此之外，对培训过程的评价改善了传统评价方式中单一、片面的缺点，对学员进行综合性评价，做到客观、公正，这样才能检测真正的培训成果，并对整个培训课程的效果进行评价，为下阶段的培训课程提供可借鉴经验以及找寻到需要改正的缺陷。

（1）改善结论性评价方式

从当前培训的评价方式来看，一般采用的是结论性评价方式。所谓结论性评价方式指的就是对培训最终的成果进行评价，其成果的展现一般采用的是卷面分数或者课题完成情况。然而，如上文所说，这种评价方式较为单一、片面，只看到学员学习的一部分，而没有对学员整体学习情况进行评价。因此，需要改善结论性的评价方式，将学员在培训过程中的课堂表现也纳入到评价中，这样才能保障评价的完整性和客观性。

（2）改善一次性评价方式

改善一次性评价方式，指的就是针对学员的培训完成情况，绝对不能根据某一次的分数或者表现来进行评价。在评价过程中，应当要进行连续性的评价，其中包括学员阶段性学习情况、知识的掌握程度、技能的应用等，并考察学员是否能够将所学知识应用到实践活动当中，这样才能了解学员最真实的学习情况。

（3）改善单一性评价方式

从当前培训的评价情况来看，部分管理者经常采用单一性的评价方式，也就是针对学员在培训过程中某一方面的表现进行评价，如考核成绩、出勤、笔记记录情况等。而在远程培训当中，应当要杜绝这种情况的发生。管理者一定要从多方面进行评价，包括沟通情况、平台使用情况以及实践活动参与情况，通过这样的方式对学员的学习状况进行全方位评价。

（4）改善重视定量的评价方式

改善重视定量的评价方式是当前远程培训中必须要做到的一点。计算机信息技术与移动互联网技术的结合应用，使得学员可以在互联网上轻松寻找到不同的资料，并且将这些资料下载、粘贴下来转变为自己的成果。因此，定量在远程培训中是没有意义的。在实际评价过程中，一定要对学员成果中所体现的思想、经验和结论进行评价。

（5）改善目标性评价方式

在多级评价管理体系的构建当中，还需要改善目标性评价方式。这就要求管理者不仅仅是对学员短期的培训成果进行评价，同样还需要对其进行长期、持久的评价。特别是对于中西部等经济水平较为落后的地区，相较于东南沿海发达地区，中西部地区的计算机信息技术普及率较低，因此对于学员而言，深入掌握计算机信息技术、通过互联网获取教育资源有一定难度。因此，需要采用一些激励机制刺激他们熟悉应用计算机信息技术，通过互联网平台实现自我的提升同时也能够提高教学效率与教学质量。

2. 激发中小学教师参与远程培训的兴趣

和传统培训一样，远程培训同样也是学习活动的一种，其目的就是希望能够通过培训活动提升教师的综合素质与知识水平，让他们能够接触到当前先进的教育理念，并将现代教育理念与实践工作相结合，从而提升教学质量和教学效率。而要实现这一目标，就必须要重视培训中的评价工作，通过评价监督，激励学员的学习。在远程培训中，效果的评估除了培训率和通过率以外，还包含了培训过程中学员的实际学习情况、学习习惯、学习心态以及对整个培训的满意程度。

为了激发学员学习的积极性与主动性，让他们自主参与到培训活动当中，远程培训无论从学习形式上，还是从最终的成绩考核上都具有一定的开放性和灵活性，而这正是导致远程培训在培训效果上存在问题的重要原因。例如，远程培训中成绩的考核主要通过作业、发帖和发表文章等组成，这就使得部分学员有空子可钻，不仅没有认真、积极地完成培训任务，甚至还存在抄袭情况，使得整个培训课程成为一纸空谈。

在培训期间可以针对学员的实际学习情况，邀请相关专家进行点评。这个点评可以是学员的培训过程，也可以是学员完成的某一个课题、报告、课件。通过专家点评，能够让学员了解到学习过程中存在的不足，从而有意识地改正和转变，这样就能够进一步提高培训学习质量。除此之外，在进行专题讨论的时候，其内容可以是课堂创新教育模式，也可以是针对某一个知识重难点的教学方式以及教学设计。通过对这些内容的探讨，能够帮助学员不断调整自身教学模式、方式，从而提升教学质量。最后，专家点评工作能够让学员与行业内专家直接进行沟通和交流，从而引发学员对教育的思考，让学员的理念得到升华。

众所周知，许多学员是教学一线的教师，这些教师日常就积累了极大的工作压力，特别是毕业班教师，大量精力投入教学与学生管理当中，因此很难留有精力进行教学的研究。这样的弊端在于会忽略当前现代教育发展的实际情况，缺少新型教学模式的应用，久而久之便对学生的学习产生不良影响。因此，在培训过程中，必须要让学员养成良好的思维习惯，对教学进行深入的思考与研究，提升教学质量的同时也能够激发学员的工作热情。

（三）工作坊的考核与评价

1. 考评对象

教师工作坊研修的考核评价工作由培训机构负责，考核的对象包括四个层次：一是教师工作坊整体；二是教师工作坊坊主；三是教师工作坊坊主助理；四是参加教师工作坊研修的所有学员。通过四层考核，实现对教师工作坊研修的有效评估。

2. 考评原则

（1）坚持定性考核与定量考核相结合的原则。定性考核包括被考核对象参与网络研修的态度、研修过程中生成性资源的质量和研修交流的质量；定量考核指被考核对象各个研修环节记录的数量关系。

（2）坚持形成性考核与评价性考核相结合的原则。形成性考核是在教师工作坊研修期间网络平台自动记录的各种数据的加权汇总，评价性考核是针对研修结束后生成性资源的汇集整理与使用鉴定。对学员作品的评价可在制定评分标准的基础上，探索自评、互评及专家评相结合的方式。

（3）坚持"合格＋激励"的考核标准。合格指被考核对象需要达到的基本要求，激励是指在合格基础上的加分项目。平台以激励项所累加的积分进行排名，积分不设上限。

（4）表彰优秀，激励先进，调动积极性。设置优秀学员、优秀坊主助理、优秀坊主等奖项。评优采用定量与定性相结合的原则，各级评优比例原则限定在同级人员数量的15%，最高不超过20%。

3．考核与评价标准

工作坊考核主要包括三个方面：日常教学类，研修活动类，研修指导类。研修学员须考核日常教学和研修活动两项。工作坊坊主和坊主助理须考核全部三项。

日常教学类：包括研修日志、反思笔记、校本作业、调查报告、案例分析、区域研修、工作坊主持等7个方面；研修活动类：包括课程学习、视频答疑、主题研讨、坊主资源、研修作业、自由讨论区等6个方面；研修指导类：包括设计与组织研修活动、坊主课堂视频与文本素材、点评日常教学、编写工作坊工作简报等4个方面。具体考核指标由各培训机构参照以上标准确定，报项目办备案，考评工作的开展将作为对培训机构绩效评估的重要依据。

4．工作坊的考核

一是在指导实践过程中，总结一套"工作坊工作的工具系统；工作坊工作的效果系统；工作坊工作的效果评价系统"；二是在指导实践过程中，总结出指导工作坊过程形成的"工作文化特色"，如教师网络研修基本活动的指标体系主要包含六个因素和三个维度。

六个因素。在线时间：主要以时间量的形式呈现教师网上专业发展的投入情况；访问次数：主要以登录点击（如浏览量）的频次来呈现教师网上专业发展的积极性；发布次数：主要以上传（如发帖）的频次来呈现教师网上专业发展的活跃性；应用次数：主要以引用（如下载）的频次来呈现教师网上专业发展的实践性；关注次数：主要以被点击（如被浏览）的频次来呈现教师专业发展的成效；影响次数：主要以评论和回应（如回帖）的频次来呈现教师网上专业发展的影响力。

三个维度。参与度，考察的因素是在线时间。以时间量考察教师利用网络专业发展的投入。因时间是一个常量，教师一旦进入网络研修社区，就会有时间的投入，在线时间的长短基本上可以反映出教师利用网络的参与情况。计算机自动进行总量统计、分段统计和累计统计。活跃度，考察的因素是访问次数（点击）、应用次数（下载）、发布次数（上传）。以频次考察教师利用网络专业发展的表现。计算机将自动进行总量统计、分段统计和累计统计。影响力，考察的因素是关注次数（被点击）、影响次数（回帖），以反映考察教师利用网络专业发展的成效。计算机自动进行总量统计、分段统计和累计统计。

值得注意的是，为了保证远程培训的效果，远程培训应与其他培训与进修有机沟通。同时，通过对相关培训的学习结果予以评价，有助于学习成果得到社会的认可，激励一线教师终身学习，调动他们积极地通过多种方式进行学习和提升，构建中小学教师终身教育的立交桥。

工作坊案例研究：
好情绪让课堂春暖花开
崔艳波

案例描述：

学习归来，早早来到学校，还未坐稳，各种关于孩子们的"英雄事迹"早已把我的耳朵塞得满满，"你不在你们班的课简直乱死了""你们班午间自习被德育处的老师批评了""你们班的学生都成办公室的常客了"……虽在回来之前，我已经做好了迎接那几个调皮蛋可能留给我的各种"光辉业绩"的心理准备，但他们的表现却依然让我这个班主任颜面扫地、失落至极！本想拿出一节课进行整顿，却赶上学校迎接大检查，除利用课间和"潜伏"在班级中的"小特工"了解情况，找个别学生谈话，一天就这样匆匆而过……

总算等到了我正式上课的时候，暗暗下决心要好好整顿这帮"小坏蛋"！还没迈进教室，已经听到了孩子们的欢呼声："崔老师来了，别让老师生气，快坐好！"走进教室，我便淹没在孩子们此起彼伏的声音中："崔老师我可想您了……"不知是谁带头鼓起了掌，那一刻我似乎被孩子们的热情所感染，确切地说还有感动，预先想好的"训话"被搁置了，带着一份感动我微笑着走上讲台，习惯地环视每一个学生，孩子们笔直的坐姿，期待的眼神似乎和传言中他们的劣迹根本沾不上边，"孩子们今天我们学习……"我直奔主题开始了归来后第一节数学课的学习。

那是我最快乐的一节课，那一节课里连一向爱发呆的时一同学也成了课堂的明星，从来都沉默少言的朱宇欣也信心百倍地举起了手，当我把"魏时发现"（魏爱烨、时一同学的简称）写在黑板上，憨憨的男孩时一报以我羞涩而甜甜的笑，当我奖励给第一个挑战成功的刘一琳一个有力的握手时，我看到幸福的泪花在他的眼中盛开着……

那是我最快乐的一节课，在环环相扣的数学活动中，孩子们时而眉头紧锁、时而为某个问题争得面红耳赤、时而为同学精彩的回答报以热烈的掌声，他们俨然成了课堂的主角，我行走在学生间穿针引线幸福地甘当孩子们的绿叶。那一刻我万分庆幸我没有用"批评"拉开课堂的序曲，下课时我深情地告诉他们："孩子们今天你们的表现是100分！谢谢你们给我的快乐，如果每一位走进我们班的老师也拥有和崔老师一样的感觉，我会为你们永远幸福和骄傲！我期待着这一天……"

反思：

新课标强调：教学活动是师生积极参与、交往互动、共同发展的过程。这一过程是由教师的教和学生的学同时交织进行的双边活动，教师和学生间的情绪，是学生学习和教育过程中两个最基本、最重要的情感因素。从心理学的角度审视，人的情绪是可以互相影响并相互传染的。课堂上，教师的情绪是左右整个课堂气氛的关键因素，如果教师不能把控好自己的情绪，就会表现出埋怨、指责、烦闷、厌教的教师职业高原反应，学生也会受到相应的感染，表现出惧怕，思维停止、厌学的不良倾向，如此，又怎能创设出充满活力与生机的数学课堂呢？反之，如果教师带着好情绪进入课堂，用灿烂的笑容感染学生，用激情的语言点燃学生，学生以愉悦的状态进入课堂学习，我们的课堂将春暖花开！

思于此，一句教育名言跃然脑海：教育不是灌水而是点燃！

第七章　教师专业发展学校

第一节　教师专业发展学校的建设

教师专业发展学校是一种教师教育新模式，是以中小学为中心，由中小学和大学共同联合筹建，融教师职前培养、在职研修和学校改革为一体的教育改革实验基地。可以多方位、多层次延伸职前教育的覆盖范围，给师范生提供更多的教育实践机会，有利于未来教师教育教学素养的建构。同时，它可以促使中小学教师与大学教师形成长期稳定的教学与科研关系，在交流与合作中不断反思和进步，从而获得持续的专业发展。

一、指导思想

以教师专业发展学校运行机制的建立为研究着力点，通过让参与师范生熟悉学校与课堂，着力提高实践素质；让参与学校的教师在教学、学习和科研理念上有所转变，能更有效开展课堂教学；让参与学校在发展规划、教学质量等方面体现鲜明的教师专业发展特色，使中小学对教师（含师范生）专业发展的功能凸显出来，促进有关保障功能制度化，进而为教师教育一体化与新型教师培养与培训模式的形成探路。

二、建设内容

（一）借助教师专业发展学校，促进教师个体性知识、实践性知识的建构

教师专业发展学校为小学教师提供了一个广泛的自主交流经验的平台，小学教师与高校教师、教育研究者共同研究教育教学过程中的实际问题，个体经验在与他人经验的对比中得到进一步的充实、纠正、完善，从而丰富了个体实践性知识，促进教师的专业成长。

（二）创新合作认识，建立一种共生的关系

中小学校若要变革进步，就需要有更好的教师。大学若想培养出更好的教师，就必须将优秀中小学作为实践的场所。而中小学校若想变为优秀学校，就必须不断地从大学接受新的思想和新的知识，若想使大学找到通向优秀学校的道路，并使这些学校保持其高质量发展水平，中小学校和大学教育学院就必须建立一种共生的关系，并结为平等的伙伴。

对大学而言，在与中小学合作中全面改善师范生的实践体验，将观摩、见习、实习等实践教学环节贯穿到师范生培养过程中；对中小学来说，可针对教学实践中遇到的问题与大学展开合作，对教育实践中出现的问题进行多角度反思和研究，找准解决问题的合作切入点，创新合作认识，改进工作方法，实现合作发展。

（三）完善相关规章制度

在合作学校之间设一轮职权力机构，从整体目标角度关注共性问题，在"共同协约"范围内行使日常事务的处决权。

以河北科技师范学院教育学院为例。要进一步整合教师教育资源，增强对基础教育的辐射能力，努力帮助参与学校的教师专业发展活动；各参与学校切实建立校本研修制度，改变教师的专业发展方式，提升对师范生的指导能力；参与师范生要进一步改变学习方式。要在充分研讨、协调基础上形成

《教师专业发展学校制度汇编》《师范生下校专业观察的指导与检测》等文稿。

一是构建新的实践课体系。以对教师专业发展学校的充分利用为指向，在人才培养中设立"见习—实习—研习—毕业论文"的实践课体系，毕业生在大学与中小学双导师指导下进行毕业论文的撰写与答辩。

二是组建新的业务组织。即由河北科技师范学院教育学院组建校本研修指导组，参与指导各学校有效开展校本培训、校本研修、校本课程开发，班主任专业发展、课题研究、听课、评课等教师专业发展活动；从参与学校的在职教师中确定若干名优秀教师组成师范生见习指导教师组，负责中小学教育专业学生在下校时进行专业观察、单科实习、毕业实习期间的教学、班级管理的个别指导工作，参与学生毕业论文写作指导。

三是互办"一线讲堂"。即培养院校开发面向在职中小学教师的培训课程，下校指导在职教师的专业发展；优秀中小学教师进大学为师范生作讲座。

建立共生性合作关系，大学对中小学主要是提供物质与智力支持，中小学为大学教师教育提供情景支持。大学的教师学习资源理论知识库与中小学的教学实践资源是教师专业化发展不竭的理想学习资源。将大学与中小学共建的教学实习基地融合教师的培养和在职教师的专业学习，构成教师专业化发展的终身学习平台，构建教师专业发展学校的内涵，拓展现行大学与中小学教学实习基地的教师教育功能。争取各区域的教育行政管理部门的政策支持，形成河北科技师范学院教育学院与当地教育行政部门对参与中小学的共建机制。

三、教师专业发展学校建设的目标

在教师专业发展学校的建设目标上，应从中小学的改革与建设、教师的专业发展、教师教育、学生的发展，以及形成教学研合一的专业工作方式五个角度进行探究。

（一）建设新型学校

建设教师专业发展学校不是重建独立的一所专门学校，而是以中小学为基地进行的一种功能性建设。中小学具有教师专业发展的功能，学校应当成为一个开放性的学习化组织，为教师的专业发展提供机会和环境。对于中小学而言，通过与大学的合作，形成教师教育职前、职后一体化，使学校真正成为教师发展的场所，使中小学真实的教育环境成为教师专业成长的丰厚土壤。新型学校的建设首先需要统一大学与中小学的教育观念。由于基础教育资源不均衡，中小学面临一定的升学压力，致使中小学的关注点都放在学生的学业成绩上；而大学的教育理念更具前瞻性，大学往往关注学生的人格培养和多样化发展。因此，统一大学与中小学的教育观念对于建设教师专业发展学校就显得尤为重要了。其次，新型学校的建设需要大学与中小学的文化一致，大学重视理论，中小学注重实践。在合作中，大学教师会自觉或不自觉地以专家的身份出现，注重理论知识的深入；而中小学教师则会因大学教师所提出的理论、观点等难以达到立竿见影指导实践的效果。再有，新型学校的建设还要协调大学教师与中小学教师的评价标准。我们知道，教育研究成果是大学教师业绩与职称评价的重要指标；而对于中小学教师来说，学生学业成绩与升学率才是主要指标。加上我国目前教师编制缺乏，中小学教师在教学任务压力下普遍身心俱疲，对教育改革和教学反思缺乏自觉意识和热情。建设教师专业发展学校就是从根本上解决和处理以上合作不足的问题。

(二)培养新型教师

教师的专业发展需要形成专业的生活方式，专业的生活方式是教师专业发展学校建设的目标。中小学教师通过研究性学习意识到每个教学活动的教育意义并在工作中付诸实施，这样的工作态度和方式证明教师是专业的，当他一如既往地这样工作，说明他就在经历和形成教师的专业生活方式。建设教师专业发展学校就是要促进大多数教师形成"工作即学习，研究即工作，工作即研究"的模式，使小学教师形成教育、教学、研究、学习合一的专业生活方式。教师的专业生活方式既是一个结果，也是一个过程，结果寓于过程之中，过程和结果不能截然分开。重视专业生活方式的过程，更要特别重视每一天的发展历程。只有生命的每一天都是积极的、充实的、发展的，教师的整个生命历程才是积极的、充实的、发展的、专业的。教育是一门艺术，教学本质上更是一门实践艺术。课堂实践要求教师由知识的传授者转变为学习者和研究者。为此，教师要通过不断的学习研究及其体验，调整并确立自己的思想观念、价值取向，丰富自身的专业生活方式，才能满足不同层次与各个方面的需求，才能真正体现教师专业成长的行为。

（三）建设新型教师教育

中小学是教师专业发展的基地，教师的专业发展不可能在职前的师范课堂里完成，需要在真实的中小学教育环境中经过实践与体验得到不断提高。教师专业发展根植于教育实践，教师的专业发展需要专业的理论知识、教学能力和相关研究。教学能力生成于教育实践，产生于专业活动，并进行于专业行为的反思中。相关研究也不能离开现实问题，不能离开与学生、同事的相互了解和合作探索。教师走上讲台即实现教育意义，持续有效的研究是教师专业发展的基础。由于每位学生个性差异较大，在理解知识和获得技能的过程中，每个人在不同时刻、不同情境中进行不同的知识建构。因此，教师的工作永远充满着未知的因素，永远具有重要的研究性质。教师通过持续学习与探究，形成自觉的教育反思，不断提高专业发展水平。建设教师专业发展学校为职前教师提供示范教育，为在职教师提供继续专业发展教育，为参与的中小学和大学提供合作研究的机会。

（四）实现学生发展

建设教师专业发展学校的终极目标是实现学生的发展。教育的核心价值在于人的发展，教育的对象是一个个有生命、有思想、处在发展中的人。教师专业发展学校的建设，一方面是为了完善教师的教育生涯；另一方面是为了让学生在具有专业化水平的教师指导下，接受最适合自己的教育，获得最优质的发展。教育要从尊重学生开始。心理学家认为，人类性情中最强烈的渴望是受人认同，尊重学生就是要认同并呵护学生作为人的基本权利。尊重不仅是一种礼仪规范，而是发自内心地对学生人格与尊严的接纳和信任，尊重是教育的起点。教师专业发展学校建设是要更好地实现学生的发展，在教育工作中坚守"相信学生、依靠学生、发展学生"的原则，要学会给学生思考、展示自我的时间和空间，要充分为学生提供获得主动发展的机会。在教育实践中，要顺应每个孩子思考问题的天性，尊重并满足学生的需要层次，培养学生独立学习能力和创新素质，这是学生与教师共同发展的力量。

（五）形成教学研合一

形成教学研合一的专业工作方式既是目标，也是实现教学相长的基本途径。形成教学研合一的专业工作方式是教师专业发展学校建设的重要目标，该目标使合作的双方、使每一位教师都拥有发展的明晰路径。教学相长是教师专业发展学校建设的根本目的、发展方向和评价依据。要把研究和理解学生作为教师专业学习的中心。学生发展不仅是建设教师专业发展学校的指向，也是教师一般发展、教师生命意义的集中体现，更是社会发展对教育的基本诉求。要促进学生的全面发展，作为在职教师就必须研究学生，理解学生，这是建设教师专业发展学校的真正起点，也是教师工作价值得以实现的发端。

第二节　教师专业发展学校与教师专业发展

教师专业发展学校，是一种将教师教育、教师培养与教育教学研究结合起来的新型教师培训机构。它是将教师专业发展作为学校的主要任务，以培养中小学教师为主要目标的新型学校。

教师专业发展学校是由大学、中小学和其他组织共同参与的、以促进教师专业发展为目标的机构，它有三个基本特点：

首先是一个教育共同体，也是一个学习共同体，它充分发挥了大学、中小学和其他组织在培养中小学教师中的优势。

其次是以促进教师专业发展为目标。

最后是大学与中小学共同制订培养方案和教育教学计划，共同开发课程资源和进行教育教学研究。

在这一新型的学校中，大学、中小学和其他组织不仅是培训机构，还是合作伙伴，它可以为中小学的发展提供专业支持。

一、培养教师的教育信念，促进教师专业发展

教师专业发展学校，以培养中小学教师的教育信念为核心，这就要求培训机构在课程设置上，要以培养中小学教师的教育信念为目的，开设一些适合中小学教师成长需要的课程，并把这些课程与教育理论知识的学习有机地结合起来。如教师专业发展学校开设的学科课程和校本课程，可以把学科知识与教育教学有机结合起来。例如：小学语文教学可以开设"小学语文阅读""小学生写作""小学语文思维训练"等课程；小学数学教学可以开设"小学生数学学习方法指导""小学生数学思维训练""小学数学教学中的新知识教学"等课程；中学物理教学可以开设"物理学史""物理实验操作技能训练"等课程。

1. 创设氛围，增强教师教育信念

教师专业发展学校的培训不是一味地讲授，而是让培训机构创设教师专业发展学校的培训氛围，让中小学教师在浓厚的学习氛围中，促进其教育信念的形成。如在培训机构中创建"教育信念培养"的专题网站，并在网站开设"学习与思考""教学反思""读书心得""教育故事"等栏目，让中小学教师在网上进行阅读和学习，还可以把自己写的好文章挂在网上，供大家阅读。这些活动的开展，使中小学教师在思想上受到启迪，看到自身成长的空间，增强自我发展意识和发展信心。此外，让中小学教师与专家、学者进行交流互动，使其不断受到启发和教育，从而使其对教育教学有更深刻的理解。

2. 理论联系实际，夯实教师教育信念

从目前的情况看，教师教育理论知识学习存在着两个极端，一是对教师教学工作指导不够，二是脱离实际。这两个极端都不利于教师的成长。如有的教师认为教育理论知识的学习是一种负担，他们认为教育理论知识的学习没有必要；有的教师对教育理论知识的学习缺乏兴趣，他们认为教师的专业发展主要靠自己的教育实践；还有一些教师在实践中还没有形成正确的教育观念，他们认为这种观念不会自己产生。这些都严重制约了教师教育理论知识的学习。针对这些情况，我们应在教师专业发展学校中加强理论知识与实际教学工作的联系，把教育理论知识与教育教学实践相结合起来，使之成为

中小学教师学习和研究教育理论知识的基本途径。比如，可以组织中小学教师利用寒暑假进行专业发展学习，这样就能使中小学教师把所学到的教育理论知识与自己在教学中遇到问题相联系，找出原因和解决问题的方法。另外，还可以通过开展教学观摩、教学研讨、评课活动等形式，把教育理论与教学实践结合起来，从而使中小学教师在实践中不断地感悟、思考和升华教育理论知识。

3. 丰富活动，促进教师教育信念发展

要使中小学教师具有教育信念，培训机构要为他们提供丰富的教育教学活动，使他们在教育教学实践中不断反思和调整自己的教育思想和教育行为。如定期组织中小学教师观摩教学课例，参加理论研讨活动，组织中小学教师进行校本课程开发的交流和研讨，以及举行中小学教师教学基本功比赛、学科知识竞赛等，这些都可以促进中小学教师的专业发展。如小学语文教师可以举行"我与语文""我与写作"的专题研讨活动；中学数学教师可以举行"我与数学""我与教学"等专题研讨活动；中学物理教师可以举行"我与物理""我与创新"等专题研讨活动等。通过这些活动，可以使中小学教师不断反思自己的教育教学行为，不断调整自己的教育思想和教育行为，从而使他们的教育信念得到发展。同时，培训机构还可以邀请一些专家和特级教师来讲座，对中小学教师进行系统的教育学、心理学和课堂教学技能的培训和指导。通过这些培训活动，也可以培养中小学教师的教育信念。

二、形成学习共同体，实现教育理论与教育实践的结合

教师专业发展学校是一个学习共同体，它通过组织各种形式的活动，促进教师的合作学习，提高教师的理论素养和教育教学能力。其中，建立学习共同体是促进教师合作学习的重要途径。

通过多种形式的合作学习，形成教育理论与教育实践相结合的理念。在合作学习中，要建立"平等"和"民主"的关系，让教师成为合作的主体。在合作中要营造宽松和谐的氛围，鼓励教师敞开心扉，共同探讨教学问题；在合作中要充分发挥学校文化、组织文化和制度文化的作用，形成"以人为

本"和"以校为本"的学校文化；在合作中要充分尊重教师个体的差异，形成"差异"和"个性"。

通过有效指导和共同实践，促进教师之间的交流与合作。在合作学习中要让教师相互交流和沟通，分享彼此的成功经验和失败教训，形成对他人经验的理解与认同。通过共同实践，让教师学会反思和总结自己教学过程中存在的问题、产生问题的原因以及解决问题的方法。

通过观摩他人教学活动、与他人对话交流等方式来提高教师对理论知识理解与运用能力。

1. 观摩他人教学活动

观摩他人教学活动是教师专业发展学校重要的学习方式，它能使教师体验到与专家面对面的感觉，教师通过观摩他人对教育问题、教育行为、教育方法等方面作出解释和说明，从而增强对理论知识理解与运用能力。这种感觉是任何书籍和网络都无法代替的。观摩他人教学活动要有明确的目的、明确的主题、具体的任务，并且要求教师把自己从别人那里学到的东西在自己的教学实践中加以运用。观摩他人教学活动还可以将他人的教学经验进行提炼、加工、改造，并用自己的教育教学理论来指导教学实践。例如，学校领导要带头观摩、研究其他教师所上的示范课，使其他教师通过观摩感受到其他教师是怎样上好课、怎样运用教育理论来指导教学实践。观摩他人教学活动还要让教师学习他人课前如何制订教学计划、如何准备教具学具，以及在课堂上如何有效地调控课堂等。这些学习活动要求教师认真研读教材，把教材研究透彻。同时，学校领导和教研组长还要帮助教师研究学生，根据学生的实际情况和具体需要，确定好教学内容和方法。此外，学校还要对教师在观摩他人教学活动中表现出的积极态度、良好精神状态进行肯定和鼓励。这样可以使教师获得成功体验，激发起参与课堂实践的积极性。

2. 对话交流

在对话交流中，教师通过聆听和审视他人的观点，可以使自己的视野得到拓宽，对自身在教育实践中所存在的问题进行反思，并在对话交流中获得新的理解和认知。同时，通过与他人对话交流，也可以进一步培养教师的问题意识和研究意识。例如，通过对话交流，我们可以了解到：为什么会出现学生作业不做、上课注意力不集中等问题；为什么会出现学生抄袭现象；怎样才能杜绝这类问题的发生；等等。

对话交流还可以帮助教师了解到自己在哪些方面还存在不足，在哪些方面还有改进的空间。例如：教师对学生心理发展规律了解还不够深入；对学生的个别差异了解还不够全面；对学生学习特点了解还不够充分；对新课程理念了解还不够深入；等等。

教师通过对话交流，可以提高自身解决问题的能力，有助于形成良好的研究意识。在对话交流中，教师可以通过倾听、质疑、提问等方式来思考问题；可以通过反思、总结、改进等方式来解决问题；可以通过交流、对话等方式来增进彼此间的理解。

总之，在教师专业发展学校中，我们要把理论学习与教育实践结合起来，使教师学会运用理论指导教育实践，提高教学能力和水平。同时，教师专业发展学校是一个学习共同体，要建立平等、民主的师生关系和生生关系。只有这样才能促进教师之间的合作学习和共同发展。另外，在教师专业发展学校中要充分发挥学校文化、组织文化和制度文化的作用。

3. 教学反思

教学反思是教师对自己的教学行为、教学效果的不断自我审视和评价，是对自身教学活动的一种主动的审视和反思。在教师专业发展学校，教师需要对自己所教的课程进行系统全面的反思。这是一项既能提高教师自身素质又能促进学生发展的有效措施。

（1）确立自我反思意识。反思是一种有意识、主动的学习过程，它要求教师必须树立自我反思意识，养成自我反思的习惯。只有具备了这种意识，教师才会在行动中自觉地运用反思的方法，不断提高自己的教育教学水平。

（2）积极开展教学实践活动。在课堂教学中，教师只有不断地进行反思，才能发现自身教学过程中存在的问题，并通过对这些问题进行分析和研究，找出产生这些问题的原因，进而采取相应的改进措施。

（3）定期撰写教学随笔。每一位教师都有必要认真撰写教学随笔。一方面可以记录自己在教学过程中遇到的实际问题和自己解决问题后获得的成功经验与失败教训；另一方面可以帮助教师及时总结经验教训，通过不断反思来提高自身的教育教学水平。

4. 做教学研究

教师专业发展学校的课堂教学研究包括：教学问题的发现与探究、教学问题的解决与反思、教学效果的评价与反馈等。因此，教师要根据自己的学科特点和班级实际，通过自己的实践和经验，发现一些新的问题，在教育理论指导下提出相应的解决办法。这就要求教师在开展研究时要做到：一是要从实际出发，选择教育教学中存在的突出问题进行研究；二是要以教育教学实践为基础，以解决实际问题为目的，开展研究活动；三是要立足于"实"，在"实"中"研"。

我们可以这样说，教师专业发展学校为教师提供了一个展示自我、不断提高、实现自身价值的平台。它能激发教师对教育理论和教学实践活动的兴趣，引导教师进行教学研究和反思，从而在教学中不断提高教育理论素养和教学实践能力。

在教师专业发展学校中，我们可以通过多种方式来促进教师对教育理论知识的学习和理解；通过各种合作学习、观摩研讨等形式来提高教师对教育理论知识在实践中应用的能力；通过开展教学研究等活动来提高教师对教育理论知识在实践中应用能力。

三、加强校本合作，构建开放的学习共同体

教师专业发展学校与传统的大学与中小学合作模式不同，它强调学校的教育改革与教师专业发展的结合，强调学校教育、培训机构与中小学的合作，强调开放的学习共同体。

教师专业发展学校的教师不仅是"学习者"，还是"研究者"。这种研究主要包括以下三个方面：（1）针对教师实际工作中出现的问题，通过对问题产生原因的分析，提出解决问题的策略和方案；（2）对解决策略和方案进行检验、评估和修订；（3）以改进工作方式、提高教学效果为目标，通过反思教学实践，改进教育教学行为。这种研究可以在学校内部进行，也可以在大学与中小学之间进行。前者有利于教师自身的专业发展，后者则有利于大学

与中小学之间相互合作、相互促进。

教师专业发展学校是以培养培训新教师为主要目标的新型学校。它所培养的新教师应该具有三种品质：（1）有良好的职业道德；（2）有一定的教学理论和实践能力；（3）具备创新精神和创新能力。我们在教师培训过程中要充分发挥这三种品质。

（一）提高新教师的职业道德

教师的职业道德是从事教育教学工作必须遵守的道德规范和行为准则，它对学生产生深刻的影响。教师职业道德主要包括两个方面：一是教师应具备的职业道德，二是教师应遵循的职业道德规范。在这两方面都必须坚持正确的方向，以确保学生健康成长。在对新教师进行培训时，我们始终坚持一个基本原则，即教师首先要热爱自己所从事的教育事业，以积极的态度对待自己的工作，对待学生，努力钻研业务知识，提高自己的业务水平。其次要有崇高的职业理想和崇高的职业信念。在教学中要认真钻研教学大纲、教材、教法，要从学生实际出发，因材施教，培养学生良好的学习习惯和学习兴趣；在教育上要尊重学生、热爱学生、理解学生。最后要具有良好的职业道德规范。教师在工作中必须严格要求自己，以自己高尚的师德去感染和熏陶学生。

另外，教师专业发展学校应为新教师提供良好、宽松的环境和条件，鼓励他们进行各种有益的活动；在对新教师进行培训时可以安排他们轮流担任培训小组成员或实践小组成员；安排新教师到中小学见习或实习；为新教师提供外出学习、进修及观摩教学等机会；组织新教师参加社会公益活动及进行社会调查等。在教学中对新教师严格要求是培养他们良好职业道德最有效途径之一。这要求我们在培训过程中既要重视职业道德规范培训，也要重视教学理论和实践能力培训。只有这样才能培养出德才兼备、爱岗敬业、乐于奉献、为人师表、热爱学生、富有创新精神和实践能力的高素质专业化新型人才。

（二）加强教学理论和实践能力的培养

教学理论和实践能力是教师专业发展学校培养新教师的一个重要方面。

新教师在进入学校后，主要是进行一段时间的观摩，然后由优秀教师指导新教师进行教学实践。在教学实践中，新教师可以通过听课、评课、观摩课、研讨课等方式学习、理解和掌握教学理论和方法。实践的目的不是重复过去的经验，而是更好地指导今后的教学，所以要鼓励新教师在实践中不断学习，不断提高。在实践中，要根据新教师的不同特点，采取多种方式加强对其教学理论和实践能力的培养。在教学理论培养方面，把学习新课程标准《义务教育语文（数学）课程标准（2022 年版）》作为主要内容，结合学校特色，开展校本教研活动。这些活动的开展有利于新教师熟悉和理解教学理论，提高其教学能力。

（三）注重教师创新精神和创新能力的培养

创新能力是教师在教育教学实践中表现出来的，它是一种积极的思维状态和进取精神，是一种对教学和生活的好奇心和求知欲。培养创新能力要注重培养新教师的科研意识、创新意识和创造能力。在教师培训中，要使新教师认识到教育创新与改革的重要性，让他们了解教育教学改革的历史发展过程，树立"教什么、怎么教、为什么这样教"的创新理念。在培训中要鼓励教师善于发现问题、提出问题、研究问题，要引导他们敢于否定已有观点，提出自己独到的见解，形成自己的见解。要积极开展学术交流，鼓励教师开展课题研究，探索教学规律。培训过程中，我们要求新教师积极参与科研课题的研究，要求他们积极撰写教学反思、教学心得、经验总结等科研成果。学校通过评价新教师科研成果的数量和质量等方式来激发他们从事教育科研的兴趣和热情。

（四）构建教师专业发展学校模式，形成"人人是教师"的文化氛围

教师专业发展学校模式，是建立在建构主义理论基础上的一种新型教师教育模式。它要求形成一种"人人都是教师"的文化氛围，让每一位教师都有机会在实践中研究教育教学问题，都能通过反思改进自己的工作，促进自己的专业发展。在这种文化氛围中，教师不是被动地接受大学和中小学教育机构的培训和指导，而是主动参与培训和指导活动，并从中获得自身专业发展所需要的信息和资源。这就要求学校要有一个良好的制度环境，为教师的专业发展提供便利。它要求学校建立一套相应的工作制度、管理制度、考核制度等，为教师专业发展提供制度保障。例如：为了促进教师之间的相互了解和合作，建立教师互助共同体、学科小组、教研组等组织形式；为了促进教师之间的合作与交流，建立教育论坛等活动形式；为了促进教师之间的交流与合作，建立校际教研共同体。

四、改革课程体系，为教师专业发展提供支持

在传统的教师教育模式中，师范院校和中小学都只重视教师的职前培养，而忽略了对教师的职后培训。传统的师范生培养模式存在着"重理论轻实践""重知识轻能力""重专业轻师德"等问题。教师专业发展学校从"为师而教"到"为师而研"，将教学和科研作为培养目标，以教师职业需要为课程改革的导向，全面推进课程体系改革。学校采取多种措施，提高师范生的科研意识和能力，引导他们主动参与科学研究活动，并通过科研活动锻炼其教育教学能力。在教师专业发展学校中，强调专业知识、专业技能和专业理念的统一，从教学和研究两个方面培养师范生的综合素质和教育能力。学校提出"教学技能+教育研究能力=优秀教师"的理念，即以教育理论指导教学技能训练和以教育研究能力培养为核心，形成教学与研究有机结合、相互促进的教师专业发展模式。

（一）改革课程设置，注重实践能力的培养

课程设置的改革主要是围绕着一个中心展开，即教师职业技能训练和教育科研能力培养。在这个中心之下，又可以分为几个子系统：一是针对师范专业学生的教育专业课程，如教育学、心理学、教育心理学等；二是针对非师范专业学生的教育学、心理学等课程，如教师教育、心理咨询等；三是针对教师进修和其他培训的课程，如微格教学、课堂观摩等；四是针对教师个体发展的课程，如专业阅读、论文写作等。

课程改革还要体现以学生为本的理念，关注学生的成长和发展。在设置这

些课程时，要充分考虑学生的实际需求。例如：微格教学是为适应小学教师教学技能训练的需要而设置的；课堂观摩、教学观摩等则是为了让师范生有机会走进中小学课堂，接受真实的教学实践。此外，在开设这些课程时，要充分考虑不同年级学生学习和发展的需求，保证各种不同层次学生都能学有所得。

（二）完善教学方法，注重理论与实践相结合

在教师专业发展学校中，学校以教师为主体，积极开展现代教育技术与学科教学整合的研究，充分发挥现代信息技术的作用，通过网络、多媒体、微格等方式组织师范生进行教学技能训练，逐步建立以自主学习、合作学习和探究学习为主体的学习方式，为师范生提供更多自主选择学习方式的机会。学校要求师范生在学习过程中不仅要学会运用现代教育技术，还要学会对教学内容进行选择和整合，形成一种"教学设计—教学评价"相融合的新型课堂教学模式。同时学校注重实践技能培养，将理论与实践相结合，将教育见习和教育实习作为学生进入教师职业的第一步。学校要求学生在见习和实习前进行系统的教育教学知识的学习和训练。在见习和实习期间，学生们要按照要求进行教育见习或实习。学校还要求师范生到中小学进行为期一个月左右的顶岗实习（部分学校是一个学期的顶岗实习）。在顶岗实习期间，师范生要承担教育教学工作任务。顶岗实习结束后，学校对师范生进行集中考试或考核，成绩优异者被授予"优秀毕业生"荣誉称号。这样既可以激发师范生积极参与教师职业生涯规划的热情，又可以培养他们理论联系实际的能力和发现问题、分析问题和解决问题的能力，提高其实践教学水平。

（三）改革评价方法，注重过程与结果相结合

教师专业发展学校在评价方法上进行了改革，强调评价主体的多元化，注重过程与结果相结合。

一是注重学生的全面发展。学校构建"学习目标＋学习过程＋学习成绩＋学习态度"的评价模式，通过评价学生对教育理论知识、教学技能和教育研究能力等方面的掌握情况，以提高师范生的整体素质。

二是注重师范生的教师职业能力培养。在考核评价过程中，注重对师范

生教科研能力、课堂教学能力、教育实践能力等方面的考核，考核内容包括课堂教学（含微格教学）、教学设计、教育科研报告、模拟课堂教学等，评价方式包括自我评价和互评两种方式。在评价过程中，注重对师范生创新精神和实践能力的培养。评价方式主要采用形成性评价与终结性评价相结合的方法，注重考查师范生参与教育科研活动的过程和结果。

教师专业发展学校通过改革人才培养模式、课程体系及教育评价方法，引导教师加强教学改革，使教师的角色由传统的知识传授者转变为学生学习活动中的指导者、帮助者，把师范生培养成"以人为本""以学生为主体"的新型教师。在教师专业发展学校中，为中小学提供了良好的教师专业发展平台，有效地促进了教师专业发展。

五、建立合作伙伴关系，为教师专业发展提供支持

为了使中小学教师的专业发展走向合作伙伴关系，教师专业发展学校应建立以下几个方面的合作伙伴关系：

一是大学与中小学在课程和教学方面的合作。大学应为中小学提供课程资源和教学方式，帮助中小学提高课程质量，促进学生的全面发展。

二是大学与中小学在师资培训方面的合作，特别是要加强职前教师和在职教师的培训。

三是加强大学与中小学在科研方面的合作，使大学、中小学校和社会团体三方在课程开发、教材建设、教育教学研究等方面进行密切合作。

第三节　教师专业发展学校建设的策略

教师教育观认为，教师教育既是大学的责任，也是中小学的责任，教师在教学中的专业发展不仅是中小学的事情，也是大学的事情。中小学与大学合作才能有效地提高教师专业发展水平。教师的专业成长需要理论的武装，也需要实践的体验，大学是教师的理论学习场所，中小学是教师的实践基地。

因此，教师专业发展学校最重要的策略是建立一系列制度保证，提升教师专业发展水平。

一、教师专业发展学校建设

（一）寻求合作伙伴，实现互惠双赢

教师专业发展学校赋予了从事教师教育的中小学教师持续促进教师专业发展的功能。教师专业发展学校既是教师工作的地方，也是他们生活发展的地方；学校不仅仅是培养学生促进学生发展的领域，也是培养教师促进教师发展的领域。教师是学校事务的决策者，是教师改革的领导者，学校在为教师安排任务的同时，还应为他们提供发展的机会。教师专业发展学校政策中明确规定，教师专业发展学校是大学与中小学协作建设，共同担负教师专业发展的责任。大学的师范生在教师专业发展学校实习，他们的实习内容不再仅仅局限于听课、观摩等，而是全方位地参与学校的教育教学活动，这种探索型、研究型教学实习有助于师范生进行教学反思，形成一种全新的实习模式——"在教中学""在做中学""在合作中学习"。教师专业发展学校是实现大学与中小学校合作，促进教师教育一体化、终身化、专业化，促进教师发展和学生成长的学习共同体。寻求合作伙伴学校，是建设教师专业发展学校的前提条件，大学、中小学尤其是双方领导要在调查研究、彼此信任的基础之上，在合作互补、互惠双赢按自愿原则挑选参与合作人员，扩大合作范围。教师专业发展学校参与人员主要包括中小学校校长、教师、大学院系领导与教授、学生家长代表与社区咨询人员等。参与教师专业发展学校是一种自愿行为，是基于自愿的合作，彼此之间将建立起信任关系，对专业发展学校的前景有着共同的追求与希望。

（二）建构学习型组织，开展行动研究

构建终身学习与全民学习的学习型社会，促进人的全面发展是建设和谐社会主义社会的文化基础。教师专业发展学校使学习成为教师和学生发展、

学校改革和发展的动力。它要求树立终身学习的理念，促使教师专业知识与技能持续增长，教育观念与时俱进，顺应时代发展要求；确立新的生活态度与工作境界，教师专业发展学校以学习为本质，这种教育生活使师生获得共同精神享受，教学相长，它是教师基本的生活态度和工作方式；创建成长共同体，教师专业化不可能依赖某门学科、某个教师而孤立发展，教师专业发展学校通过创设一种学习型组织发展团队精神，营造教师之间合作互动的环境，形成教师专业成长的共同体与合作机制；整合发展目标，教师专业发展学校学习型组织必须对学生发展、学校发展与教师发展，特别是教师专业发展的功能加以整合，形成总体的发展目标和实施规划。开展行动研究是教师专业化发展的必然选择。行动研究是教师自己开展的行动现场、行动过程、行动改善的研究。开展学校教育教学的行动研究有助于教师本身通过行动研究获得专业成长的机会；有助于学校教育问题因行动研究而获得解决和改革；有助于课程改革因行动研究而得到创新；有助于教学改革的理念依靠行动研究而得以落实；有助于各校行动研究成果的交流应用；有助于促进教师专业发展学校的共同发展。

（三）重建群体观念，形成新型教师专业生活方式

现实生活中，中小学教师的专业活动普遍侧重个人教育教学实践与经验，较少与同事互动研讨，未能充分展现强烈的群体归属感与荣辱感的深层认同。如果教师团体不能成为一种专业群体，那么教师进修就会造成进修的动机可能侧重个人的利益；教师进修的内容不符合专业成长的需求；教师进修的方式缺少团体内部的互动；教师进修的结果只着重个人相关资料的获得。以上结果不利于教师个体的教育发展和教师群体的专业成长。因此，务必使教师的在职进修过程有教师群体意识与个体认同，让群体的互动关系成为教师进修的主要方式，更要让群体的要求与目标成为教师进修的主要内容，这样才能将个体教师融入到教师专业群体中去，兼顾个人需求与群体专业发展，达到教师群体专业发展的目标。创造新型教师专业生活方式，大力实施以研究为主线的教师专业发展活动，让群体研讨成为改进教学的一种态度一种习惯。通过开设各种讲座、报告，帮助教师明确发展专业素养的意识；通过讨论、

交流与对话等途径营造工作即研究的氛围，激励教师养成反思的习惯；组织教师申报各类层次的教育教学研究课题，定期进行课题指导，促使教师不断地接受新的教育教学观念、充实教育教学知识、完善教育教学技能，开展教育教学科研，享受工作即研究、研究即工作的乐趣。实践表明，在教师专业发展学校里，教师接受专家和有经验的中小学教师的指导、熟悉学校的教学过程，不断积累教学经验，可以在最短的时间内胜任教学工作，并帮助其形成新型的教师专业生活方式。

（四）营造专业文化，发展学校特色

文化是学校的底色。从学生成长的视角来理解教育，教师的工作是一种文化的融合，精神的建构。当下的中小学文化必须寻觅、发展新的支点。强化专业文化特征：教师专业文化的创新，一个优秀的教师首先是一个具有独特人格的人，一个知道运用自我作为有效工具进行教学的人。没有教师生命质量的提升，就难有高的教育质量。学校着眼于教师专业化建设，势必应该改善教师的文化素养；教师专业文化的融合与拓展，教师专业文化作为中小学整体文化的重要组成部分，必须融入丰富多彩的学校生命，才能在各种文化的整体建构中取得自身的发展。因此学校必须分析思考当前学校文化特征，确定学校文化发展方向，规划并努力实施学校文化建设方案，积极塑造教师专业文化，促进教师专业能力发展。学校办学特色的形成和发展是学校教育目标的具体化、生动化体现，是对先进教育理念的个性化实施，是充分开发校本资源的创意化行动。发展学校办学特色是引导学校教师专业发展的有效策略。在处理学校办学特色与教师专业发展的双向互动时。应处理好几个关系：学校办学特色的形成要基于对学校教师素质的现实了解和发展潜能的理性预测；学校办学特色的发展指标应当是教师专业发展创意的充分展现，以及主体参与的意识和能力的充分体现；学校办学特色的"个性"发展要有助于教师专业发展的"共性"的构建和提示。

（五）改革新型教师专业认定，创设教师专业发展条件

教师专业发展学校具有非常丰富深刻的思想内蕴，体现教师职业的人文关

怀。它着眼于学生和教师的发展，汇聚教育行政部门、学校、教师、学生、家长、社会等丰富的原生资源，要求我们重新理解教育，重新发现教师，重新认识学校，积极改革教师专业认定。它还需要教师能基于学生时代的经验；不断地进行在职培训；及时地对自身的教育教学进行反思；经常地和同事进行学术交流；定期参加有组织的专业活动等等。更加需要教师强化专业技能不断提升工作的理论含量，用不断发展的学科知识，更新教育理念；不断扩展专业能力，关注学校教育教学实际，提高学校服务质量和延伸办学功能，不断提高专业能力素养；同时积极参与校本课程开发，在开发和实施校本课程过程中，促进教师重建新的知识体系，重构知识观，内化和升华教师专业认定。

新的教师教育观认为，教师在教学中的专业发展，大学和中小学享有共同的责任。因此，建立上级培训机构与中小学的合作机制是教师发展学校的保障。从文化融合上讲，高等院校的学术前沿性质以及开放、探究等文化特质进入中小学，与中小学教育实践相融合，对于建设教师发展学校具有重要指导意义。而且，中小学有其自身的文化内涵和特质，中小学里有天真活泼、富有朝气和活力的青少年，以及丰富多彩、生机勃勃的教育生活，它们积淀和凝聚成中小学自身的文化，对参与其中的高等院校文化产生重要的意义。大学是教师的理论学习场所，中小学是教师的实践基地，只有大学与中小学的合作才能够有效地提升教师专业发展水平。中小学不能仅仅作为验证师范生所学学科知识和教育理论的实习场所，而是成为教师教育的积极参与者，成为师资培训机构的主体之一，更加积极地参与到教师教育的过程之中。更要突出中小学骨干教师在教师培养过程中的重要作用，让中小学骨干教师全方位参与到新教师培训方案的制订、课程的安排、对新教师的监督和辅助以及对新教师的考核和评价中去。

（六）寻求国家政策和财政支持，提供制度保证和资金保障

教师专业发展学校的大学与中小学合作是一项复杂而系统的工程，受国家、社会、学校等各方面因素的协同制约，需要得到国家政策和财政支持。教育行政部门要划拨专项建设资金和科研立项资金，为教师专业发展提供平台。政府应认识到教师专业发展学校是建立一个强大的教育系统的基础部分，并且通过扶持拨款资助它们。国家应制定《教师专业发展学校大学与中小学合作实施办法》，对教师专业发展学校大学与中小学合作工作作出具体要求和规定，以法律来规范指导这项工作。

教师专业发展学校的合作方式是一种指向教师与准教师整体优化的互动发展，这就必须有制度的保证。制度是共同遵守的准则，有着规范和导向作用，拟定双方共同遵守的合作协议时，必须明确各自的权利与义务；协议内容要使双方能够互惠共赢；协议文本要对合作的方法途径、制度措施、资金分配、双方的权利与义务等有明确的表述。同时，建设教师专业发展学校在合作基础上，明确其目标，掌握其策略，方能建立地方教育行政管理部门、高校、中小学三方参与的"三位一体"合作模式。

二、教师专业发展学校建设的实施——以蔡各庄小学为例

蔡各庄小学是河北省秦皇岛市北戴河区一所纯农村小学，有着近百年的办学历史。学校占地面积 18276 平方米，有趣稚楼、启智楼、远志楼三处主体建筑，下设日托式附属幼儿园。学校工作围绕田园文化，创建自然和谐的环境文化、生动多元的课程文化、绿色自主的活动文化。让师生回归教育本真，追求自然真实的成长，做到整体规划，重点突出。

（一）课程建设情况

1 实施顶层设计，重组课程资源
（1）科学定位，做好课程整合与实施的顶层设计
在这种"习礼大树下，授课桑林旁"的田园教育氛围中，应运而生了生动多元的课程文化。

在"自然、自觉、自由"的校园文化核心理念下，形成了"培养具有率真性情的自然人，关爱德行的自觉人，求索创新的自由人"的育人目标，结合文化理念和育人目标，确定了"返璞求真，尊重个性，为学生终身发展奠基"的学校的课程目标。

（2）因需制宜，把三级课程重新归类

学校从学科育人、生态润人、雅趣立人三个维度打造特色课程体系，通过学科课程系列、生态课程系列、雅趣课程系列的构建，支撑办学特色的发展。上午集中学习学科类课程，下午选修综合实践、音乐、体育、美术等14门生态课程、雅趣课程。关注全体学生的素养培养：每位学生每月选修一门生态类、雅趣类课程，体育、艺术课程每学期都要涉及。关注特长学生的能力提升：4月、10月为特长培养专题月，对于某一方面有特长的学生进行集中地能力拔高。课程改革之后，每个学生都可以在一个月的社团活动时间集中开展相应学科的学习，这对于学生学科的素养提升、整体学习能力的提升做好了充足的时间保证。

2.扎实推进课程，实施有效管理

"有什么样的课程就有什么样的教育，成功的教育应该有开放的、可选择的课程。"把学习的主动权回归给学生，让学生主动参与，亲历实践。

（1）自主选课

开学伊始，学校及时召开三个层面的培训会议，将涉及的4个领域14门课程开设情况与任课教师、班主任教师、全校学生进行宣讲，明确选课的要求，组织全校学生进行各社团、校本课程的自愿申报，任课教师集中进行整理，将不同年段学生按自主申报的原则，社团间调剂，确定社团活动名单，使100%的同学们都参与到课程活动中来。

（2）优化整合

一个新的课程体系的建立，课程实施内容的确立至关重要。因此学校突破学校课程建设中的交叉、重复状态，从课程目标、知识体系、课时总量等方面把教学内容进行梳理、整顿、协调、重新组合。

1）关注课程目标

学校关注如何把课标与课堂对接，优化课堂教学，使"目标对课标负责，教学对目标负责"。

语文学科：新课程改革以来，新课程的基本理念已经为广大教育工作者所理解和接受，诸如语文课程应致力于"全面提高学生的语文素养""努力建设开放而有活力的语文课程"等，但是，语文课程改革中，不可避免地会出现一些问题，比如我们对语文教育本身的认识还存在偏差，语文教学出现了"教学目标虚化，教学内容泛化，教师作用弱化，教学活动非语文化"等倾向，语文教学的"高耗低效"没有得到很好的解决。如何把"课标"中的核心素养与语文课堂对接，优化课堂教学？为此学校开展了"研读课标—年段细化—单元落实"的主题教研活动。将新课标中对于学生在"听说读写"方面的要求，逐条解读，依据学情，分散在每学段的单元教学中，从教学目标的维度整合，从教学内容的维度整合，从教学方式的维度整合。

在教学四年级下册第一单元"走遍千山万水"这一主题时，根据《桂林山水》《记金华的双龙洞》《七月的天山》三篇文章的共同特点，细化了如下的目标：第一课时，整体感知，了解大意；关注题目，探讨写景文章的命题方法。第二课时，精读《桂林山水》，学习"抓住事物特点，暗含比喻成分的排比句式的表达效果"；运用这种表达方式，尝试概括《记金华的双龙洞》《七月的天山》这两处景物的特点，进而会描写身边的景物。第三课时，对比体会写景类文章移步换景的表达方式，了解相关文章不同的写作顺序。第四课时，进行习作训练。

课堂上摒弃烦琐的分析，着力于有感情朗读、理解关键问题；舍弃逐篇文章的精雕细琢，着眼于多篇之间的学法迁移与类比求异，注重从整体上达成学习目标，进而提升阅读能力，培养学生阅读习惯。做好课内外阅读的有效整合。

2）关注知识体系

各学科教材在内容编排上都有其科学的知识体系，在课程实施过程中，要依据课标，根据学科特点和实施需要，适当将内容重组整合、拓展延伸，使国家课程和学校课程形成实质性的互补，凸显国家课程校本化，校本课程个性化，最终促进学生发展。

例如：美术学科，从造型表现领域和设计应用领域这两方面将二至六年级教材中的近150节课，打乱年级、学期顺序，从基本造型、科幻画与写生、多种材料与技法、多种媒材、色彩与水墨五大板块，分年选修，集中地专项练习有益于美术学科技巧的有效达成，同时也能提高原有课程实施效率，节约出的课时，教师自主增加适合本校特色的学科内容，如陶泥、篆刻的相关知识，开展学科综合实践活动。

再如，生态课程中的茶艺课程，以茶艺礼仪作为切入点，从茶的起源、茶文化、茶的分类、各地茶艺、敬茶之礼五个方面开发活动教材，孩子们"以礼敬人、以礼敬己、以礼敬器、以礼敬水、以礼敬茶"，在泡茶品茶的过程中慢慢学会动手做事的条理性和规范性。

（3）课堂监控

1）以社团选修形式落实常规课

大家现在看到的就是我们孩子们社团活动的情况，全校二至六年级335名学生全部在这些社团之中。这是我们麦田精灵舞蹈社团的孩子们在排练中，他们在运动会上、教师节、爱国主义教育、反邪教演出、五一国际轮滑节开幕等大型活动中都有过精彩的表现；木弦之约尤克里里社团的孩子们弹得多带劲啊；看，一块饼干、一块桃酥、一个拼盘也是孩子们的一份艺术品；平凡的七巧板在田园拾趣社团的孩子们手中演绎成了各种美妙的图案，华容道、笼中取物等益智木玩深受孩子们的喜爱；这些围巾、杯垫、笔筒都是靓装织苑社团的小巧手们的杰作；茶香满园社团的孩子们在温杯、冲泡、赏茶、饮茶中感悟着源远流长的茶文化，更在茶艺的熏陶中培养了恬静淡雅的气质；在书香苑社团，孩子们品读、交流、讲故事、吟诗，尽情体会着读书的乐趣；看！巧艺坊的孩子们做得多认真呀！这些都是他们烧制出的作品；青蓝画社的学生在学习中更好地继承了中国古代的文化传统，从中感受到了独特的艺术韵味；我们常说"兴于诗，立于礼，成于乐"，音乐有开发智力，陶冶道德情操的教化功能，在筝筝日上社团里，孩子们个个端庄娴静，气质古典优雅；这是七色花合唱团的孩子们在进行合唱练习，孩子们唱得用心、用情，用歌声感染着每一个人；春之篮、绿荫足球社团的运动健儿们在运动中收获着快乐；我们管乐队的孩子们刻苦练习，已经连续两年为区运动会吹奏《国歌》。另外我们的大课间也进行了全方位的改革，伴着田园乐曲，我们采用花样长跑，跑出蔡小缩写，高呼校训，还自主创编了《大自然操》，在运动中渗透了热爱学校，热爱大自然的教育，之后孩子们可以在陀螺区、橄榄球区等11个活动区域进行游戏。

2）双轨并行，落实综合实践课

保证课"实"：常规的综合实践每周 3 课时，其中一节是信息技术，剩下一周两节四十分钟的课对于这样一门实践类课程什么也做不成，像阅读型、调查型、实验型、采访型的任务，只能留待学生回家去做，这种放手势必导致最终的流逝。其实，像综合实践这样的活动类课程都会面临这样一个问题。在学校"田园文化"课程体系下，每月学生都可以集中一周的社团活动时间开展主题实践，就解决了活动时间问题。

保证人"实"：综合实践活动课程观念新、内容涉及面广，学科综合性较强，这就要求有一支优秀的专兼职相结合的教师队伍来实现课程，组建多元化教师团队，可以有效弥补教师知识结构单一、学科视野狭窄等问题。这样的课程形态同时也解决了教师问题。学校组建了包括专职教师、指导教师和职能教师等在内的综合实践活动课程教师团队，在这个团队内，不再是一个教师开展活动，其他教师"帮忙"，而是真正做到"人人都是综合实践教师"。专职教师在学期初与学生制定实践活动主题时，就会根据活动的阶段进程，明确学科任务，做好活动中的指导计划。如《玩转黏土 动画生活》学生前期在"阅读与实践"社团教师的指导下撰写、编排脚本；接下来在"小巧手"社团塑造动画原型、场景；最后在"网络星"社团实践微动画的创作过程。也就是说学生在参与综合实践的过程中就依据不同阶段的目标任务分时段的需要在不同的社团中由社团教师带领指导活动。这样整体联动的活动模式，充分利用教师资源，全员参与，即有分工也有协作，各施所长，群策群力，密切配合；同时学生间也采用自愿分组与协调分组的方式全员参与到此活动中。这样，建立学生与教师的组际间、年段间的交流策略，优势互补，跨学科交流，资源共享，不断提高教师与学生的综合实践活动能力。

成果辐射，拓资源：每次学生在开展综合实践活动后，都会形成最终的实践成果，对于优秀的活动成果，我们就站在学校的角度，整体把握，使其"动"起来，成为校内的教育资源。如《玩转黏土 动画生活》实践活动后形成了一系列教育动画短片，我们就发挥它的教育功能，在幼儿园播放，为幼儿提供了德育教育资源；小学低年级也充分利用动画短片，变传统的看图说话为看动画讲故事，变静态的素材为动态资源。同时中高年级的学生进行剧本的创编，优秀的剧本再制作成动画短片。这样，综合实践的一个主题活动从参与度上来看，就不仅局限在一个年级的学生身上，它辐射到全校所有师生；从活动效果看，它不是截止在学生了解、感知动漫的制作过程这样一次的活动中，而是在"编剧本—做动画—巧利用"的循环过程中，调动了学生参与活动的热情，整体推动了学生的学习能力的提升。

（4）个性评价

基于学校"田园文化教育"理念，学校提出了蔡各庄小学"田园风采少年"评价机制，从德在细节—培养诚朴少年、习在朝夕—培养勤学少年、行在体验—培养雅趣少年、趣在实践—培养知行少年、美在健康—培养阳光少年五个维度完善学生发展性评价机制，增强育人的针对性和实效性，促进学生全面发展。

1）社团个性评价

① 设计团章：在全校征集具有社团特点的团徽设计，通过评选"我最喜爱的团章"，选出其中的优秀作品，由篆刻社团负责雕刻完成。

② 分层评价：学校采用"每月评价—学期考核—学年奖励"的评价机制，鼓励学生在社团活动中参与争章活动，蓝色为达标章，红色为优秀章；同时要参加不同领域的社团，累积不同社团的章，学校根据学生积章情况考评学生成绩。

2）学期综合评价

学校精心打造了具有校本特色的"小树苗成长记"综合素质评价手册，以关注"小学生发展的六大素养"为核心，从"田园风采少年"的五个维度，细化了25个方面制定了评价内容，又针对"新芽季""幼苗季""茁壮季"三个年段制定了不同层次的记录点。在整个评价过程中，学校本着深入教师、学生的生活，使之生活化，让师生从学生生活中寻找依据，明确努力的方向，充分发挥综合实践素质评价对学生综合素养提升的引领和激励作用。

（5）立足校本，打造润心育人的少先队课程

1）有润泽心灵的室外活动基地

宽阔的操场是孩子们健身的乐园，同时学校因地制宜，将田园教育融入于实践活动之中，在校园中开辟了沁园、荷锄园、簇锦园、成荫林等多个少

先队实践活动探究基地，每个中队都有自己的实践基地，教孩子们种植农作物，饲养小动物。阳光下，孩子们的琅琅书声伴着嫩芽破土，这种春种秋收的喜悦，通过劳动的汗水而获得，正像知识的获取，总需要艰辛的付出。学校根据这项活动还举行"开锄节""采摘节""田园诗画会""农村摄影作品展""农业科幻画"等活动，在提高队员们实践能力的同时，还对学生进行了爱校园的教育。

2）室内有激昂梦想的鲜明主题

学校彰显"启智 润心"的育人理念，"启智"是表达教育绝不仅仅是传授知识，而是要育有智慧的人；"润心"是提醒教师，教育是慢的艺术，德育教育不能靠灌输，要在校园生活中，在学习活动中丝丝浸润队员内心，将优秀品质内化。让师生回归教育本真，追求自然真实的成长。

① 入学第一课：了解校园，学习校训

对教学楼进行整体规划，命制楼名。幼儿园教学楼为"趣稚楼"，寓意幼儿园的教育以培养幼儿兴趣为主，幼儿教育充满童真和乐趣。小学主教学楼为"启智楼"。"启智楼"与"趣稚楼"相对，寓意从幼儿园到小学，实际上是从懵懂的孩提时代走向知识殿堂的一个过程。专用教学楼为"远志楼"作为乡村少年宫活动基地，寓意在这座知识殿堂里，孩子们除了学习知识，更要培养自己的兴趣爱好，今天的爱好可能会成为孩子一生的幸福或者是未来的事业。

启智楼：在学校主教学楼"启智楼"门厅的左侧墙壁是"田园文化"主题墙。第一幅图象征着在知识的沃土上，孩子们汲取营养从一棵幼苗成长为星星火炬的接班人。第二幅图是一位老师双手托起祖国明天的希望，在这里老师和学生都为梦想而努力耕耘，由此衍生出这个"耕"字。右侧墙壁是在"启智润心"办学理念和"田园文化"教育引领下，形成的八字校训——诚朴乐学 远志近行，引导队员为人要朴实无华，以诚相待；做学问亦要实事求是，严谨务实，要感受到学习的快乐，师生既要有高远的志向，同时又要脚踏实地去做，凹凸墙上面提炼出来的静、勤、真等字还有这些标点都是对校训更深一步的解读。

静：做静心的教育，环境优雅宁静，教师静心教书，学生静心读书，师生静心做人、静心做事；

勤：耕耘者的特质，代表着勤奋、努力；

真：耕耘者的特质，求真知、寻真理、做真人、办真事；

朴：耕耘者的特质，蔡小人所具有的从外在到心灵的质朴无华；

为：即有所为，代表着耕耘者的踏实笃行。

蔡小是孩子们成长的起跑线，这里是教师耕耘的起点，这里是一切希望的开始，而非终点；

站在蔡小这道起跑线上，未来充满无限遐想，值得期待；

这里有无数的精彩与感动，这里要为孩子们创造一个无忧无虑、多姿多彩的童年。

正前方为"三味书屋"。中间是砂岩字——三味书屋，旁边是雕刻效果的文字解读，分为"读书滋味长"，对"耕"的解读两部分。这里的三味书屋和鲁迅的三味书屋是不一样的，此三味非彼三味。我们的三味书屋正对着的是"趣稚楼"，所以这里寓意从百草园到三味书屋，也就是从懵懂天真的孩童时代走向知识的殿堂。三味指的是：

趣味：从小走进书香世界，体会读书之乐

品味：在与文本、与作者对话中，感受文字之美、体会书中意境之美

余味：书香世界，回味感悟，余味无穷

远志楼：在我们远志楼的乡村少年宫活动基地，每个楼层都有不同的主题，对学生进行潜移默化的教育。一楼的主题是梦想。整个楼道以蓝色系为主，寓意蔡小学生仰望蓝天，放飞梦想。在科技长廊里学校为队员们提供各种科学探究的玩教具，他们随时随地可以走近科学，感受科技的神奇。实验室、探究室是最吸引学生的场所，这里有精密的仪器、有趣的实验，激发他们去探究科技的奥秘；有了梦想，还要脚踏实地，勤朴耕耘，所以我们二楼的主题是躬耕，以绿色系为主，代表在蔡小这个希望的田野上为梦想耕耘，在二楼西面是环境优雅的书苑长廊，每一处设计都匠心独运，孩子们在这里随手都可以读到自己喜欢的图书，汲取知识的营养，东面是艺术长廊，是队员们放飞梦想的舞台，一幅幅精美的作品，迸发出的是创造的激情，展示的是奇思妙想和鲜明的个性；有了梦想经过脚踏实地的勤朴付出，也体验到丰

收的喜悦。所以我们三楼主题是收获，以黄色系为主，在文艺长廊中记录的是孩子们活动中成长的足迹，分享着收获的喜悦。

②入队第一课：了解队史，争当"铁路小卫士"

少先队队室是少先队大队的传统活动阵地，它是辅导员和少先队干部学习和讨论工作的场所，是向少先队员进行教育的"有形"阵地。我们连续两年在全国少先队辅导员培训中承担工作汇报、做队课、校园实地考察的任务，我们的铁路小卫士特色活动也已传承了21年，多次承办省市级现场会。

③成长第一课：了解校史，传承发展蔡小精神

任何一所学校它的文化、它的底蕴都来源于它的历史。我们学校始建于1925年。观澜索源这四个字其实是我们建馆的初衷。在这里通过"光阴的故事""教育传承"和"明天会更好"三个板块展现了蔡各庄小学从村西的菩萨庙内办学的私塾发展为现在一所规范、现代化的学校，这里的每一件物品记录了学校的发展、变迁，我们新教师入职后的师德第一课、新生入队后时的第一节队课都要到校史馆来上，就是要教师、学生先了解学校的历史、学校的文化。

④班级第一课：创编班徽、班训、班歌，凝聚班级精神

为了让这种"田园精神"浸润到每个学生的心中，学校每个班级都有自己班级的代表植物，这个植物是在队课上，全体队员一起选出来的，能够代表本班级的精神，将田园精神渗透到行为文化中，指导队员做人做事。比如有的班级的代表植物是花生，他们所体现的就是那种踏实勤奋、朴实谦逊，还有的班级是稻谷精神、翠竹精神、牵牛花精神，同时班级成员一起创编班歌、制定班训，真正以田园文化来启智润心。

（二）课程建设取得的成效

通过对课程的整合创建，对课堂模式与方法的改革，我们坚信，只要用心去做，务本求实，一定会收到好的效果。我们体会最深刻的是：

1. 我们的教师成长了

教师的专业得到充分发挥，热情高、干劲儿足。我们的体育老师在全市基本功大赛中获一等奖；音乐、美术教师在市级优质课评比中均获一等奖；

我们的老师应教研员邀请为全区艺术教师做课改展示课、观摩课。郭传芳老师由一名新入职教师成长为北戴河区综合实践中心组成员，并在两次在市级现场会作经验汇报，多次应本区、外县区邀请，到其他学校作指导、交流。学校十余名教师被评为艺术教育先进个人。

2. 我们的学生变化了

学生整体素养得到提升了：全校二至六年级 335 名学生，每天下午从第二节课开始一直到教师下班近两个小时的时间在我校少年宫活动，我们的陶艺、古筝、钩织、烘焙、茶艺、尤克里里等社团已小有成绩，孩子们在活动的过程中，强健了体魄，发展了特长，陶冶了情操，张扬了个性。刘宇豪同学在全国书画作品大赛中获一等奖，多人在艺术节、体育节获奖。

3. 我们的家长成长了

每月选课时，会有家长主动找德育处、找校长要求学校同意孩子参加她喜爱的社团，理由是乐器都买好了、足球鞋都准备到位了。能关注孩子的兴趣爱好，支持孩子有特长的发展，这是家长观念巨大的转变。

艺术节当天，我们把家长请到校园，在观看了孩子的表演后，深入学校每个社团，亲眼看到孩子们的新课堂，他们感慨万千：孩子们太幸福，自己生不逢时了！他们为学校的课程改革点赞，为孩子们幸福的课堂点赞！这是家长对学校认可度的极大提升！

参 考 文 献

[1] 张耀灿 . 思想政治教育学前沿 [M]. 北京：人民出版社，2006.

[2] 沈壮海 . 思想政治教育的有效性研究 [M]. 武汉：武汉大学出版社，2002.

[3] 郑永廷 . 思想政治教育方法论 [M]. 北京：高等教育出版社，1999.

[4] 马克思恩格斯选集：第 3 卷 [M]. 北京：人民出版社，2002.

[5] 陈茂建 . 教师远程培训问题研究 [M]. 厦门：厦门大学出版社，2002.

[6] 武丽志 . 教师远程培训研究 [M]. 北京：清华大学出版社，2015.

[7] 罗华玲 . 云南农村中小学教师专业发展学校的理论研究 [M]. 昆明：云南科学技术出版社，2018.

[8] 吴颖惠 . 变革与发展：大数据时代的教师专业发展 [M]. 北京：北京师范大学出版社，2021.

[9] 陈波 . 基于网络的教师职前职后教育探索 [M]. 北京：科学出版社，2019.

[10] 张万山 . 教师职前职后一体化培养模式研究 [M]. 北京：中国书籍出版社，2020.

[11] 汤强，高明 . 实践取向的小学数学教学研究 [M]. 重庆：西南交通大学出版社，2021.

[12] 关文信 . 实践取向小学教师职前研究 [M]. 北京：首都师范大学出版社，2019.

[13] 孙进 . 高职复合型人才协同培养的创新与实践 [M]. 北京：中国建筑工业出版社，2018.

[14] 李思琦 . 核心素养理念下的数学深度学习探析 [J]. 成才之路，2021（31）：136-138.

[15] 刘艳芝，王洋.“五自”课堂教学模式探索研究 [J]. 黑龙江教育（教育与教学），2023（1）：66-68.

[16] 张灵. 西藏高校应用型人才培养策略研究 [D]. 拉萨：西藏师范大学，2021.

[17] 张耀灿. 思想政治教育专业创建 30 年的回顾与前瞻 [J]. 中国高等教育，2014（11）39-41.

[18] 郭敏. 小学数学新教师教学有效性提升研究 [D]. 固原：宁夏师范学院，2018.

[19] 陈飞. 教育现代化视域下基础教育教师队伍建设政策论析 [J]. 教师发展研究，2022，6（4）：11-20.

[20] 马欣研. 中小学教师信息素养研究 [D]. 武汉：华中师范大学，2019.

[21] 尹波马. 核心素养视域下师范生实践教学能力培养对策研究 [D]. 成都：西华师范大学，2018.

[22] 赵正，李莎莎，杨柳. 高师院校教师教育培养目标定位的多维体系建构 [J]. 教育理论与实践，2020，40（35）：27-31.

[23] 周艳华. 对师范生思想政治素质现状的调查及教育对策 [J]. 职教论坛，2011（2）：94-96.

[24] 邓丽星. 地方性师范院校贫困生思想政治工作探析 [J]. 科技资讯，2010（32）：152-153.

[25] 陈嘉迪，郑永扣. 自媒体环境下高校思想政治教育的新特征及路径优化 [J]. 南通大学学报（社会科学版），2021，37（6）：129-136.

[26] 李愈婧. 教师工作坊研修对中小学教师信息技术应用能力的影响研究 [D]. 太原：山西师范大学，2016.

[27] 余娟. 教师专业发展学校建设的目标与策略 [J]. 湖北第二师范学校学报，2015，32（4）：73-76.

[28] 李铁绳. 我国教师教育专业化演进及其逻辑研究 [D]. 西安：陕西师范大学，2018.

[29] 王晓晨. 教师教育课程一体化改革研究 [J]. 学理论，2017（12）：187-188.

[30] 顾新颖. 从需出发，打破师范教育老格局 [N]. 中国教师报，2020（9）.

[31] 杨荣刚 . 以专业课教学为平台创新思想政治教育模式探析 [J]. 山东农业工程学院学报，2017，34（1）：121-124.

[32] 凌云志 . 行动导向的教师培训者培训研究 [D]. 长春：东北师范大学，2019.

[33] 李安增，孙迪亮 . 高师院校思想政治教育专业课程体系改革探索 [J]. 山东高等教育，2015，3（3）：26-35.

[34] 蔡可 . 对中小学远程培训质量保障核心要素的分析 [J]. 中小学教师培训，2011（4）：3-6.

[35] 佘双好，邢鹏飞 . 思想政治教育本科专业建设现状、存在问题及对策建议 [J]. 思想政治教育研究，2014，30（2）：1-9.

[36] 关鑫，宋蕴捷 . 文化育人视角下的高校课程思政路径探析 [J]. 中国轻工教育，2022，25（6）：1-6.

[37] 王易，刘莅平 . 近十年来思想政治教育学科建设研究述评 [J]. 教学与研究，2014（2）：76-83.

[38] 杨晓慧，弓昭民 . 新时代推进大中小学思想政治教育一体化建设 [J]. 思想理论教育导刊，2023（1）：119-125.

[39] 李学林，罗涵丹 . 高校思想政治教育与校园环境的冲突及其对策 [J]. 西南石油大学学报（社会科学版），2010，3（1）：49-52，128-129.

[40] 祖强，马贺，乔宏志 . 协同学理论视角下虚拟教研室建设研究 [J]. 中国大学教育，2022（5）：51-55，74.

[41] 宋博，刘遵峰，白洋 . 网络环境下高校思想政治教育的机遇、挑战与对策研究 [J]. 华北理工大学学报（社会科学版），2017，17（1）：77-80.

[42] 孙玉红，李广 . 工作坊：职前培养卓越教师的第三空间：基于东北师范大学培养小学卓越教师的实践 [J]. 思想理论教育导刊，2018，38（2）：27-29.

[43] 王溁鸿 . 论网络环境下高校学生思想政治教育工作创新 [J]. 才智，2019（6）：38.

[44] 郝二军，姜志勇，祁巧艳 . 中小学教师职前职后一体化培养实践 [J]. 教育教学论坛，2021（3）：17-20.

[45] 吴建章.地方高校师范毕业生就业心理分析及对策研究 [J].中国大学生就业，2016（13）：57-63.

[46] 管元生.师范生就业困境及出路 [J].重庆电子工程职业学院学报，2012，21（2）：75-77.

[47] 王成营.实践取向的"小学数学课程与教学论"课程内容的优化 [J].湖北工程学院学报，2016，36（2）：59-65.

[48] 王晓霞.于艳名师工作室 [J].河北教育（教学版），2019，57（1）：65.

[49] 王定华.关于实施教师教育振兴行动计划的政策与思考 [J].国家教育行政学院学报，2018（6）：3-9.

[50] 李贵彬.思想政治教育视阈下的高校艺术师范生社会责任感培育路径探析 [J].艺术教育，2015（7）：124-125.

[51] 郭翠菊.中小学与师范院校合作伙伴关系构建的共享意图 [J].安阳师范学院学报，2021（3）：133-138.

[52] 林静，朱江华."五育融合"视野下小学职前教师教育课程建设的问题检视和路径优化 [J].教育科学探索，2023，41（2）：19-26.